Martin Kintzinger

Wissen wird Macht

MARTIN KINTZINGER

Wissen wird Macht

Bildung im Mittelalter

JAN THORBECKE VERLAG

INHALT

MOTTO: WISSEN WIRD MACHT

Mitten aus dem Leben gegriffen war die Geschichte damals, in den letzten Jahrzehnten des 15. Jahrhunderts. Wer sie erzählte, fand die Lacher auf seiner Seite, nicht nur wegen der witzigen Pointe, sondern weil diese Geschichte einen sehr wahren Kern hatte:

Ein gestandener Handwerksmeister sieht, während er seiner Arbeit nachgeht, wie ein junger Mann auf ihn zukommt. Alles an ihm verrät, daß er weit gereist sein muß. Der Fremde spricht ihn an, erzählt von seinen Reisen, was er erlebt habe und was er nun alles wisse. An der Universität sei er gewesen, habe studiert und kehre nun zurück. Was er studiert habe? Der Bursche läßt Mitleid und Hochmut zugleich in seine Stimme einfließen: Die Sieben Freien Künste! Und was er nun von ihm, dem Handwerker, wolle? Eine Zuwendung natürlich, weil ihm während der Reise das Geld ausgegangen sei. Schließlich, so setzt der Student nach, sei es wohl recht und billig, daß ein Handwerker einen Gelehrten ehre und ihm helfe. Vielleicht hatte er mit diesem Vorgehen schon öfter Erfolg, bei anderen. Doch diesmal ist er an den Falschen geraten. Der Handwerksmeister unterbricht seine Arbeit und hat eine treffende Antwort parat: Man wolle ein Gelehrter sein und Sieben Künste beherrschen, wo man sich doch nicht einmal selbst ernähren könne und andere Leute anbetteln müsse? Er selbst hingegen habe als Handwerker zwar nur eine einzige Kunst erlernt, damit aber ernähre er sich und seine Familie mit sieben Kindern!

Vieles fällt auch modernen Lesern spontan zu dieser Geschichte ein, daß Handwerk früher angeblich goldenen Boden gehabt habe beispielsweise oder die Rede von der brotlosen Kunst der Gelehrten. Doch darum ging es nicht, wenn man im späten Mittelalter diese oder eine ähnliche Geschichte erzählte. Es gab viele davon, und sie wurden nicht nur mündlich weitererzählt, sondern in Schwanksammlungen aufgeschrieben und so bis heute überliefert.

Zwei Botschaften stecken in dieser Geschichte: Wissen und seine Träger können nur dann Ansehen und Geltung beanspruchen, wenn sie selbst in der Gesellschaft Nutzen erbringen – und ein Wissen, das solchen Nutzen hat, verdient Anerkennung, gleich ob es sich um gelehrtes oder um praktisches Wissen handelt. Gelehrter Hochmut jedenfalls ist fehl am Platz.

Es war dieselbe Nutzerwartung, die zu einem geflügelten Wort über das Wissen geführt hat: Wissen ist Macht! Im heutigen Sprachgebrauch noch immer beliebt, meint es gewöhnlich nur einen Informationsvorsprung, der Vorteile verschafft. Ursprünglich ging es tatsächlich um Wissen. 1597 hatte Francis Bacon damit eine Erfahrung in Worte gefaßt: Die spanische und die venezianische Flotte konnten in der Seeschlacht von Lepanto die überlegene türkische Seemacht überraschend besiegen, weil sie neuartige, wendige Schiffe benutzten. Es war viel mehr als ein Informationsvorsprung und es war auch nicht etwa der technische Fortschritt, der Bacon beeindruckte. Ihn faszinierte die Fähigkeit des Menschen, sich durch Erkenntnis zu vervollkommnen – so lange, bis er die Kräfte der Natur beherrscht. Wissen gibt seinen Trägern Macht über die Gesetze der Natur. Wissen schafft Freiräume, Wirkungs- und Gestaltungsmöglichkeiten für die Menschen in der Gesellschaft ihrer Zeit.

Mit der Macht war also keineswegs die Gewalt der Herrschaft gemeint, im Gegenteil. Ausdrücklich verteidigte Bacon die Würde und Freiheit einer Wissenschaft, die sich gerade nicht zum Fürstendiener mache. Nicht die politische Macht könne über die Wissenschaft bestimmen, sondern das Wissen erobere Macht, indem es die Naturkräfte beherrsche. Der praktische Nutzen gelehrten Wissens werde für Gesellschaft und Herrschaft unentbehrlich. Insofern sei der Wissende zur Herrschaft bestimmt, weil sein Wissen Weisheit *(sapientia)* bedeute.

Daß der Weg des Wissens zur Weisheit führe und diese Weisheit das Wissen Gottes sei, war den Menschen des Mittelalters zu allen Zeiten geläufig. Bacons Perspektive, durch Wissen die Naturkräfte beherrschen zu wollen, weist in die Neuzeit. Seine Einsicht, daß das Wissen der Men-

Der Astrologe, aus einem flämischen Manuskript aus dem 15. Jahrhundert:
Coudrette, Roman de Mélusine.

Die Astrologie lehrt Ptolemäus (im Gewand eines Königs) das Himmelssystem,
Holzschnitt aus Gregor Reisch, Margarita philosophica, Straßburg 1504.

schen über ihre Wirkungsmöglichkeiten entscheide und damit über die Zukunft ihrer Gesellschaft, ist hingegen mittelalterlich und modern zugleich.

VORREDE: ZUR BILDUNG

Dieses Buch hat zwei Teile, einen strukturellen zunächst und dann einen chronologischen. Diese Tatsache und vor allem diese Reihenfolge mag erstaunen, in einem Buch über Geschichte, und doch ist es mit guter Absicht so. Ein Nachzeichnen der chronologischen Entwicklung hat immer etwas Suggestives: Es scheint, als habe es nicht anders kommen können, und als Mensch der Gegenwart erliegt man leicht der Versuchung, sich selbst und seine Welt für eine zwangsläufige Fortsetzung der Vergangenheit zu halten. In moderner Selbstwahrnehmung wäre diese Sicht gleichzusetzen mit der »Spitze des Fortschritts« und gerade nicht mit dem Bewußtsein, den eigenen Entwicklungsstand auch geschichtlichem Werden zu schulden. Das ist das eine.

Wichtiger noch ist etwas anderes: Nur wenn wir versuchen, die Epochen der Vergangenheit als Provokation der Gegenwart zu verstehen, ihre Aktualität zu erkennen, indem wir sie als Stimmen im Chor der Meinungen heute zulassen, können wir aus ihrer Untersuchung Nutzen für die eigene Zeit ziehen. Und darum sollte es gehen, gerade dann, wenn vom Wissen die Rede ist. Auf die Frage: »Was wissen wir von der Geschichte des Mittelalters?« wäre eine Folge von Daten, Namen und Ereignissen wohl nicht falsch, aber unzureichend, vielleicht sogar unnütz. Dem mittelalterlichen Menschen hätte eine solche Antwort kaum einfallen können. Etwas zu wissen hieß im Mittelalter immer, sich bewußt zu machen, woher man es weiß, was man weiß und wissen darf und was nicht, von wem man es gelernt hat und wozu man es gebrauchen kann. Man sah sich hineingestellt in eine Geschichtlichkeit des Wissens, die zur Einsicht in die Weisheit führt, zur Annäherung an die Vollkommenheit Gottes. Ein zu hoher Anspruch? Vielleicht, aber doch ein tragfähiger, jedenfalls für Jahrhunderte abendländischer Geschichte, die die Vergangenheit unserer Gegenwart sind, ob wir es so sehen mögen oder nicht.

Wissen bedeutete immer Wirkung, Wirkmächtigkeit, und der Umkehrschluß ist zulässig: Wenn Wirkung gesucht war, gab Wissen die Antwort. Diese Perspektive zumindest ist uns Heutigen bekannt – oder ist sie uns verlorengegangen? Um Mißverständnissen vorzubeugen, sei gleich gesagt: Das Mittelalter ist keine einfache Parallele zur modernen Gegenwart. Geschichte wiederholt sich nicht. Eines aber soll deutlich werden: Das Mittelalter, seine Menschen und ihr Wissen sind für uns Heutige, am Übergang zum dritten Jahrtausend, überaus aktuell, weil sie angesichts ganz ähnlicher Erfahrungen ganz ähnliche Fragen, Hoffnungen und Ängste empfunden und ausgesprochen haben. Sich auf ihre Antwortversuche einzulassen, kann für uns anregend sein und wird uns die Menschen des Mittelalters näherbringen. Dafür aber müssen wir uns ihnen mit aller Vorsicht nähern, und deshalb stehen die Anworten des Mittelalters auf die Fragen der eigenen Zeit, die vielfach auch diejenigen von heute sind, am Anfang. Erst danach wird entlang der Chronologie zu zeigen sein, welche Folgen diese Antworten im einzelnen hatten: Wie Wissen Macht wurde und wie die Menschen des Mittelalters ihre Bildung gestaltet haben.

Einen Begriff für »Bildung« gab es im mittelalterlichen Sprachgebrauch nicht. Man kannte ein Unterrichten (*instruere, instituere*), das Erziehung (*eruditio*) vermittelte und den so Unterwiesenen im Idealfall als Gebildeten (*eruditus*) entließ. Je nach dem Niveau ihrer Kenntnisse konnten die Gebildeten durchaus Gelehrte sein. Deren Gelehrsamkeit (*eruditio*) hatte mit Klugheit (*prudentia*) zu tun und führte sie auf den Weg zur Weisheit (*sapientia*). Erkenntnis oder Einsicht (*cognitio*) und Vernunft (*ratio*) wurden hingegen eher im Zusammenhang theologisch-dogmatischen Verständnisses verwendet, kaum für Unterricht, Lernen und Wissensvermittlung.

Heutzutage ist »Bildung« ein Schlagwort der öffentlichen Diskussion geworden, seit Jahrzehnten schon und nochmals verstärkt seit der PISA-Studie von 2001/2002. Daß Schüler deutscher Schulen im internationalen Vergleich auf einem der hinteren Plätze rangieren, hat allerorten für Aufregung gesorgt. An den Universitäten wird die mangelnde Studierfähigkeit der Studienanfänger beklagt, denen eine grundlegende Allgemeinbildung fehle und das nötige sprachliche wie mathematische

Verständnis und Wissen. Hektische Betriebsamkeit setzt ein, eilige Schuldzuweisungen und Ausweichmanöver verdecken, wie so oft, mögliche Lösungsansätze. Was ist gewonnen, wenn an Schulen mehr Geräte zur Datenverarbeitung angeschlossen werden, aber nicht nur das Personal zu deren Wartung fehlt, sondern vor allem genügend fachlich qualifizierte und selbst breit gebildete Lehrer? Dann droht die Gefahr, Bildung und Wissensvermittlung durch Informationszufuhr zu ersetzen. Einzelne Sachinhalte begründet in Zusammenhänge einordnen und daraus Folgerungen ziehen zu können ist Wissen, und mit diesem Wissen verantwortlich umgehen zu können ist Bildung.

Einen verbindlichen Begriff für »Bildung« gibt es heute immer noch nicht. Es scheint, als könne man sich nicht entscheiden, ob es um Bildung oder Ausbildung gehe und wie beides zusammenhänge oder zu unterscheiden sei. Kann es überhaupt eine Entscheidung geben zwischen der zügigen, berufsbezogenen Qualifikation und der gründlichen Lehre von Allgemeinbildung? Eines kann ohne das andere nicht auskommen, der Ausgebildete braucht Bildung, der Gebildete muß ausgebildet sein, und die Gesellschaft braucht beides gleichermaßen. Es bedarf einer Stärkung der Schulen als Einrichtungen der »allgemeinen Bildung«, wie sie offiziell heißen, also der gründlichen Unterweisung in das Wissen der eigenen Zeit und den verantwortlichen Umgang damit. Dann können die Schulen ihrerseits bilden und ausbilden und auf die weitere berufliche Ausbildung vorbereiten.

Auch an den Universitäten geht es um beides. Ein Studium ist immer eine berufliche Ausbildung und zugleich doch weit mehr: akademische Bildung. Wer weiß noch, daß Wilhelm von Humboldt um 1800 ein Konzept der Menschenbildung durch Wissensvermittlung vertrat, das grundlegend wurde für die Universität der Moderne? Vieles ist seither notwendig hinzugekommen, und immer wieder sind Reformen notwendig, um schulische und universitäre Wissensvermittlung zwischen bewährter Tradition und aktuellen gesellschaftlichen Bedürfnissen neu auszurichten. Dabei sollte der Anspruch weiterhin ernst genommen sein, daß diese Wissensvermittlung nur zwischen Menschen, den Lehrenden und Lernenden, stattfinden kann und daß sie der umfassenden Bildung von Menschen verpflichtet ist.

Auch dieses Buch ist aus dem universitären Unterricht hervorgegangen, aus Vorlesungen an den Universitäten München und Münster. Es handelt von der Geschichte des Wissens im europäischen Mittelalter, soviel sei vorausgeschickt. Manches ließe sich gewiß anders darstellen und vieles ergänzen. Von außereuropäischen Kulturen wäre mehr zu berichten, von der arabischen vor allem und der jüdischen, die von großem Einfluß auch auf das Wissen der christlichen Welt waren. Nach Reiseerfahrungen wäre noch zu fragen und ihrer Rolle innerhalb des gesellschaftlichen Wissens, das sie durch ihre Fremdheitseindrücke bereicherten, nicht selten aber auch irritierten. Der bekannte Bericht des englischen Ritters und »Weltreisenden« Jean de Mandeville aus dem 14. Jahrhundert bezeugt diesen Wissenshorizont. Schließlich gäbe es auch viel über die Volkskultur zu sagen, die eigene Wege der Entwicklung ging und die sich auch in der satirischen Weisheit des Schwankes von dem Handwerksmeister und dem wandernden Studenten ausspricht. Es gehört zur Erkenntnis mittelalterlichen wie modernen Nachdenkens, daß Wissen nie abgeschlossen sein wird und das Reden davon auch nicht.*

* Für ermutigendes Interesse und kritisches Mitdenken danke ich den Studierenden der Universitäten München und Münster, für freundliche Hilfe und die Mühen des Korrekturlesens Manuela Blickberndt, Dr. Petra Ehm-Schnocks und Nikolaus Kintzinger.

I. WISSEN VOM MITTELALTER UND WISSEN IM MITTELALTER: WEGE IN DIE MODERNE

Der erste Teil des Buches soll also davon handeln, wie die Zeitgenossen und Träger der Kultur zwischen der Spätantike und dem Beginn der frühen Neuzeit mit dem Wissen ihrer Zeit umgingen: Was verstand man unter Wissen, wie wurde es erworben, wie bewahrt und wie verändert? War das Wissen für alle gleich oder unterschied man verschiedene Wissenshaushalte für verschiedene Gruppen von Menschen und unterschiedliche Verwendungszwecke? Wurde das Wissen als feststehende Einheit gelehrter Tradition weitergegeben oder war es offen für Veränderungen, die die Zeit erforderte? War, mit anderen Worten, das Wissen im Mittelalter statisch und dogmatisch, wie man es in der Moderne vielfach gern und leichtfertig sehen wollte – oder war es dynamisch, auf Erkenntnis und Nutzen bezogen und darin von modernem Wissen gerade nicht unterschieden?

Vieles ist heute, in den ersten Jahren des 21. Jahrhunderts, schon über die Geschichte des Mittelalters, seine Menschen und deren Kultur, allgemein bekannt geworden. Über den Kreis von Fachleuten hinaus verbreiten die Medien faszinierende Einblicke in die Welt des Mittelalters. Wer wollte heute noch dem Bild vom »finsteren Mittelalter« anhängen, mit dem frühere Generationen ihre eigene, vermeintliche Überlegenheit zur Geltung brachten? Wer will heute noch Gewaltausbrüche oder eine Diktatur religiöser Fanatiker mit einem bequemen »wie im Mittelalter« aus seiner eigenen Verantwortung streichen? Wer kann schließlich vergessen, daß nicht nur die Erfahrungen der deutschen Geschichte in der ersten Hälfte des 20. Jahrhunderts, sondern auch die Wirren in Osteuropa nach dem Ende des Kalten Krieges oder Terror und Kriegspolitik im Nahen Osten längst überwunden gedachte Gewaltpotentiale in erschreckendem Ausmaß neu belebt und moderner Zivilisations- und Fortschrittsgewißheit den Boden entzogen haben?

1. KRISE DER GEGENWART, VISION DER GESCHICHTE

Beklemmende Empfindungen machen sich breit, die Menschen fühlen sich heute wieder bedroht, und sie sorgen sich um die Zukunft der Welt. Die Stabilität der inneren Ordnung in den Staaten des Nachkriegseuropa hat an Überzeugungskraft und Erwartungspotential verloren. Erneut greift ein Krisenbewußtsein um sich, und das Leben in einer Zeit der Globalisierung beunruhigt. Die Überschaubarkeit am Ort eigener Existenz droht verlorenzugehen. Verschwunden ist die Selbstgewißheit, die moderne Zeiten bislang stets gekennzeichnet hat, das beruhigende Gefühl, mit technischem Fortschritt jede Herausforderung meistern zu können.

Ein »modernes« Szenario? Die trügerische Selbstberuhigung, früher sei alles besser gewesen, ist in der heutigen Generation nicht mehr zu hören. Doch auch die Parole des »weiter so« hat ausgedient. Sprach- und Ratlosigkeit scheinen an der Tagesordnung, vor allem bei denen, die politische Verantwortung tragen und die nun hektisch, neben anderem, nach mehr zeitgemäßem Wissen verlangen. Bessere Bildung sei nötig, heißt es, und eine international konkurrenzfähige Wissenschaft. Schnelle Effekte sind gefragt, und überflüssiger Ballast wird abgeworfen: Werte und Traditionen, Kunst und Kultur, Literatur und Geschichte, Wissenschaft und Bildung. Sollte zeitgemäßes, zukunftfähiges Wissen darin bestehen, Wissenschaft und Bildung zu fordern, aber tatsächlich ohne sie auszukommen? Ist die Gesellschaft der westlichen Industrienationen dabei, sich einem Weg des Unwissens zu verschreiben, der keine Zukunft haben kann, weil er die Gegenwart verkennt, indem er ihre Geschichte ignoriert?

Ist das Bewußtsein eigener Geschichtlichkeit damit am Ende? Führt kein Weg mehr aus einer Vergangenheit in die eigene Zeit? Gibt es Zukunft nur noch, wenn man die Halteseile am Heute und Gestern kappt? Ist Geschichte buchstäblich »von gestern« und alles, was sich nicht als neu, zeitgemäß oder im Trend liegend vermarkten läßt, ein »Rückfall ins Mittelalter«?

Man täte unserer Gegenwart Unrecht, wollte man ihre Selbstwahrnehmung derart verzerren. Geschichte und die Geschichtlichkeit der eigenen Existenz interessieren im Gegenteil mehr denn je, gerade weil man heute nicht einfach nach Vorbildern von früher oder Heroen aus der Vergangenheit fragt und gerade weil man keine idealen Verklärungen mehr sucht. Den Romantikern um 1800 war das Mittelalter eine Zeit des Heils und der ungestörten Ordnung – jener Ideale, die sie in ihrer eigenen Gegenwart, unter dem Eindruck der napoleonischen Feldzüge und der nationalen Befreiungskriege, gerade vermißten. Man sehnte sich aus der Enge der eigenen Erfahrungen in die Weite einer Geschichte, die ein ersehntes, verklärtes Wunschbild war und mit der realen Vergangenheit wenig zu tun hatte.

Ein neues Geschichtsinteresse ist auch heute eine häufig zu hörende Antwort, doch niemand sieht mehr das Mittelalter als Ideal oder verlorengegangenen Ursprung. Verklärungen sind nicht mehr gefragt. Statt dessen wird in weiten Kreisen der Gesellschaft ein Ruf laut nach Wissen, mehr Wissen, neuem und besserem Wissen, nützlichem Wissen und eben auch historischem Wissen, das die Zusammenhänge erschließt von gestern, heute und morgen. Mehr und mehr wird wieder bewußt, daß die Zukunftsfähigkeit der Gegenwart auch vom Verständnis der Geschichtlichkeit des Gegenwärtigen abhängt.

Das Bewußtsein eigener Geschichtlichkeit führt heute zur Frage nach dem anderen, der Alterität, von Vergangenheit. Nicht mehr fremd und finster scheint den heutigen Menschen das Mittelalter, sondern in seiner Alterität faszinierend und geradezu geheimnisvoll vertraut. Seit dem letzten Drittel des 20. Jahrhunderts und gegenwärtig immer häufiger ist mit historischen Ausstellungen und alter Musik, mit historischen Museen, Kostümfesten und historischen Themen von Sachbüchern und Romanen ein neuer Markt entstanden, der auf ein breites und lebendiges öffentliches Interesse reagiert.

Das Mittelalter hat erheblichen Anteil daran. Imposante Kaisergestalten, eigenwillige Frauen oder undurchschaubare Zauberer, kluge Gelehrte wie fromme Geistliche regen zum Kennenlernen an. Man möchte etwas wissen vom Mittelalter, und man möchte etwas verstehen vom Wissen der Menschen im Mittelalter. Wie haben sie ihr Leben organisiert, was haben sie gewußt von ihrer Welt? Wie haben sie sich eingerichtet in den Ordnungen und in den Krisen ihrer Zeit? Bei näherer Beschäftigung zeigen sich schon bald Tatsachen, die ähnlich aus der Gegenwart bekannt sind: Gewißheit in der Tradition und Unsicherheit gegenüber Kommendem, Kritik an den bestehenden Verhältnissen, Neugier auf Unbekanntes und immer wieder: Streit der Meinungen und Interessen. Vielfältig war die mittelalterliche Welt, nicht anders als die moderne, vielfältig waren die Menschen und ebenso ihr Wissen. Nicht anders als in der Moderne haben die Menschen des Mittelalters mit Wissen ihr Leben organisiert, die Anforderungen bewältigt, die sich ihnen entgegenstellten, ihre Existenz gesichert, ihre Familie versorgt, Einfluß genommen, die Gesellschaft gestaltet, dabei auch, mehr oder weniger, Karriere gemacht und vielleicht Macht ausgeübt.

2. GLAUBEN UND WISSEN

Daß im alltäglichen Treiben das Ende des einzelnen Lebens wie der Welt insgesamt gerade nicht verdrängt wurde, wie es heute oft geschieht, sondern bewußt gehalten war, gehört zu den Kennzeichen des späten Mittelalters. »Mitten im Leben sind wir vom Tod umfangen«, so heißt es in einem geistlichen, lateinischen Lied aus dem 11. Jahrhundert. In der Liedsammlung der »Carmina Burana« seit dem 13. Jahrhundert weit verbreitet, wurde dieser Satz schließlich 1524 von Martin Luther in ein deutschsprachiges Kirchenlied übertragen. Bis heute findet er sich in den Kirchengesangbüchern.

Zunehmend verbreitet waren im späten Mittelalter sogenannte Totentänze. Sie zeigen Menschen als Vertreter sozialer Gruppen der mittelalterlichen Ständeordnung, die von Knochengerippen, dem Tod, an den Händen gefaßt und in einen Reigen hineingezogen werden. Die Aussage war eindeutig, jedenfalls für die Zeitgenossen: Jeder Mensch, beiderlei Geschlechts, jeden Alters und Standes wird vom Tod geholt, mitten heraus aus dem Treiben der Welt und des täglichen Lebens.

Sozialkritik war darin ausgedrückt, indem auch Kaiser und Könige, Päpste und Bischöfe im Reigen des Todes gezeigt wurden: Im Tod, und das heißt vor Gott und vor den Schranken des Jüngsten Gerichts, werden alle Menschen gleich. Kein sozialer Unterschied, kein Vorrang von Macht und kein Vorrecht von Geburt und Stand zählen mehr vor dem Weltenrichter. Dennoch enthielt diese tiefgehende Mahnung gerade keinen revolutionären Anspruch, die Ungleichheiten der irdischen Sozial- und Herrschaftsordnung sollten nicht geändert oder aufgehoben, sondern als von Gott gegebene Schöpfungsordnung angenommen werden. Den unten Stehenden, Unterdrückten und Benachteiligten galt als Trost lediglich die Aussicht, im Jenseits entschädigt zu werden. Für diejenigen, die Macht und Einfluß in der diesseitigen Welt besaßen, war damit die Aufforderung zur Umkehr verbunden, zur Buße, um das eigene Seelenheil im Jenseits nicht zu verlieren.

Die Kritik an den Abhängigkeiten der Gesellschafts- und Herrschaftsordnungen in der Welt ist dem modernen Menschen durchaus vertraut, und sie führt heute geradezu zwangsläufig zur Forderung nach Reformen und Änderungen. In den Totentänzen wird solche Kritik eher so gezeigt, wie es in Fastnachtsbräuchen bis heute üblich ist: Ein Zerrbild der gegebenen Ordnung zeigt eine »verkehrte Welt«, die aber nur als satirischer Kommentar, keineswegs als Aufruf zur Revolution zu verstehen ist. Im Verzicht darauf, aus der Kritik Folgen abzuleiten, im Fehlen des Willens zur Veränderung liegt, so scheint es, eine Fremdheit des Mittelalters. Dem modernen Betrachter sind die Totentänze und ist die duldende Annahme der Weltordnung durch den gläubigen mittelalterlichen Menschen eher unverständlich, und sie scheinen allemal gerade nichts mit Wissen zu tun zu haben. Stehen Glauben und Wissen nicht vielmehr in offenem Widerspruch zueinander? Wäre nicht die geglaubte Wahrnehmung der Welt durch rationales Wissen zu überwinden gewesen?

Es sind diese Eindrücke von der Welt des Mittelalters, die in der modernen Selbstüberschätzung gipfeln, erst seit dem 17. oder 18. Jahrhundert habe sich eine rationale Wissenschaft entwickeln können. Erstmals von den Aufklärern des 18. Jahrhunderts formuliert, sind solche Einschätzungen bis heute zu hören, und sie finden sich in dem landläufigen Satz wieder, Glauben heiße nicht wissen, wie jedermann sich sagen lassen muß, der Zweifel am eigenen Urteil erkennen läßt. Sogar Wissenschaftler der Gegenwart, deren historische Allgemeinbildung über die Moderne nicht hinauskommt, vermuten bisweilen, im Mittelalter habe es nur »Glaubenswissen« gegeben.

Kritische Analytiker wie der Nationalökonom Karl Marx (1818–1883) haben in dem vermeintlichen Zwang zur Duldung weltlicher Ungerechtigkeiten eine Entmündigung der Menschen durch die Kirche sehen wollen. Religion, so schrieb Marx, sei Opium des Volkes gewesen und die Kritik an der Religion müsse notwendig zu der Forderung führen, die gegebenen Verhältnisse umzustoßen. Es war vor allem die Vertröstung auf das Jenseits, die zur Kritik an der christlich-kirchlichen Tradition führte und damit an Zuständen »wie im Mittelalter«.

Schon in der Aufklärungszeit hatte man diese Kritik zugespitzt: Als »Jahrhunderte der Unwissenheit« bezeichnete Jean d'Alembert (1717–1783) das Mittelalter. Den Menschen sei durch die Kirche der freie Zugang zum Wissen verweigert worden und die Kirche hätte das Wissen monopolisiert, so schrieb Jean de Condorcet (1743–1794), einer der Vordenker der Französischen Revolution. Wenn bis heute mitunter zu lesen ist, die Kirche habe im Mittelalter ein »Bildungsmonopol« beansprucht, so drückt sich darin allerdings nur moderner Unverstand aus, der weit hinter der vielschichtigen Realität des Wissens im Mittelalter und auch hinter der gelehrten Kritik Condorcets zurückbleibt. Ihm ging es um die Frage, wer Wissen vermittelt, Wissensinhalte kontrolliert, und ihm lag daran, den Horizont des Wissenkönnens nicht einzuschränken. Wir Heutigen können ihm darin nur zustimmen, doch sollten wir wissen, daß wir uns damit in eine schon sehr viel längere Tradition stellen: Auch im Mittelalter waren alle diese Anliegen durchaus heftig umstritten.

Der marxistische Philosoph Ernst Bloch (1895–1977) führte die auf das zeitgenössische Wissen bezogene Religionskritik der Aufklärung unter dem Eindruck der Industrialisierung fort: Indem die Kirche die Erwartungen und Hoffnungen der Menschheit auf das Jenseits richte, halte sie die Menschen in Furcht. Wer in Furcht lebe, könne aber nicht frei und selbstbestimmt sein, könne nicht dazu finden, seine Vernunft zu gebrauchen. Erst mit den Forderungen der Aufklärungszeit – wie sie Voltaire, Jean de Condorcet und vor allem Immanuel Kant formuliert haben – mache der Gebrauch des eigenen Verstandes, der Wille zum Wissen, die Menschen frei.

Gab es also kein freies Wissen im Mittelalter und mithin auch keine Freiheit? Lebten die Menschen des Mittelalters als Unwissende in Furcht? Zu Recht kritisieren die zitierten Stimmen dogmatische Engstirnigkeiten, die schon im Mittelalter und bis heute stets vorgekommen sind und die auch die Geschichte der Kirche immer wieder geprägt haben. Die vielfältige Welt des Mittelalters, die Individualität der Menschen und die Dynamik der Gesellschaft jener Zeit werden durch solche Beurteilungen allerdings verdeckt. Aus den Kontroversen ihrer eigenen Zeit und Erfahrung heraus schreiben diese Kritiker, nicht wirklich mit Verständnis für die beschriebene Zeit, das Mittelalter. Um die Menschen des Mittelalters und ihren Umgang mit dem Wissen verstehen zu können, müssen sie unter den Bedingungen ihrer eigenen Zeit beschrieben werden.

Werturteile und Deutungsmuster sind heutigen Menschen ebenfalls nicht fremd. Auch wir Zeitgenossen des frühen 21. Jahrhunderts gehen mit unseren eigenen Interessen, Idealen und Maßstäben an die Betrachtung und Beurteilung historischer Epochen heran. Kann das Mittelalter vor dem Urteil der heutigen Zeit bestehen? Wenn es an den Vorstellungen von Rationalität, Selbstbestimmtheit, individueller Freiheit und Glaubensunabhängigkeit gemessen wird, mit denen wir unsere Welt beschreiben, wohl kaum. Doch seien wir uns bewußt, daß selbst unsere Gegenwart diese Ideale keineswegs uneingeschränkt verwirklicht. Irrationales Verhalten, Gefangensein in kollektiven Vorstellungen und die wachsende Neigung, den Einflüsterungen von Sekten und Spiritualisten zu folgen, sind allerorten unübersehbar. Gibt es ein Mittelalter in der Moderne?

3. WISSEN UND WISSENSGESELLSCHAFT

Schon immer, aber mit politischer Akzentuierung seit den achtziger Jahren des 20. Jahrhunderts versuchte sich die moderne, westliche Industriegesellschaft, über ihr Wissen zu definieren, immer in der Spannung zwischen Selbstkritik und Selbstgewißheit. Sprichwörtlich geworden war bald die Anregung des früheren Bundespräsidenten Roman Herzog, ein »Ruck« müsse durch Deutschland gehen. Mehr Bildung und bessere Bildung sollte die Folge sein. Bald überschlugen sich die Etikettierungen: Der Begriff der »Bildung« war manchem verdächtig, weil er zu sehr nach der Idee umfassender, humanistischer Menschenbildung aus den Zeiten der Gebrüder Humboldt klang, die einst die moderne Universität begründet hatten, deren Anspruch noch heute die letzten humanistischen Gymnasien prägt – und die auch in den Universitäten ihren Platz behalten sollten.

Mit »Bildung« assoziierte man zugleich ein bürgerliches, konservatives Menschenbild, das nicht recht in die Zeit der Globalisierung passen wollte. Nicht ein über Generationen bewahrter Wissensbestand könne die für die Gesellschaft nötige Bildung bereitstellen, so meinten viele. Sie zogen es vor, Bildung als abrufbare Information zu verstehen, die man jederzeit ersetzen, ergänzen und erneuern kann, je nach aktuellem Bedarf. Als »Informationsgesellschaft« sollte sich die moderne Gesellschaft also verstehen. Ganz unter diesem Zeichen stand die Weltausstellung in Hannover im Jahr 2000.

Doch auch dagegen regte sich bald Widerspruch. Zu beliebig, zu schnelllebig war eine »Informationsgesellschaft«, und so setzte sich schließlich der Begriff der »Wissensgesellschaft« *(Knowledge society)* durch. »Wissen« in der »Wissensgesellschaft« bezeichnet eine Vielzahl von unterschiedlichsten Wissensbeständen, die zur Orientierung in der Gegenwart, zur Bewältigung der Herausforderungen der Zukunft und stets zur Selbstbehauptung angesichts einer globalisierten Vernetzung der Kräfte notwendig sind. Bewährtes und innovatives Wissen stehen nebeneinander, nicht Traditionen, sondern aktuelle Bedürfnisse und die Voraussicht künftiger Anforderungsprofile bestimmen den Wert des Wissens. Je nach dem aktuellen und voraussichtlich künftigen Bedarf werden Wissensbestände zusammengeführt und machen dann das Wissen der Gesellschaft aus. Einzelpersonen, Gruppen, Teile der Gesellschaft oder die gesamte Gesellschaft verfügen über diese Wissensbestände, die in ihrer Summe das »natürliche« Reservoir der modernen Industriegesellschaft bilden, als gleichsam virtuelle Bodenschätze.

Sicher nicht zufällig trafen aktuelle Tendenzen einer wirtschaftlichen Neuorientierung auf dem globalen Aktienmarkt mit der gedanklichen und politischen Etablierung der Wissensgesellschaft an der Wende zum 21. Jahrhundert überein. Sie suggerierten den schnellen Erfolg vieler durch den neuen, risikobereiten Umgang mit einem finanztechnischen Wissensbestand. In kürzester Zeit etablierte sich während der ersten Jahre des dritten Jahrtausends ein Neuer Markt, und er wäre gewiß als zukunftsträchtige Galionsfigur der Wissensgesellschaft ausgerufen worden, hätte er Bestand gehabt. Weit schneller als erwartet entlarvte sich indessen das vermeintlich neue Wissen als Schauplatz sehr alter Kräfte. Sein völliger Zusammenbruch ließ die weit überspannten Erwartungen auf den Boden jener Tatsachen prallen, die seit Jahrhunderten gelten: Ohne Sachverstand, wenn Wissen durch unverstandene Information ersetzt wird und Verantwortung durch Risiko, ist nichts gewonnen.

Anders gesagt: Eine Wissensgesellschaft ohne Wissen kann es nicht geben. Wir sind wieder auf die Ausgangsfrage verwiesen: Welche Bildung, welches Wissen brauchen wir? Bislang gibt es keine schlüssige Antwort darauf, und es wird sie vielleicht niemals geben. Wissen ist nicht statisch, läßt sich nicht einfangen. Wissen ist immer im Menschen angelegt, wird von Menschen an Menschen weitergegeben und ist ohne Mitdenken des einzelnen für die anderen und für das Ganze nicht zu haben. Wissen kann nicht ohne kluge Weitsicht auskommen, nicht ohne menschliche Verantwortung und humanes Ethos. Erst dann gehört auch Risikobereitschaft dazu, der Mut zum Wagnis aus dem Willen zum Wissen.

Eine so verstandene Wissensgesellschaft ist nicht neu, aber sie ist zu allen Zeiten immer nur eine Alternative neben anderen gewesen und vielfach durchaus das andere, die Alterität, neben einem »Mainstream«. Sie wird sich weiterhin gegen Tendenzen einer inhumanen, virtuellen Welt behaupten müssen. Das Wissen in der Wissensgesellschaft von heute muß sich, vielleicht mehr denn je, seiner Macht bewußt sein und sich davor hüten, der suggestiven Macht des Unwissens zu folgen. Die Wissenschaft in der Wissensgesellschaft von heute wird den Fortschritt ergebnisoffener Experimente binden müssen an Verantwortung und Ethos, wie es Galileo Galilei im 16. Jahrhundert tat, Jakob-Robert Oppenheimer im 20. Jahrhundert und wie es nicht nur die Gentechnologie heute und künftig erfordert. Die Wissenschaftskritik unserer Tage wendet sich mit wachsender Entschiedenheit gegen das fortschrittsgläubige Bewußtsein der

Verfügbarkeit von Leben, Welt und Natur für den Zugriff rationaler, vermeintlich zweckfreier Technik und Forschung. Mit dem Einfügen in die natürlichen und kulturellen Gegebenheiten, dem Schutz natürlicher Ressourcen und einer Nachhaltigkeit gegenüber den Energiereserven sind neue Schlagworte in die Diskussion gekommen, die einen verantwortlichen Umgang mit dem eigenen Wissenwollen erfordern.

Die so verstandene Wissensgesellschaft wird um ihre Geschichtlichkeit wissen und wird deshalb die selbstgewisse Technik- und Fortschrittsgläubigkeit der Moderne überwinden müssen. Sie kann eben deshalb ihre Anfänge nicht mehr in das 17. oder 18. Jahrhundert datieren, sondern wird sich der Kontinuität von Wissensgesellschaften seit der Antike bewußt sein. In diese Kontinuität ist selbstverständlich auch das Mittelalter einbezogen: ein Mittelalter, das europäisch-christliche wie arabisch-muslimische und jüdische Kulturen gleichermaßen umfaßte.

Der Weg dahin ist noch weit. Bislang der einzige Anwalt seines Anliegens bleibt der Historiker und Mediävist Johannes Fried, wenn er 2002 von der Aktualität des Mittelalters spricht und eine Wissensgesellschaft im Mittelalter behauptet. Noch ordnen sich die Stimmen für und gegen diese Behauptung.

Doch Vorsicht ist geboten: Mit wohlbegründeter Sorgfalt resümiert Fried, daß die mittelalterliche Gesellschaft auch als eine Wissensgesellschaft verstanden werden könne, und dieselbe Sorgfalt sollte bei künftigen Äußerungen zum Thema nicht fehlen. Zu komplex ist der Gegenstand, und längst haben sich schnelle und vermeintlich griffige Behauptungen gegen eine Wissensgesellschaft im Mittelalter als haltlose moderne Selbstüberschätzung erwiesen. Zu behaupten, daß die mittelalterliche Gesellschaft auch als eine Wissensgesellschaft verstanden werden könne, schließt eine grundsätzliche Voraussetzung ein: Selbstverständlich war nie die Gesamtheit einer Gesellschaft Wissensgesellschaft, und dies damals wie heute.

Sehr ins einzelne gehen die Fragen: Wer verfügt über welche Wissensinhalte, von wem und wie hat er sie erlernt, wozu benötigt er sie und wie wendet er sie an? Was bewirkt das Wissen des einzelnen für ihn selbst, für andere Menschen in seinem Umfeld, für die gesamte Gesellschaft? Wie verhält sich das Wissen innerhalb des gesellschaftlichen Kräftespiels, und vor allem: Wie wirkt es? Auf den Punkt gebracht: Ist es ein Wissen der Macht oder zeigt es die Macht des Wissens?

4. BILDUNGSWISSEN UND HANDLUNGSWISSEN

Noch einmal: Wie wirkt und wozu nutzt Wissen? Allen Epochen der Geschichte und Gegenwart gemeinsam wird zweifellos die Feststellung sein, daß Wissen rationales Denken voraussetzt, Fortschritt bedeutet und Erkenntnis bewirkt. Ebenso unbestritten ist aber, daß Wissen immer zugleich Strategien der Lebensbewältigung und Selbstorganisation unter den Bedingungen der eigenen Zeit bedeutet. Mittelalterliches und modernes Wissen sind insoweit nicht unterschieden, und auch darin nicht, daß sie mit absichtsvollem, interessegeleitetem Wollen des einzelnen allein nicht zu erklären sind.

Zeittypische Wertsetzungen, Deutungsmuster und Ordnungsvorstellungen mögen sich unterscheiden: Gemeinsam ist mittelalterlichem und modernem Wissen, daß sie solche Rahmenbedingungen ihrer Genese kennen und ohne sie nicht zu erfassen sind. Wissensgeschichte sollte immer kontextuell beschrieben werden, sich nicht auf die Entwicklung von Gedankengebäuden einzelner Gelehrter beschränken, wie es lange Zeit geschehen ist. Zu den zeitbedingten Formen und Entwicklungsbedingungen des Wissens zählen auch ethische Maximen, religions- und glaubensbezogene Vorstellungen, selbst in der Moderne und erst recht im Mittelalter.

Zwei methodische Wege hat die Geschichtswissenschaft bislang gewählt, um die Frage nach dem Wissen in der Gesellschaft des Mittelalters zu beantworten. Es ist erstens als Früh- und Vorform modernen, rationalen Wissens beschrieben worden. Im Mittelpunkt standen dann die Wissenschaft, der wissenschaftliche Fortschritt und die wissenschaftliche Erkenntnis. Eher traditionelle geistes- und ideengeschichtliche Ansätze der Wissenschaftsgeschichte sind diesem Weg gefolgt.

Wissen im Mittelalter ist zweitens verstanden worden als Wissen von den Ordnungen, Werten und Vorstellungen in der eigenen Zeit und von den Möglichkeiten, das eigene Leben unter solchen Bedingungen zu orientieren und zu organisieren. Diesen Weg haben Ansätze der Kultur- und Sozialgeschichte gewählt. Entscheidend ist dabei, daß Wissen als Wissenschaft gerade nicht ausgeschlossen, sondern als ein zeitgenössischer Wissensbestand neben anderen eingefügt wird in eine Geschichte des Wissens.

Im folgenden soll nun diesem zweiten Weg gefolgt und noch eine weitere Unterscheidung vorgenommen werden, diejenige in Bildungswissen und Handlungswissen. Beide Bezeichnungen sind nicht mittelalterlich, sondern sollen als heutige Begriffe die mittelalterliche Realität beschreiben und die notwendigen Unterscheidungen vorzunehmen helfen. Bildungswissen wird demnach verstanden als ein zumeist schulisch erlerntes, theoretisches oder gelehrtes Wissen, in der Tradition der Sieben Freien Künste und der universitären Lehrfächer schriftlich überliefert, in literarischer Ausprägung und mit mehr oder weniger engem Bezug zu einem kirchlichen Kontext. Der scholastisch gelehrte Doktor der Theologie beispielsweise verkörpert idealtypisch die Träger des Bildungswissens.

Denen, die solches Bildungswissen erlernt hatten und darüber verfügten, gab ihr Wissen Deutungskompetenz. Sie konnten Erscheinungsformen der Welt und des Kosmos erklären und deuten, nicht immer so, wie sie nach modernen naturwissenschaftlichen Erkenntnissen beschrieben werden, vielmehr so, wie sie nach überlieferten gelehrten theologischen oder naturphilosophischen Erklärungsmustern schlüssig gedacht wurden. Der Lauf der Gestirne ließ sich derart deuten, nach dem antiken, ptolemäischen Weltbild und seit dem Hochmittelalter verfeinert durch die Kenntnis der aristotelischen Schriften. Eine Pariser Handschrift des 14. Jahrhunderts zeigt eindrücklich, wie man sich die Bewegung der himmlischen Sphären durch die Engel vorstellen wollte. Erst die beobachtende Wissenschaft Galileis im 16. Jahrhundert kritisierte solche gelehrt-theoretischen Erklärungen. Mediziner deuteten ähnlich Gesundheit und Krankheit nach gelehrten Vorstellungen von den Körpersäften. Naheliegenderweise vermochten sie mit solchem Wissen kaum zu heilen, und auch in der Medizin begann im 16. Jahrhundert, mit den Anfängen offizieller Sektionen und der Begründung der wissenschaftlichen Chirurgie durch Andreas Vesalius, eine neue Entwicklung. In der Theorie der Musik konnte durch die Interpretation von Harmonien und Proportionen der Klang als Abbild himmlischer Vollkommenheit gedeutet werden, was zu praktischem Musizieren allerdings wenig beitrug. Weitere Beispiele ließen sich anführen.

Das Bildungswissen war aus dem gelehrten wissenschaftlichen Wissen seiner Zeit abgeleitet, blieb selbst aber vielfach unterhalb dieses Niveaus. Schon wer die lateinische Grammatik gelernt hatte, verfügte über einen wenn auch geringen Umfang von Bildungswissen. Er war in der Lage, lateinische Texte zu kopieren, Briefe und Urkunden zu schreiben oder Einnahme- und Ausgaberegister zu führen. Damit konnte er nützliche Dienste für geistliche und weltliche Auftraggeber verrichten. Wer noch mehr gelernt hatte, die gelehrten Regeln der Logik kannte oder sogar diejenigen der Rhetorik, konnte mit diesem methodischen Wissen Argumentationen vortragen für oder gegen eine Sache. Vor Gericht, an der Universität, mehr und mehr auch in Städten und an Fürstenhöfen waren solche Kenntnisse gefragt. Schon das Bildungswissen fand seinen gesellschaftlichen Wert also nicht allein in der Würde gelehrter Tradition, sondern ebenso in seiner aktuellen Anwendung.

Das Handlungswissen erklärte sich hingegen ausschließlich aus praktischer Anwendung. Es war ein ebenfalls erlerntes, aber lateinische wie – vor allem – volkssprachliche und schriftliche wie mündliche Überlieferungen gleichermaßen einschließendes Wissen. Handlungswissen verlieh seinen Trägern Handlungskompetenz. Praktische Verrichtungen, Gewohnheiten und Lebenspraktiken in der Gesellschaft waren davon erfaßt, ebenso Schreibkundigkeit und Rechenkenntnisse oder technische Fertigkeiten. Neben der gelehrten Texttradition entstand seit dem Hochmittelalter und vor allem in städtischen Kontexten eine pragmatische Schriftlichkeit. Fachprosa, Rechtstexte und Kanzleischriftgut wurden für die Organisation des Alltagslebens immer wichtiger und erforderten eine gründliche, vor allem volkssprachliche Bildung.

Nicht von gelehrter Tradition leitete sich das Handlungswissen ab, sondern von anwendungspraktischen Wissensbeständen. Es war vielfach eher durch Ausbildung als durch Bildung vermittelt und gehörte nicht den Sieben Freien Künsten an, sondern den ebenfalls sieben Mechanischen Künsten (*Artes mechanicae).* Schreiber und Rechenkundige zählten zu den Trägern des Handlungswissens, Handwerker jeder Art, Kaufleute und

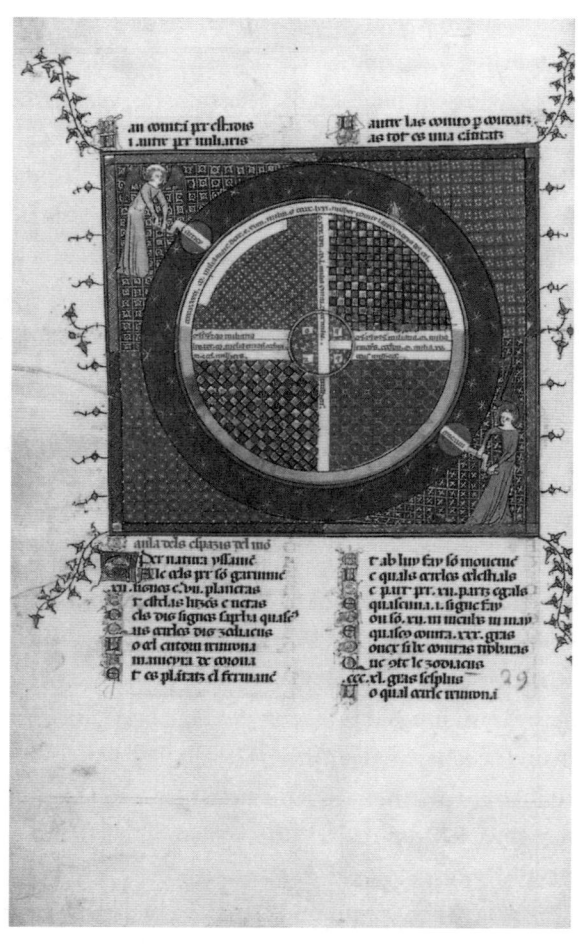

Bewegung der himmlischen Sphären durch Engel;
Miniatur aus Matfre Ermengaud, Breviari d'amor, 14. Jahrhundert.

Händler, Heilkundige und Kenner des Gewohnheitsrechts, auch Adelige mit Kenntnissen des Kriegshandwerks oder des sozialständisch angemessenen Verhaltens, selbst Kleriker mit liturgisch-seelsorgerlichem Praxiswissen. Als idealtypischer Vertreter des Handlungswissens kann beispielsweise ein erfolgreicher, wohlhabender Handwerksmeister gelten.

Handlungswissen war insofern nicht möglich ohne Lehrinhalte, die in feststehenden Wissensbeständen organisiert waren und aus ihnen heraus erlernt wurden, aber es zielte von vornherein nicht auf deren konservierende Weitergabe, sondern auf ihre Anwendung im alltäglichen, praktischen Bedarfsfall. Deshalb konnte Handlungswissen im einzelnen durchaus auch Elemente von Bildungswissen und sogar von Wissenschaft einbeziehen, blieb aber in seinen Inhalten, Methoden und Zielen auf die Praxis bezogen.

Der bekannte Hinweis auf die geringe Alphabetisierungsrate in der mittelalterlichen Gesellschaft kann an dieser Stelle fehlen. Schriftfähigkeit kann gewiß noch nicht behauptet werden, wenn jemand lediglich seine Unterschrift zeichnen kann. Die Lektüre lateinischer Traktate hingegen ist als Kriterium zu hoch gegriffen. Das breite Feld des Bildungs- und Handlungswissens schließt die große Zahl jener ein, die über bescheidene Elementarkenntnisse im volkssprachlichen Schreiben und Lesen nicht hinausgekommen sind, damit aber das für ihr Leben Nötige bewerkstelligen konnten. Ein förmlicher Schulbesuch ist deshalb nicht notwendig vorauszusetzen. Das Minimalwissen, *savoir minimum* (Hervé Martin), kann auf vielerlei Art erlernt worden sein. Auch Autodidakten mag es gegeben haben. Die Dunkelziffer derer, die mehr wußten, als uns die Überlieferung bezeugt, war zweifellos erheblich und die mittelalterliche Realität auch in dieser Hinsicht zu vielfältig, als daß moderne Statistik sie einfangen könnte.

Beide Wissensbestände, das Bildungs- und Handlungswissen, waren einerseits strikt getrennt. Kein direkter Weg führte von der Welt des gelehrten Universitätstheologen zu derjenigen des Handwerksmeisters. Andererseits berührten sie sich und gingen ineinander über. Auch der gelehrte Theologe bedurfte einer Fülle lebenspraktischer Kenntnisse im Alltag, und der Handwerksmeister mochte zur besseren Verständigung oder aus Prestigegründen durchaus die lateinische Sprache erlernt haben.

Bildungswissen umfaßte die Technik der anspruchsvollen Kommunikation, Handlungswissen die soziale Kompetenz.

Am engsten verbunden waren beide schließlich dort, wo es um die Kenntnis, das Wiedererkennen und Verstehen von Wertsetzungen, Deutungsmustern und Ordnungsvorstellungen ging. Hier war »Allgemeinbildung« gefragt, Wissen als Kenntnis der zeitüblichen Gegebenheiten, Anforderungen und Ausdrucksformen. Man begriff die Welt als gottgegebene Schöpfungsordnung und sich selbst als Teil dieser Ordnung. Man sah sich eingefügt in eine sozialständisch gegliederte Gesellschaft einerseits, in eine universale, heilsnotwendige Einheit der Kirche andererseits und fand das eigene Selbstverständnis und Verhalten davon bestimmt: Alles dies mußte jedermann wissen. Bildungs- und Handlungswissen ergänzten sich zu einem Regelwerk erlernter, zeitbedingter Kulturtechniken.

5. WISSEN ALS KULTURTECHNIK UND SYMBOLISCHES KAPITAL

Es war diese Ordnung von Welt und Kirche, von Diesseits und Jenseits, die auch in den spätmittelalterlichen Totentänzen Ausdruck fand. Der Lübecker Totentanz des 15. Jahrhunderts zeigt Vertreter der gesellschaftlichen Stände und zugleich des Bildungs- wie des Handlungswissens: ein Mediziner in schlichtem langem Gewand, das als ursprünglich geistlicher Habit zur Gelehrtenkleidung geworden war, mit dem Barett als Kennzeichen der Universitätsangehörigen und mit dem Uringlas in der Hand, das ihn als gelehrten Heilkundigen auswies; daneben ein junger Adeliger in aufwendigem, schmuckvollem Kleid, mit dem Falken auf dem Arm als Kennzeichen seiner sozialen Stellung. Der eine wahrscheinlich bürgerlichen Standes, durch gelehrtes Bildungswissen zu höherem sozialem Ansehen gekommen, der andere durch Abstammung und als Handlungswissen erlernte Verhaltensformen in seiner gehobenen sozialen Stellung erkennbar.

Die Darstellung der Personen als Vertreter von Standesgruppen und Wissensrepertoires so zu lesen, wie sie hier beschrieben ist, war den Zeit-

Der Todtentanz in der sogenannten Todtentanzkapelle der St.-Marienkirche zu Lübeck,
1829, Kreidelithographie von Heinrich Matthias Hauttmann, jun.,
nach einer Vorlage aus der Mitte des 15. Jahrhunderts.

genossen fraglos möglich, unabhängig davon, ob sie selbst zu diesen Gruppen gehörten. Die vielfach und so auch dem Lübecker Totentanz beigegebenen Reimtexte vertiefen den Aussagegehalt, waren aber für ein »spontanes« Verstehen der Grundaussage der Bilder nicht nötig. Anders wäre die weite Verbreitung von Totentanzdarstellungen nicht zu erklären. Kleidung, Gestus und bedeutungsvolle Gegenstände formierten sich zu einer symbolischen Aussage der Bilder, die von den Menschen ohne nähere Erklärung verstanden werden konnte. Die Kenntnis und gleichförmige Interpretation derartiger Symbolik gehörte ihrerseits zu den Wissensbeständen, die offenbar weithin gelernt und beherrscht wurden.

Wissen setzt Vermittlung und Erziehung voraus, bei Inhalten des Bildungswissens durch schulischen Unterricht, bei solchen des Handlungswissens eher durch familiäre oder gruppenspezifische Sozialisation. Eine Abbildung in einer Handschrift des späten 15. Jahrhunderts illustriert die typischen Lerntätigkeiten von Kindern und Jugendlichen in der Darstellung des Barthélemy l'Anglais: Kleine Kinder lernten, sich fortzubewegen und im Spiel spätere Tätigkeiten auszuprobieren. Hierzu konnten Ritterspiele mit kleinen Holzfiguren gehören. Der jugendliche Adelige war bereits damit beschäftigt, seinen Greifvogel abzurichten, reiten und fechten zu lernen, wie es von einem Mann seines Standes erwartet werden konnte. Erziehung umfaßte die für die Angehörigen einer sozialen Gruppe erforderlichen – und in ihrer Beherrschung dann kennzeichnenden – Bestände des Bildungs- wie des Handlungswissens gleichermaßen.

Wissenserwerb durch Erziehung und Sozialisation bedeutete die Vermittlung von Kulturtechniken und sozialer Kompetenz. Sie ermöglichten die notwendige Lebensorientierung unter den besonderen gesellschaftlichen Entwicklungsbedingungen der Zeit im allgemeinen, der jeweiligen sozialen Stellung des einzelnen im besonderen.

Deshalb interessieren heute weniger die großen gelehrten Männer und ihre richtungweisenden Ideen, nach denen frühere Generationen fragten. Statt dessen stehen Personen und Gruppen von Gebildeten und Gelehrten im Mittelpunkt des Interesses. Mit einem derartigen Verständnis hat vor allem die französische Mediävistik seit längerem unsere Kenntnisse erweitert und den gegenwärtigen Diskussionsstand geprägt, so erstmals 1957 Jacques LeGoff mit einer Studie über die Intellektuellen im Mittelalter. Richtungweisend sind heute die Arbeiten von Jacques Verger, der 1997 ein Buch veröffentlichte unter dem Titel »Die Gebildeten in Europa am Ende des Mittelalters« (Les gens de savoir dans l'Europe de la fin du Moyen Age). Die Formulierung »gens de savoir« läßt sich nur schwer ins Deutsche übersetzen, da es mehr als nur Gebildete und Gelehrte bezeichnet. Vielmehr geht es Verger um die Träger mittelalterlicher Kultur insgesamt, dabei um gelehrte Kultur wie Volkskultur gleichermaßen, um theoretisches Wissen und praktisches Können. Ganz ähnlich ist Jean-Philippe Genet 1999 in einer Untersuchung zu den Veränderungen der Erziehung innerhalb der mittelalterlichen Kultur vorgegangen, und er hat dabei den wissenschaftlichen Fortschritt und die Entwicklung des Wissens unter dem Eindruck sozio-kultureller Erfordernisse beschrieben. Neben dem Bildungswissen der Kleriker und Universitätsgelehrten steht folgerichtig das Handlungswissen derer, die als Berater im politischen Alltag tätig waren, oder das technische Können der Handwerker, Architekten und bildenden Künstler.

Die Geschichte des Wissens in der mittelalterlichen Gesellschaft wird heute nicht mehr als isolierte Geistesgeschichte neben einer Geschichte der Herrschaft und Politik gesehen. Wissen wird verstanden als Teil und Instrument von Herrschaft und Gesellschaftsordnung. Deren maßgebliche Kräfte waren entweder selbst Träger des Wissens ihrer Zeit, wenn auch selten, oder sie bedienten sich, wie zumeist, gelehrten Rates und förderten Wissen und Wissenschaft als Mäzene. Die politische Geschichte eines Landes oder Reiches, die Sozialgeschichte seiner Stände und Gruppen, die Geschichte ihrer Kultur und diejenige ihres Wissens sind eng miteinander verbunden.

Förderung, Aneignung und Inanspruchnahme von Wissen konnte leicht zum Politikum werden. Nicht anders als in der Moderne stand das Wissen nicht nur für Erkenntnisfortschritt oder Lebensorientierung, sondern eignete sich auch als Element von Repräsentation. Musik, Malerei, Buchkunst und Literatur wurden am Hof der Fürsten geschätzt und gefördert, durchaus um mehr zu wissen, sich gut unterhalten zu lassen oder an ästhetischer Schönheit zu erfreuen. Zugleich war eine derartige Förderung von Wissen und seinen Trägern ausgesprochen dazu geeignet, die eigenen finanziellen Möglichkeiten und die eigene Großzügigkeit zu demonstrieren.

Heutige Untersuchungen über Fürstenhöfe achten darauf, so die im Jahr 2000 veröffentlichte Studie von Bertrand Schnerb über Herrschaft und Hof der Herzöge von Burgund im 14. und 15. Jahrhundert. Jede Entscheidung des Herzogs war mit seinen gelehrten geistlichen und weltlichen Räten sorgfältig abgestimmt. Kein Tag verging, an dem der Herzog nicht die an seinem Hof tätigen Künstler und ihre Werke beachtet hätte. Mit der Effektivität seiner Kanzlei und dem repräsentativen Glanz seiner Hofhaltung beeindruckte er ganz Europa. Durchaus selbst gebildet, nutzte er doch ein weit über seinen persönlichen Kenntnisstand hinausgehendes Wissen seiner Räte, Vertrauten und der Künstler an seinem Hof. Wissen, Bildungs- und Handlungswissen gleichermaßen, diente der wirksamen Repräsentation.

Später, 1533, ließen sich zwei französische Gesandte, ein Adeliger und ein Geistlicher, am Hof Heinrichs VIII. von England von dem Maler Hans Holbein porträtieren. Vor allem die aufwendig gestaltete, pelzbesetzte Robe des Adeligen zeigt seine hohe soziale Stellung und seinen Wohlstand an. Körperhaltung und Gesichtsausdruck tun ein übriges, um erkennen zu lassen, daß man selbstbewußte Männer vor sich hat, die sich ihre Selbstrepräsentation einiges kosten lassen. Überaus detailreich ist der Raum gestaltet, in dem sie sich befinden, und jedes Detail hat seine Bedeutung. Neben einer Laute und aufgeschlagenen Büchern fallen astrologische Instrumente auf, die ins Blickfeld des Betrachters gerückt sind: Ausdruck gelehrter, auch naturwissenschaftlicher Kenntnisse auf der Höhe ihrer Zeit, so scheint es.

Eine kritische Untersuchung hat jetzt allerdings herausgefunden, daß die astrologischen Instrumente falsch gestellt sind. Der Rückschluß liegt nahe, daß die beiden vornehmen Herren diese Instrumente nicht selbst beherrschen, vielleicht auch die Laute nicht spielen konnten und die aufgeschlagenen Bücher nicht gelesen haben. Sie wollten entweder die Betrachter ihres Porträts täuschen, oder es kam ihnen gar nicht darauf an, eigenes Wissen zur Schau zu stellen, sondern lediglich allgemein ihren Geltungsanspruch als Gelehrte deutlich zu machen. Die Tatsache, über das Wissen der Zeit zu verfügen, nicht die Inhalte dieses Wissens und der Nachweis ihrer Beherrschung war die beabsichtigte Aussage.

Wissen hatte einen hohen Stellenwert für das Ansehen des einzelnen. Läßt sich aber auch von der Selbstdarstellung eines Gebildeten oder Gelehrten auf dessen tatsächliches Wissen schließen? »Was nutzt ein Doktorhut auf einem hohlen Kopf?«, so fragte 1506 Johannes Butzbach in seinem als »Wanderbüchlein« bekannten Lebensbericht. Die hier eingangs zitierte Satire, in der ein kluger Handwerksmeister einen vermeintlichen Universitätsabsolventen als Betrüger entlarvt, drückte dieselbe Kritik aus. Mancher versuchte, von der hohen sozialen Geltung des Wissens und seiner Träger zu profitieren und verbarg dabei mehr oder weniger geschickt, daß er dieses Wissen in Wahrheit überhaupt nicht besaß. Erleichtert wurde solches Spiel dadurch, daß Gelehrte in ihrer sozialen Geltung während des späten Mittelalters zunehmend mit dem niederen Adel gleichzogen. Adelstituaturen und akademische Grade galten dann gleichermaßen als Ausdruck eines Geltungsanspruchs, in einem Fall auf Vorrechte ständischer Geburt, im anderen auf persönliche Leistung bezogen, die beide für Außenstehende oft genug nicht überprüfbar waren.

Zumindest der Geltungsanspruch akademischer Grade hat sich bis in die Gegenwart hinein gehalten, wie nicht nur die undifferenzierte Anrede als »Herr/Frau Doktor« für praktizierende Mediziner zeigt, selbst wenn diese auf eine universitäre Promotion verzichtet haben. Der französische Soziologie Pierre Bourdieu hat sich mit diesem Phänomen im Vergleich zwischen historischen und modernen Gesellschaften beschäftigt. Ein akademischer Titel, so schreibt er, macht seine Träger untereinander gleich und grenzt sie von anderen ab, die keinen solchen Titel führen. Ihr Geltungsanspruch ist aber von einem aktuellen Nachweis persönlicher Autorität gelöst. Wie ein ritueller Akt vollzieht sich die Geltendmachung sozialer Akzeptanz durch den Titelträger in der alltäglichen Kommunikation.

Allerdings funktionieren derartige Rituale nur dann, wenn sie in der zeitgenössischen Gesellschaft durch Übereinkunft anerkannt sind, ihre Bedeutung und Interpretation zu einem erlernten und beherrschten Wissensrepertoire gehörten. Wie das Verständnis der Bilder einer Totentanzdarstellung, so ist auch der Umgang mit Ausdrucksformen gesellschaftlicher Geltung als Teil sozialer Kompetenz erlernt. Weil durch den erfolgreichen Vollzug solcher Rituale Kommunikation gelingt, Verständigung möglich wird und soziale Rollenbilder anerkannt werden, hat Bourdieu von einem symbolischen Kapital gesprochen. Wissen, genauer der durch Titulaturen ausgedrückte soziale Geltungsanspruch von Wissen, kann bereits für die Gesellschaft des späten Mittelalters als ein solches symbolisches Kapital verstanden werden.

Noch etwas wird an diesen Zusammenhängen deutlich: In der jeweiligen Kommunikationssituation muß das Wissen zur Verständigung bereits auf allen Seiten vorhanden sein. Die Wissensvermittlung durch Erziehung und Sozialisation geht der Kommunikation voraus und ermöglicht sie erst. Hierauf hat der deutsche Soziologe Niklas Luhmann hingewiesen. Kommunikation kommt nur zustande, so schreibt er, wenn die Teilnehmer sich zuvor gegenseitig unterstellen, daß sie wissen, wie sie sich in der Kommunikationssituation zu verhalten haben.

Schließlich ist Wissen als Kulturtechnik endgültig nicht mehr gleichzusetzen mit Wissenschaft oder als Folge und Bestandteil von Wissenschaft zu definieren, wie es vielfach geschieht. Mittelalterlicher Realität wird diese Unterscheidung ohnehin nicht gerecht, da der Typus des modernen, professionellen Wissenschaftlers erst im 19. Jahrhundert entstand. Wissen ist für die mittelalterliche Welt die größere Menge, Wissenschaft ein Teil von ihr, innerhalb des weiten Spektrums von Bildungswissen.

Die Geschichte des Wissens kann deshalb nicht mehr innerhalb einer traditionalen Wissenschaftsgeschichte erfaßt werden. Die Geschichte des Wissens (und mit ihr auch diejenige der Wissenschaft) ist Teil einer Kultur- und Sozialgeschichte der mittelalterlichen Gesellschaft und als solche zu beschreiben. Eine als Kulturgeschichte verstandene Wissensgeschichte kann schon deshalb nicht mehr den Bahnen einer Fortschritts- oder Errungenschaftsgeschichte folgen, wie es die Historikerin Ute Daniel 2001 zutreffend formuliert hat.

Die Wissensgeschichte des Mittelalters muß vielmehr nach den Wertsetzungen und Deutungskategorien ihrer Zeit beschrieben werden. Sie ist damit von dem Anspruch befreit, an modernen Maßstäben gemessen zu werden. Indem sie nicht mehr mit dem modernen Menschenbild oder modernen Erwartungen an wissenschaftlichen Fortschritt verglichen wird, schließt sich ihre historische, mittelalterliche Realität in ihrer eigenen Perspektivenvielfalt auf, die von der modernen sehr deutlich unterschieden sein kann, und sie entgeht dem Verdikt, hinter der Moderne zurückbleiben zu müssen.

6. TRADITIONALITÄT UND PERSONALITÄT

Wie erlernte man Wissen im Mittelalter und wie entwickelte sich das eigene Wissen zwischen den Vorgaben der Tradition und den Chancen neuer Entdeckungen? Moderne Fortschrittserwartungen sind tatsächlich geradezu eindimensional im Vergleich zur mittelalterlichen Selbstdeutung des Prozesses der Wissensgenerierung.

Besonders eindrücklich ist das mittelalterliche Verständnis ausgedrück im Motiv eines Fensters am südlichen Querschiff der in der Mitte des 13. Jahrhunderts fertiggestellten Kathedrale von Chartres. Es zeigt den Propheten Daniel, wie er den Apostel Markus auf seinen Schultern trägt. Die Glaskunst drückt einen Lehrsatz aus, der in der Kathedralschule von Chartres formuliert worden ist, einem der exponiertesten Orte scholastischer Wissenschaft im abendländischen Hochmittelalter. Dieser Lehrsatz geht zurück auf Bernhard von Chartres, der wohl zwischen 1114 und 1119 der erste Leiter der Kathedralschule war. Als berühmter Grammatiker machte er tiefen Eindruck auf seine Zuhörer, ist allerdings nicht durch eigene wissenschaftliche Werke hervorgetreten. Was wir heute von ihm wissen, wurde von seinen Schülern mitgeschrieben, so auch der folgende, inzwischen geradezu als klassisch geltende Satz: »Wir sind Zwerge, die auf den Schultern von Riesen sitzen. Wir können mehr und weiter sehen als diese, nicht aber, weil wir einen schärferen Blick oder eine stattlichere Gestalt besäßen, sondern weil deren Größe bewirkt, daß wir gehoben und getragen werden«.

Als Zwerge auf den Schultern von Riesen verstand Bernhard die Wissenschaftler seiner Zeit, und es kann angenommen werden, daß er damit nicht nur seine persönliche Sicht ausdrückte, sondern eine verbreitete zeitgenössische Wertung wiedergab. Aktuelles Wissen galt demnach nicht als reiner Fortschritt, möglichst infolge individueller Entdeckungen, wie es die Moderne sieht. Das Wissen des mittelalterlichen Menschen verstand sich hingegen zwar durchaus als wissenschaftlicher Fortschritt, aber nur auf der bewußt gehaltenen Grundlage einer Tradition, die ihren Erkenntniswert bewahrte und keinesfalls durch den Fortschritt verlorenging. Fortschritt war demnach eine Mehrung des Wissens, ein Erkenntnisfortgang, eine Reform und Weiterung des bestehenden Wissensrepertoires.

Der theologische Deutungsrahmen blieb dabei selbstverständlich präsent, er dominierte aber nicht die Aussage und gab dem Nachdenken über die Möglichkeit wissenschaftlichen Fortschritts keine Schranken vor. Zu den in der mittelalterlichen Scholastik entwickelten Argumentationsmethoden gehörte die Typologie: Eine Sache entsprach einer anderen, deutete auf sie hin und erschloß sich damit einen anderen als nur den ihr selbst unmittelbar beigegebenen Bedeutungsgehalt. Nicht anders verhielt es sich im Lehrsatz des Bernhard von Chartres und im Kirchenfenster der Kathedrale: Wie der Prophet Daniel den Apostel Markus trägt, so deutet das Alte Testament der Heiligen Schrift auf das Neue Testament voraus, und so findet das Neue Testament stets seinen Ursprung und Verweisgrund im Alten Testament.

Traditionalität kennzeichnete jede Wissensvermittlung im Mittelalter. Sie bedeutete aber gerade nicht eine konservierende Abschließung des gegebenen Wissensbestandes. Im Gegenteil leitete sie das aktuelle aus dem überkommenen Wissen her, wie es von Früheren entwickelt worden war, und machte dadurch den Weg frei für neues, künftiges Weiterdenken. Ein mittelalterlicher Wissenschaftler sah nicht, wie ein moderner, seinen Erkenntnisfortschritt in individueller Einsicht begründet, sondern in der Kongruenz seiner Erkenntnis mit dem Wissen der Tradition und deren vorsichtiger Interpretation. Es gab keine überzeugendere Erklärung für eine Aussage als diejenige, sie leite sich aus alter Tradition ab.

Die Tradition des Wissens war außerdem personal gedacht, weniger als Fortschreiben von Gedanken denn als Anschließen an das Denken früherer Menschen. Personalität wurde neben Traditionalität zum tragenden Grund im zeitgenössischen Verständnis der Wissensgenerierung.

Entsprechend bildete man die Situation der Wissensvermittlung, den schulischen Unterricht wie die universitäre Vorlesung und jede Art der Lehre, durch die Personengruppe von Lehrer und Schülern ab. Diese Darstellungen waren im gesamten Mittelalter bekannt und vor allem im Spätmittelalter weit verbreitet; sie folgten stets demselben Darstellungsschema: Der Lehrer sitzt hinter einem erhöhten Pult, auf dem ein geöffnetes Buch liegt. Die Schüler haben sich zu Füßen des Pultes auf dem Boden oder auf Bänken niedergelassen, hören dem Lehrer zu, lesen selbst in Büchern mit oder schreiben das Gehörte auf.

Der Lehrer gibt sein Wissen, das er selbst von seinen Lehrern erlernt hat, an die Schüler weiter, und diese empfangen es von ihm. Eine theologische Deutung dieses Bildes erinnerte daran, daß nach biblischer Überlieferung die Kirchenlehrer ihre Lehre umsonst von Gott erhalten hätten und sie deshalb auch umsonst an die Gläubigen weitergeben sollten. Zweierlei folgte daraus: Mehrfach wurde in der Kirchenreformpolitik des Hochmittelalters, so auf dem dritten und vierten Laterankonzil 1179 und 1215, der kostenfreie Unterricht für jedermann an den Domschulen der Bischofssitze vorgesehen. Außerdem wurde jede Unterrichtssituation, als personale Gemeinschaft des Lehrers mit seinen Schülern, vom Grundmuster der Unterweisung durch einen Kirchenlehrer abgeleitet. Stets sind Lehrer und Schüler innerhalb eines geschlossenen Raumes zusammengeführt, der zumeist stereotypisierte Elemente eines Kirchengebäudes enthält. Unterricht unter freiem Himmel kommt nicht vor.

Als Idealtypus des Lehrers galt daher der heiliggesprochene und als Kirchenlehrer verehrte Albertus Magnus. Er wurde dargestellt, wie er im Bischofsgewand seine Schüler lehrt. Unter diesen befindet sich der heilige Thomas von Aquin, später selbst ein bedeutender Lehrer und der bis heute bekannteste scholastische Gelehrte des abendländischen Mittelalters: In direkter Folge wird die Lehre weitergegeben, als personale Wissensvermittlung und zugleich als Weitergabe einer Tradition. Durch den Lehrer kommentiert und fortgeschrieben, bezog sie sich auf überlieferte Schriften, sogenannte Autoritäten *(auctoritates)*, zumeist biblische Bücher, Schriften der Kirchenväter oder anderweitig anerkannter Verfasser. Der wissenschaftliche Fortschritt bestand in der Anreicherung des tradierten Textbestandes durch die Ausführungen des Lehrers, die nicht selten bei einer künftigen Abschrift des Textes mit aufgenommen wurden, als Kommentare zwischen den Zeilen oder am Rand des Textes, sogenannte Glossen (Interlinearglossen oder Marginalglossen).

Der heilige Albertus Magnus im Kreis seiner Schüler,
Holzschnitt aus einer Ausgabe von Aristoteles' De anima
mit Kommentar von Albertus Magnus, Köln 1491.

Auch die Vorlesung eines Universitätsgelehrten in der Rechtswissenschaft ließ sich nach demselben Schema darstellen. Das wohl bekannteste Zeugnis dieser Darstellungsform zeigt das Kolleg des Henricus de Allemania in Bologna in der zweiten Hälfte des 14. Jahrhunderts. Wieder sitzt der Lehrer erhöht hinter seinem Pult und trägt aus einem aufgeschlagenen vor ihm liegenden Buch vor. Die Studenten sitzen in langen Bankreihen vor ihm, hören, schreiben, lesen mit, einige reden – und einer schläft. Realitätssinn, Zeitkritik und satirische Akzentuierungen waren mittelalterlichen Künstlern sehr vertraut.

Unterricht und Lehre, Schule und Universität wurden im Mittelalter also ausnahmslos als Ausdruck der Tradition von Lehrinhalten und der Personalität ihrer Vermittlung verstanden und gezeigt. Nur selten standen Gründungsurkunden im Mittelpunkt einer bildlichen Darstellung und niemals, wie in der Moderne üblich, Gebäude oder Institutionen. Maßgeblich blieb die persönliche Gemeinschaft des Lehrers mit seinen Schülern, unabhängig davon, um welchen Lehrer, um welche Art des Unterrichts und um welche Inhalte es sich im einzelnen handelte.

Vor allem die Darstellung mit Albertus Magnus als Lehrer erfreute sich als Holzschnitt im ausgehenden Spätmittelalter großer Beliebtheit. Die gezeigte personale Einheit wurde als Bildtypus »Lehrer mit Schülern« *(magister cum discipulis)* bezeichnet. Häufig wand sich ein Spruchband vom Lehrer zu den Schülern, das die mündliche Weitergabe des Wissens anzeigen sollte. Auf dem Spruchband war wörtliche Rede wiedergegeben: »Du wirst die Lehren des großen, heiligen Lehrers annehmen« *(accipies tanti doctoris dogmata sancti)*, so sagte der Unterrichtende seinen Schülern und wies damit über sich selbst hinaus und zurück auf die Autorität, aus deren Schriften er lehrte. Als »Accipies«-Holzschnitte wurden diese Darstellungen daher seit ungefähr 1490 bezeichnet, und sie waren weit verbreitet.

Die Wege, auf denen sich Wissensvermittlung und -aneignung vollzogen, und die Räume, in denen sie stattfanden, waren nach der Aussage dieser bildlichen Darstellungen überschaubar geordnet. Ein feste Gruppe von Personen teilte Lehren und Lernen miteinander in gegenseitiger Bindung und innerhalb eines geschlossenen Raumes. Selbst die alte Tradition klösterlichen Unterrichts, die am Anfang aller Wissensvermittlung des Mittelalters gestanden hatte, ließ sich nach diesem Schema darstellen:

Innerhalb eines Klosters unterrichtet ein Benediktinermönch die jungen Schüler aus dem Kreis der Novizen. Zeitgenössische, frühmittelalterliche Darstellungen dieses Typus hat es nicht gegeben, doch im Spätmittelalter scheute man sich nicht, die gewohnte Wiedergabe der eigenen Zeit in die Vergangenheit zurückzuprojizieren. Wieder wurde damit die Gegenwart aus dem Herkommen langer Tradition sichtbar begründet.

Gleichzeitig differenzierte man die Verwendung des Bildtypus »Lehrer mit Schülern« je nach dargestellter Szene, insbesondere im universitären Milieu. Mehr und mehr rückte Thomas von Aquin in die Rolle des Lehrers, und zunehmend wurde dessen Lehre als Weg zur Weisheit *(sapientia)* bezeichnet. Die Weisheitslehre, die Philosophie, und die Gotteslehre, die Theologie, standen im Zentrum des gelehrten Wissens. Wissen, das zur Weisheit führte, war nicht nur mit Erkenntnisfortschritt verbunden, sondern immer auch auf religiöses Heilswissen verwiesen: Die Lehre eines »großen, heiligen Lehrers« anzunehmen, kam auch dem eigenen Seelenheil zugute. Für lange Zeit fand jegliche gelehrte Wissensvermittlung im Raum der Kirche statt, waren Lehrende wie Lernende Geistliche und blieb jedes Wissen durch theologische Deutung bestimmt.

Auch in der Universität änderte sich daran zunächst wenig. Sie sollte, ab der Mitte des 12. Jahrhunderts, der erste Ort der Wissensvermittlung im Mittelalter werden, der nicht mehr an eine kirchliche Trägerinstitution gebunden war. Dennoch blieben ihre Professoren und Studenten noch für geraume Zeit Kleriker. Die rechtliche Eigenständigkeit und Unabhängigkeit, die die Gemeinschaft der Lehrenden und Lernenden *(universitas magistrorum et studentium)* auszeichnete, beschrieb wiederum einen festen Raum. Traditionalität und Personalität blieben die bestimmenden Merkmale der Wissensvermittlung.

7. WISSEN ALS KOMMUNIKATION

Indessen fand das »Lehrer-Schüler-Motiv« auch Kritiker. Vor allem unter dem Einfluß der urbanen, stadtbürgerlichen Kultur des Spätmittelalters formierte sich mit wachsender Stärke die Forderung, Wissen müsse not-

Der Büchernarr, Holzschnitt aus Sebastian Brandt,
Das Narrenschiff, Basel 1494.

wendig von Nutzen für die Gesellschaft sein. Bloßes Wissenwollen reiche nicht, so sagte man. »Gott und Welt unnütz« sei es, wenn jemand in gesicherter wirtschaftlicher Position aus bloßem Eigeninteresse aufwendige Studien betreibe, die der Gesellschaft nicht zugute kämen. Vor allem an Geistliche auf einträglichen Pfründen dachte man dabei, wohl aber auch an wohlhabende Bürgersöhne und Adelige.

»Von unnützen Büchern« handelt ein Kapitel in dem 1494 veröffentlichten sogenannten Narrenschiff, einer satirischen Ständekritik, des Straßburgers Sebastian Brant. In Text und Bild greift er das verbreitete Motiv des Lehrers vor seinen Schülern auf, wie es die gleichzeitigen »Accipies«-Holzschnitte beschrieben. Er zeigt aber gerade keine personale Bindung von Lehrer und Schülern, sondern einen vereinzelt hinter seinem Pult sitzenden Mann mit Brille, der in aufgeschlagenen Büchern zu lesen scheint. Die Insignien des unterrichtenden Gelehrten, gewöhnlich die Rute als Zeichen schulischer Disziplinargewalt, sind hier satirisch in ihr Gegenteil verkehrt: Der Mann hält statt der Rute einen Staubwedel und trägt statt der Gelehrtenkappe oder Mitra eine Narrenkappe. Daß er ein Narr, ein »Büchernarr«, ist, kann keinem Zweifel unterliegen, und er ist es deshalb, weil sein Lesen und Lernen nutzlos bleibt; allein hinter seinem Pult sitzend, fehlen ihm die Schüler, die er unterweisen könnte. Wissen ist also an einen erwartbaren Nutzen seiner Vermittlung gebunden und damit wiederum auf die personale Bindung zwischen Lehrer und Schülern verwiesen. Daß dieser Nutzen zugleich in Erkenntnisfortschritt, religiösem Heilswissen und praktisch nutzbaren Kenntnissen bestehen konnte und sollte, ist dabei vorausgesetzt. Es waren theologisch begründete Vorbehalte und Vorurteile, die ähnliche Satiren gegen die jüdische Synagoge, in der nichtjüdischen Umwelt als »Judenschulen« bezeichnet, entstehen ließen.

Allmählich, gegen und um 1500, brach das tradierte Personen- und Raumgefüge der Lehrer-Schüler-Darstellungen auf. Zunächst fanden sich im städtischen Umfeld Schulen, die schon längst nicht mehr auf den lateinischen Unterricht beschränkt waren, sondern in der Volkssprache unterrichteten. Sie standen jedermann offen. »Wenn es jemanden gibt, der gern und auf dem schnellsten Weg deutsch schreiben und lesen lernen möchte, obwohl er noch keinen einzigen Buchstaben kennt, der wird bald verstehen, wie er selbst lernen kann, seine Angelegenheiten aufzuschreiben. Es kann sich melden, wer will, Bürger oder Handwerksgesellen, verheiratete und unverheiratete Frauen, junge Buben und Mädchen. Wer es braucht, soll hereinkommen und wird hier verläßlich unterrichtet für einen angemessenen Preis« – mit diesen Worten warb ein Schulmeister um 1516 in der Stadt Basel für seinen Unterricht.

Er hatte diesen Text auf eine Holztafel schreiben lassen, die als Aushängeschild vor seinem Haus angebracht war. Darauf konnte man zugleich zwei Unterrichtsszenen erkennen: In der einen unterrichtet der Lehrer kleine Jungen im Lesen und straft sie mit der Rute, während gleichzeitig seine Frau kleine Mädchen unterweist. In der anderen Szene sitzt der Lehrer mit zwei erwachsenen Schülern am Tisch und lehrt sie lesen; anhand seiner einfachen Kleidung ist einer der beiden Schüler als Handwerksgeselle erkennbar, der andere durch seine wertvolle Kleidung und den umgehängten Degen als Adeliger. Auch hier bleibt das räumliche Ensemble und die Beziehung zwischen dem Lehrer und seinen Schülern bestehen.

Die entscheidenden Veränderungen liegen aber im Detail, der Unterrichtstätigkeit der Frau des Schulmeisters, dem Unterricht für Mädchen und demjenigen für Erwachsene unterschiedlichen Standes. Auffällig war auch die Tatsache, daß der Schulmeister mit seinem Aushängeschild offensiv für seinen Unterricht warb, dessen praktischen Nutzen in den Mittelpunkt stellte, für seine Lehrtätigkeit Schulgeld als sein Einkommen verlangte und sogar anbot, bei Mißerfolg dieses Schulgeld zurückzuzahlen.

Das Bildmotiv des Lehrers mit seinen Schülern ist nicht zuletzt in jener Szene wiedererkennbar, die einen erhöht sitzenden, thronenden Fürsten zeigt, der ein Buch aus der Hand des Verfassers oder Schreibers empfängt. Unser Umschlagbild gehört in diesen Zusammenhang. Stets blieb auch diese Szenerie räumlich geschlossen. Meist spielte sie innerhalb eines für derartige Zeremonien vorgesehenen Raumes im fürstlichen Schloß, der aber stereotypisiert gezeigt wurde, weil es nicht auf ein genaues Wiedererkennen ankam. Um 1500 wurde auch diese Szenerie allmählich aufgebrochen: Aus dem Raum ging der Blick hinaus in die Weite der Landschaft, so auch auf unserem Umschlagbild. Eine Pariser Handschrift, die nach 1495 entstanden ist, zeigt die klassische Schulszene, den erhöht sitzenden Gelehrten mit einem vor ihm knienden Jungen, beide bei der Übergabe eines Buches beobachtet. Jetzt allerdings öffnet sich im Hinter-

Wer Jemandt hie der gern welt lernen Dütsch schriben und läsen
uß dem aller kürtzisten grundt den jeman erdencken kan Do durch
ein Jeder der vor nit ein büchstaben kan der mag kürtzlich und bald
begriffen ein grundt do durch er mag von jm selbs lernen sin schuld
uff schribe vnd läsen vnd wer es nit gelernen kan so vngeschickt
were Den will ich vm nut und vergeben glert haben und gantz nü
von jm zü lon nemen es sig wer es well burger oder hantwercks ge
sellen frouwen vnd junchfrouwen wer sin bedarff der kum har jn de
wirt drüwlich gelert vm ein zimlichen lon · Aber die junge knabe
und meitlin noch den konualten · wie gewonheit ist · 1 5 1 6 ·

Aushängeschild eines Basler Schulmeisters (Vorder- und Rückseite),
von Hans und Ambrosius Holbein, 1516.

Wer iemand hie der gern welt lernen dutsch schriben vnd lesen vß dem aller kürziesten grundt den ieman erdencken kan do durch ein ieder der vor nit ein büchstaben kan der mag kurtzlich vnd bald begriffen ein grundt do durch er mag von jm selber lernen sin schuld vff schriben vnd lesen vnd wer es nit gelernen kan so vngeschickt were den will ich vm nüt vnd vergeben gelert haben vnd gantz nüt von jm zu lon nemen er syg wer er well burger ouch handtwerckß gesellen frowen vnd iunckfrouwen wer sin bedarff der kum har jn der wirt drüwlich gelert vm ein zimlichen lon Aber die iungen knaben vnd meitlin noch den fronuasten wie gewonheyt ist Anno m cccc xv

Herzog Philipp der Gute von Burgund empfängt eine Chronik,
aus der Handschrift von Jean Waquelin, Les Chroniques de Hainaut, Vol. I, 1448.

grund eine Tür, durch die ein weiterer Junge hereinkommt. Das geschlossene räumliche Ensemble wird sinnfällig geöffnet.

Traditionalität und Personalität waren durch die im Spätmittelalter verbreiteten Lehrer-Schüler-Bilder ausgedrückt – und damit mehr als nur eine künstlerische Darstellungsform und auch mehr als lediglich eine typische Unterrichtsszene. Vielmehr repräsentierte die Wissensvermittlung in der personalen Bindung von Lehrer und Schülern ein grundlegendes gesellschaftliches Ordnungsmodell des Mittelalters.

Als bereits im Hochmittelalter entwickelte Vorstellung ist dieses Modell eindrücklich von Konrad von Megenberg (1309–1374) beschrieben worden. Konrad entstammte einer wohlhabenden Ministerialenfamilie, wurde im Alter von sieben Jahren nach Erfurt auf die Schule geschickt. Bald verdiente er dort seinen Lebensunterhalt durch eigenes Unterrichten von Mitschülern. Er studierte dann an der Universität Paris und erwarb den Grad eines Magister artium. Vermutlich hinderten ihn fehlende finanzielle Möglichkeiten an einer weiterreichenden akademischen Karriere. Mit unterschiedlichen Tätigkeiten schlug er sich in der Folge durch, stets auf der Suche nach einer einträglichen kirchlichen Pfründe. Schließlich hatte er Erfolg, übernahm 33jährig das Rektorat der überaus angesehenen Schule an St. Stephan in Wien und wurde wenige Jahre später Kanoniker, wahrscheinlich auch Scholaster in Regensburg.

Ein wenig aufregender Lebensweg auf den ersten Blick, doch gerade deshalb ein repräsentativer Werdegang: Konrad steht für eine große Zahl Gebildeter im Spätmittelalter und gewiß für eine Mehrheit unter den Universitätsmagistern in der Artistenfakultät. Seine überaus reiche literarische Produktion, durch die er uns bekannt ist, führt nicht zu den Höhen eigener Gedankengebäude wie in der Hochscholastik, sondern ist durch ihre enzyklopädische Sammlung des Wissens seiner Zeit und dessen systematische Anordnung aussagekräftig und in dieser Hinsicht noch längst nicht umfassend erforscht.

Aus eigener Erfahrung berichtet er über das akademische Leben an der Universität Paris. Die vertiefte Kenntnis aristotelischer Schriften, die eigenständige Reflexion auf verbreitete Vorstellungen seiner Zeit und ein ausgesprochener Wille zur systematischen Erfassung und Ordnung der überlieferten Wissensbestände geben seinem Werk einen eigenwilligen

Charakter. Es liegt wohl an seiner persönlichen Perspektive, daß Konrad sich besonders ausführlich zur Wissenschaft, zum Unterricht und zu den Lehrenden wie Lernenden an der Universität äußert. Seine grundlegende Beschreibung des Schulhauses trifft auf jeden Ort der Wissensvermittlung zu und liest sich wie eine idealtypische Erklärung zu den »Lehrer-Schüler-Darstellungen«. Er spricht dabei vom Unterricht an der Universität nicht anders als von demjenigen an einer Schule; es geht um die Wissensvermittlung zwischen Lehrer und Schülern.

Das Schulhaus *(domus scolastica)*, so schreibt Konrad, ist eine Gemeinschaft von Personen *(communicatio personarum)*, die Gemeinschaft der lehrenden Person mit jenen, die von ihr lernen, in einem der Beschäftigung mit den Wissenschaften *(litterae)* vorbehaltenen Haus. Eindrücklicher läßt sich die Personalität mittelalterlicher Wissensvermittlung kaum fassen, wie auch die Tatsache, daß dafür ein geeigneter, als geschlossen gedachter Raum zur Verfügung stehen muß. In scholastischer Manier grenzt Konrad seine Aussage von unbeabsichtigten Assoziationen ab: Als Gemeinschaft menschlicher Personen hat das Schulhaus nichts gemeinsam mit dem Gebäude aus Stein und Holz, in dem der Unterricht stattfindet. Die Beschäftigung mit den Wissenschaften in der Gemeinschaft des Lehrers mit den Schülern ist unterschieden von anderen menschlichen Gemeinschaften, die anderen Absichten folgen. Schließlich ist die Gemeinschaft von Lehrer und Schülern etwas völlig anderes als etwa die Gemeinschaft des Mannes mit der Frau oder des Herrn mit seinen Dienern.

Mit der Gemeinschaft *(communicatio)* ist eine besondere Eigenart der Weitergabe von Wissen beschrieben: Die personale Gemeinschaft zwischen Lehrer und Schülern setzt voraus, daß beide Seiten durch ein gemeinsames Vorverständnis, ein dem Akt der Wissensvermittlung vorausgehendes Vorwissen verbunden sind und dieses Vorwissen wechselseitig voraussetzen. Die Gemeinschaft als Kommunikation ist ein Austausch von Wissen, der aber erst auf der Grundlage solchen vorausgehenden Wissens zustande kommen kann: Das Bindende der Gemeinschaft entsteht nicht durch Kommunikation, sondern ist selbst die Kommunikation und ermöglicht ihrerseits erst die aktuelle Handlung *(actus)*.

Das mittelalterliche Kommunikationsverständnis ist demnach grundlegend von dem modernen unterschieden, das im Gegenteil davon ausgeht, daß erst durch Handlung Kommunikation zustande kommt und Gemeinschaft entsteht. Dem mittelalterlichen Verständnis liegt eine eucharistische Vorstellung zugrunde: Auch die Teilnahme an der Eucharistie setzt die Zugehörigkeit zur Gemeinschaft (communio) voraus. Die Folgen aus dieser Grundannahme reichen sehr weit: Jedem Akt der Wissensvermittlung geht demnach ein gemeinsames, theologisch begründetes und ordnendes Vorwissen von Lehrer und Schülern voraus, das die personale Bindung zwischen ihnen ebenso umfaßt wie das Verhältnis von Tradition und Erkenntnis.

Diese Vorstellung läßt sich auf andere Bereiche menschlichen Kontakts übertragen: Kommunikation zwischen Mitgliedern verschiedener Gruppen und sogar grenzenübergreifende Kommunikation zwischen Angehörigen unterschiedlicher Länder und Herrschaften setzt eine gemeinsame und gegenseitig angenommene Kenntnis eines Vorwissens voraus. Solches Vorwissen konnte in gelehrtem, lateinischem Bildungswissen bestehen, da jede Schule dem Anspruch nach denselben Kanon der Sieben Freien Künste unterrichtete, wenn auch die Niveauunterschiede oft beträchtlich waren. Mit den Lehrinhalten erlernte man in jedem Fall den überall gleichermaßen gültigen theologischen Deutungsrahmen des gelehrten Wissens. Vorwissen konnte aber ebenso in einer handwerklich-technischen Fertigkeit oder in Umgangs- und Verhaltensformen des höfischen Adels bestehen, in Handlungswissen also. Man verstand sich, weil man über dasselbe oder ein ähnliches Wissensrepertoire verfügte, das durch Verhaltensregeln sogar die Schwierigkeiten einer sprachlichen Verständigung zu überbrücken vermochte.

Wissensvermittlung im Schul- und Universitätsunterricht war, nach der Darstellung des Konrad von Megenberg, ein Bestandteil gesellschaftlichen Lebens, von anderen zwar deutlich unterscheidbar, aber denselben Regeln menschlicher Kommunikation folgend. Soziale Ordnungsmuster, theologische Deutungshorizonte und die Formen des Umgangs mit dem Wissen bestimmten ebenso alle übrigen Gemeinschaftsformen, Ehe und Familie, Hausherrschaft, Kirche und Königtum. Wer Ordnung und Regeln seiner eigenen Gemeinschaft kennt, versteht auch das Funktionieren aller übrigen Gemeinschaftsformen. Konrads enzyklopädischer Ansatz trägt hier Früchte: Er erklärt die Hierarchien in Kirche und Herrschaft ebenso wie die unterschiedlichen geistlichen Lebensformen, Amt und Gewalt des Papstes und der Bischöfe, den universalen päpstlichen Geltungsanspruch und die Bestandteile wie den Ablauf der Liturgie.

Wissen, Wissensvermittlung und Wissenserwerb sollten nicht nur als Unterricht verstanden sein, sondern als gesellschaftliches Handeln und Vollzug menschlicher Gemeinschaft. Entsprechend bedurfte es genauer Kenntnis, wer die Träger des Wissens waren, die Personen innerhalb des Schulhauses. Ausführlich erklärt Konrad Stellung und Aufgaben der Magister *(magistri artium)* und Schulmeister, betont die Würde der wahren Philosophen, unterscheidet die Ordnung und die Irrtümer der Wissenschaften und die verschiedenen Arten des Studierens.

Entscheidend bleibt für ihn das Verhältnis des Lehrers zu seinen Schülern: »Der Lehrer *(magister)* ist wie der Familienvater, und er ist der Herr des Schulhauses, dem alle einzelnen Personen, die zur Gemeinschaft des Hauses gehören, gehorsam sein müssen«. Nach dem antiken Pater-familias-Modell hat sich in der mittelalterlichen Ordnungsvorstellung die Idee der familiären Gefolgschaft herausgebildet, die für die private Familie wie für den Herrschaftsverband eines der allgemein anerkannten Deutungsmuster bot. Auch Ort und Situation der Wissensvermittlung sind, nach Konrad von Megenberg, so zu bezeichnen. Über die personale Beziehung und Bindung zwischen Lehrer und Schülern wird die Tradition des Wissens fortgeschrieben, wird Erkenntnis möglich und Weisheit gesucht, ohne die Grundlage der alles Wissenwollen legitimierenden Tradition zu verlassen.

Konrad von Megenberg schrieb nicht in dem Bewußtsein, Neues zu finden oder unbekannte Gedanken zu wagen. Er trug das Bekannte zusammen und fügte es in eine Gesamtordnung, die durchaus sein eigenes Werk war. Dennoch legitimierte auch er seine Schriften und Aussagen stets durch den Hinweis alten Herkommens, aus der Tradition der überlieferten Wissensbestände. Die »Lehrer-Schüler-Darstellungen« haben schon gezeigt, daß derartige traditionale Legitimation mitunter die Vergangenheit wunschgemäß umdeutete: Zum Nachweis jahrhundertealter Traditionen kleideten spätmittelalterliche Darstellungen die eigene Erfahrung auch in das Gewand einer Szenerie früherer Zeiten.

Jedes Reden von Vergangenheit geht, bis heute, auf einem schmalen Grat zwischen wirklichkeitsgetreuer Rekonstruktion und gedachter Rückprojektion. Historisch-kritische Überlieferungsanalyse gab es erst im Renaissance-Humanismus. Für die mittelalterlichen Menschen galt als authentisch, was der Wahrscheinlichkeit nahe kam. Deshalb hatten Urkundenfälschungen weitreichende Erfolge, wenn ihr Formelapparat korrekt und der Rechtsinhalt glaubhaft war. Aus demselben Grund störte sich niemand daran, daß Vergangenheiten aus Legitimationsabsicht sogar bis in unvordenkliche Zeiten zurückverlängert wurden. Im Bewußtsein der Unbeweisbarkeit akzeptierte man das Vorstellbare und Wahrscheinliche. Was sollte also dagegen sprechen, daß man auch im Frühmittelalter eine benediktinische Klosterschule ebenso hätte verstehen und darstellen können, wie es im Spätmittelalter an kirchlichen wie städtischen Schulen und an der Universität der Fall war?

Außerdem gab es durchaus Hinweise darauf, daß wesentliche Ordnungsvorstellungen und Deutungsmuster sich durch sämtliche mittelalterlichen Jahrhunderte hindurch zogen. So war die eucharistische Vorstellung von der Gemeinschaft der Menschen seit der Spätantike schrittweise entwickelt worden und hat stets das Verständnis von Kontakt und Kommunikation geprägt, wenn auch zumeist unbewußt und ohne mit diesen Begriffen bezeichnet worden zu sein. Auch daß die Weitergabe von Wissen durch Traditionalität und Personalität bestimmt war, stand seit der Spätantike fest, wurde vielfach variiert, aber niemals so benannt. Dasselbe gilt schließlich für die Tatsache, daß Wissen neben religiösem Heilswissen und gelehrtem Bildungswissen immer auch und zugleich anwendungsbezogenes Handlungswissen umfaßte.

Im folgenden, zweiten Teil des Buches soll nun das bislang Gesagte vorausgesetzt werden. Lektüre und Verständnis dessen, was folgt, ist selbstverständlich möglich, ohne zurückzublättern. Wenn nötig, wird das bisher Ausgeführte je nach Sachzusammenhang in Erinnerung gerufen. Doch sollte der nun zu beschreibende chronologische Entwicklungsgang mit strukturellen Überlegungen zur Vorstellungswelt des Mittelalters begleitet und diese vorausgeschickt sein.

Wenn jetzt zunächst von der frühmittelalterlichen Welt der Klöster die Rede sein wird, so ist bereits klar, daß diese nicht einfach nur am Anfang stand, sondern daß vieles von dieser Welt in die Tradition eingegangen ist, deren Entwicklung und Fortschritt durch die Jahrhunderte des

Mittelalters hier nachgezeichnet werden soll. Bewußt erinnert und als Legitimationsgrund aufgerufen, trat die klösterliche Gelehrtenkultur des Frühmittelalters tatsächlich immer mehr in den Hintergrund. Die Zeiten hatten sich geändert. Aber Grundeinsichten wie diejenige, daß gegenwärtige und künftige Zeiten immer nur vor dem Hintergrund der Vergangenheit in die Zukunft blicken können, daß sie Zwerge auf den Schultern von Riesen sind, waren geblieben. Darin erst gründete sich die Überzeugung von der Wirkmächtigkeit des Wissens in der Zeit und über die Zeiten hinaus.

II. MÖNCHSZELLE UND MACHTZENTRUM: WEGE AUS DEM MITTELALTER

Als in der Mitte des 9. Jahrhunderts ein Illuminator, Konventsmitglied des Benediktinerklosters St. Gallen, daranging, eine soeben abgeschriebene Augustinus-Handschrift kunstfertig auszuschmücken, wählte er ein eindrückliches Motiv: Ein Diakon Peter, durch Beischrift gekennzeichnet, empfängt ein liturgisches Buch aus der Hand des heiligen Augustinus. Der Heilige hatte einst eines seiner Werke, das »Enchiridion«, einem Diakon Laurentius gewidmet; vielleicht war der Illuminator davon angeregt worden.

Daß er eine Figurenkonstellation wählte, lag völlig im Horizont der Zeit. Wie sollte man sich sonst die Weitergabe eines Textes und des dadurch vermittelten, von Gott gegebenen Heilswissens vorstellen? Wie anders hätte man sonst den Bezug zwischen dem heiligen Verfasser und dem eigenen Konvent über die Weite des Raumes und die Dauer der Jahrhunderte hinweg verstehen sollen? Augustinus war durch seinen Text geradezu körperlich präsent im St. Gallener Konvent, und so konnte man sich leicht ausmalen, ein Konventsmitglied habe den Text gleichsam von ihm selbst in die Hand gegeben bekommen. Wissenstradition wurde durch personale Bindung weitergegeben, und reale wie fiktionale Personenkonstellationen konnten diesen Umstand gleichermaßen ausdrücken.

Auch die göttliche Inspiration der Heiligen Schrift und der Kirchenvätertexte sollte bildlichen Ausdruck finden, ohne doch die Person Gottes darzustellen. Wieder war eine fiktionale Szenerie gefragt. In seltenen Fällen ließ man die Hand Gottes aus einem himmlischen Wolkenkranz nach unten in die Welt hineingreifen, um ein Buch an einen geistlichen

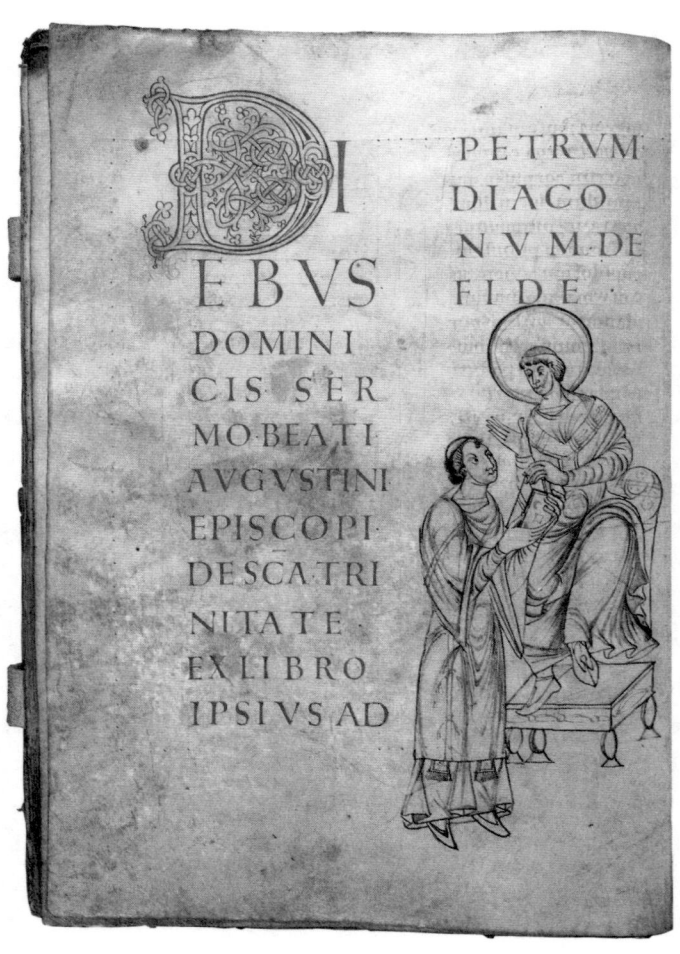

DI
EBVS
DOMINI
CIS SER
MO BEATI
AVGVSTINI
EPISCOPI
DESCATRI
NITATE
EX LIBRO
IPSIVS AD

PETRVM
DIACO
NVM DE
FIDE

Diakon Peter empfängt vom heiligen Augustinus ein Buch.
Federzeichnung in einem Homiliar aus St. Gallen,
wahrscheinlich sechziger Jahre des 9. Jahrhunderts.

Der heilige Gregor als Schreiber.
Titelseite eines Manuskripts seiner Episteln, Cîteaux, 12. Jahrhundert.

Empfänger zu überreichen oder, in ähnlicher Darstellung, einem Herrscher eine Krone aufzusetzen. Meist ging man aber anders vor. Die Konstellation zweier Personen wurde nochmals erweitert und zu einer Darstellungsform geführt, die besonders häufig gewählt wurde, um die Schreibertätigkeit an heiligen Schriften abzubilden: Ein schreibender Mönch wird bei der Arbeit gezeigt. Er befindet sich in einem bewußt als fiktiv erkennbaren Raum: Bauliche Elemente lassen die Umrisse oder Merkmale eines Klosters oder kirchlichen Gebäudes erkennen. Wie schon bei den Darstellungen des »Lehrer-Schüler-Motivs« kommt es nicht auf die Identifikation mit einem bestimmten Gebäude an, sondern im Gegenteil auf die Feststellung, daß die gezeigte Szene sich innerhalb eines geschlossenen Raumes befindet und dieser Raum eine beliebige kirchliche Einrichtung bedeutet.

Der Schreibermönch kann dabei als eine herausragende Persönlichkeit gezeigt sein, als der heilige Benedikt etwa, der Begründer des abendländischen Mönchtums und idealtypische Mönch. Was er schreiben soll – es kann sich um biblische und liturgische Texte oder auch um geistliche Musik handeln – wird ihm von einer höherstehenden Person vorgesagt, idealtypisch dem heiligen Papst Gregor dem Großen. Er tritt in die Rolle des Diktators, eines Funktionsträgers im klösterlichen Skriptorium, der tatsächlich den Schreibermönchen die Texte diktierte und eben daher seine Bezeichnung hatte.

Allerdings ist die Reihe damit nicht zu Ende. Auch der heilige Gregor diktiert nicht von sich aus, sondern erfährt das, was er dem Schreiber vorsagt, seinerseits durch einen Vogel, der auf seiner Schulter sitzt und ihm ins Ohr spricht. Es ist die Taube als Symbol des Heiligen Geistes: Was Gregor diktiert und was der Schreiber am Ende aufgeschrieben haben wird, ist unmittelbar von Gott eingegeben. Hierin begründet und schließt sich der Kreis der Traditionalität, indem die wahre und zur Annäherung an die Weisheit Gottes leitende Tradition auf Gott selbst zurückgeht. Personalität steht entsprechend für die verantwortliche Weitergabe des gegebenen Wissens.

1. MONASTISCHE KULTUR

Personale Bindung, Sukzession und Gemeinschaft waren ein zentrales Element der monastischen Kultur seit dem frühen Mittelalter. Verbrüderungslisten, so beispielsweise der St. Galler Mönche aus dem 9. Jahrhundert, führen die Namen der Brüder des Konvents auf. Heute findet die Forschung darin eine erstrangige Quelle, um die Mitgliederzahl der Klöster und Wanderungen von Mönchen zwischen verschiedenen Konventen nachzuweisen. Der ursprüngliche Zweck dieser Listen war indessen ein anderer. Indem man die Namen der Brüder und ihre Stellung und Funktion innerhalb des Konvents notierte, konnte man die Gemeinschaft beschreiben und in Erinnerung halten. Als Gemeinschaft wurden dabei nicht nur die Lebenden verstanden, sondern die fortbestehende Gesamtheit aller, lebender wie verstorbener, Brüder. Eine Brücke zwischen Diesseits und Jenseits wurde so geschlagen und ein kollektives Gedächtnis *(memoria)*, eine Erinnerungskultur aufgebaut und erhalten, die für das Selbstverständnis mittelalterlicher Klosterkonvente grundlegend bleiben sollten.

Aus dem Gemeinsamen im Lebensvollzug der Konvente entstand eine erste wissenschaftliche Methode, die Lektüre *(lectio)*. Im Lesen der Texte der Heiligen Schrift und der Kirchenväter lag ein Weg der Erkenntnis, der zur Weisheit führte. Lesen bedeutete allerdings nicht, einen Text zu verstehen oder gar Fragen dazu zu stellen. Vielmehr wurde der Text als autoritäres Wort genommen und durch stete Wiederholung so lange gelesen und darüber meditiert *(meditatio)*, bis der Lesende ihn auswendig aufsagen konnte. Lautes Lesen spielte dabei eine Rolle, ähnlich wie im Vollzug des klösterlichen Tagesablaufes, etwa bei den Mahlzeiten. Gemeinsames Hören eines Textes und memorierende Lektüre, das monastische Lesen, bewirkten ein geschlossenes, gemeinsames Wissen, das in die Wissenstradition der Gemeinschaft einging.

Im religiösen Vollzug wies die memoriale Praxis zugleich über den eigenen Konvent hinaus. Seelmessen für die Verstorbenen zu halten gehörte zu den vorrangigen geistlichen Anliegen, und mit Hilfe der Verbrüderungsbücher wurden in das Seelgedächtnis nicht nur die eigenen, sondern auch die Verstorbenen verbrüderter Konvente aufgenommen, wie im Gegenzug dort für die verstorbenen Brüder des eigenen Konvents gebetet

wurde. Die Gebetsgemeinschaft ließ sich erheblich ausweiten und umspannte als personale Vernetzung immer größere Räume und Regionen.
Damit hatte sich nicht nur die liturgische Praxis verändert. Zugleich
lernten die Mönche, in diesen weiter gewordenen Räumen zu denken und
die eigenen Gebräuche um diejenigen der Brüderklöster zu ergänzen. Mit re-
ligiös-liturgischen Praktiken hatte sich der Wissenshorizont der einzelnen
Konvente ohnehin erweitert. Weil die monastische Kultur grundsätzlich
eine Schriftkultur war, entwickelte sich innerhalb der weiter werdenden
Kontakträume bald ein reger Austausch von Texten, ein Wissenstransfer.
Wechselseitig gaben die Konvente sich Schriften zum Abschreiben weiter
oder tauschten sie untereinander aus. Dafür ausgewählt wurden solche
Texte, die für das religiöse Heilswissen wichtig waren und die auf diesem
Weg in das Repertoire gelehrten Bildungswissens eingingen.

Alle diese Prozesse waren, bedingt durch Reisewege und Arbeitszeiten,
langwierig, ihre Verbreitung aber um so nachhaltiger. Schrittweise nä-
herten sich die Kenntnisse in den einzelnen einander personal verbundenen Konventen an. Es entstand ein allgemein anerkannter Wissenshorizont
der monastischen Gelehrsamkeit, der zugleich eine allseitige Offenheit
für die Aufnahme neuer Überlieferungen auf der Grundlage der Tradition
und damit für eine stete Weiterung der Wissensbestände zur Folge hatte.

Immer mehr Lebensbereiche auch außerhalb des Klosters wurden von
der Tragfähigkeit solcher Memorialkultur erfaßt, die nicht nur auf den religiösen Kontext und den Vollzug von Seelmessen bezogen blieb, sondern
sich weitere Felder einer gemeinschaftsstiftenden und damit identitäts-
bildenden kollektiven Erinnerung erschloß. Stets gelang es damit, den Lebenden und ihrer Gemeinschaft eine eigene historische Legitimation zu geben. Verstorbene Familienangehörige, Vorgänger in Ämtern und
Funktionen konnten so im aktuellen Bewußtsein gehalten werden, die
für Herrschaftslegitimation unentbehrliche dynastische Kontinuität fand
sinnfälligen Ausdruck, und selbst in Kommunen konnte man die Erinnerung an berühmte Persönlichkeiten wach halten. Über die Personalität
des gemeinsamen Erinnerns hinaus konnten zugleich überlieferte, ver-
bindende Ideale und markante, weiterwirkende Ereignisse erinnert werden: die monastischen Ideale in der Mönchsgemeinschaft oder die Lehren
vom Bürgersinn und Gemeinen Nutzen in der Kommune.

So hielt man in der Stadt des späten Mittelalters herausragende Verfassungsänderungen oder gelungene wie mißlungene Aufstände und vieles andere mehr durch Chroniken und andere Werke der Geschichtsschreibung fest, die einmal jährlich vor der Bürgerschaft verlesen wurden. Durch das gemeinsame Hören der eigenen, verbindenden Geschichte festigte sich die Identität der Gemeinschaft. Auch diese Tradition fand ihren Ursprung in den Klöstern des frühen Mittelalters, die neben manch anderem nicht zuletzt die mittelalterliche Historiographie begründeten: Bemerkenswerte Ereignisse der Klostergeschichte, aber auch die allgemeine politische Geschichte, Klimakatastrophen oder bedenkliche kosmische Ereignisse wurden durch Niederschrift festgehalten und durch regelmäßiges Verlesen der Aufzeichnungen in der Erinnerung behalten. Wissen über die eigene Geschichte ist notwendig kollektives Wissen, dessen Genese und Tradierung ebenso notwendig Schriftlichkeit voraussetzt.

Nicht nur die überaus folgenreiche »Erfindung« der Geschichtsschreibung und damit einen wesentlichen Entwicklungsstrang von Schriftlichkeit aber verdankten die folgenden mittelalterlichen Jahrhunderte der frühen Klosterkultur, sondern auch diese enge Verzahnung von Schriftlichkeit und Mündlichkeit. Das Geschriebene wurde gerade durch Vorlesen und Hören in der Gemeinschaft zum Fundament kollektiver Erinnerung. Individuelle Lektüre, ohnehin aufgrund mangelnder Alphabetisierung auch in den Klöstern und der Schwierigkeiten der Textvervielfältigung erschwert, hätte diese Wirkung nicht haben können – und nicht haben sollen. Gemeinschaftliches Wissen setzte stets auch Kontrolle voraus, Selektion des Wissenswerten. Der Abt entschied für die Mönche seines Klosters, welches Wissen ihnen zuträglich und welches verderblich war, welche Texte und Bücher also von anderen Konventen zum Abschreiben ausgeliehen und welche eigenen dorthin weitergegeben werden durften. Was die Gemeinschaft miteinander las oder vorgelesen bekam und was die Mönche selbst lasen, unterlag strenger Kontrolle – und verlockte immer wieder zu dem Versuch, diese Kontrolle zu umgehen und gerade das Verbotene zu lesen. Umberto Ecos berühmter Roman »Der Name der Rose« von 1982 handelt genau über diesen Zusammenhang und den Versuch, das als gefährlich eingeschätzte, verlorene Buch des

Aristoteles über das Lachen nicht in die Hände christlicher Mönche gelangen zu lassen.

Verbote, vor allem solche, die wiederholt eingeschärft wurden, waren nicht nur im Mittelalter Beweise für die Dynamik der Realität. Immer wieder gab es theologisch wohlbegründete, aber praktisch vielfach wirkungslose Versuche, ein vermehrtes Wissenwollen einzuschränken. Neugier *(curiositas)* hieß der Vorwurf gegen jeden, der die Tradition eigenmächtig erweitern oder gar verlassen wollte. Sorgsam wurde geprüft, was den Mönchen zu wissen angemessen und was schädlich war. Bald stand fest, daß es »gutes« und »böses« Wissen gab, letzteres entweder »heidnischen«, vorchristlichen Texten entnommen oder schlicht abweichenden, dogmatisch nicht gedeckten Vorstellungen, die allmählich in den Verdacht abweichender Lehre, der Häresie, gerieten. Beides, erwünschtes wie unerwünschtes Wissen, breitete sich immer schneller aus auf den Kommunikationswegen innerhalb der weiter werdenden Kontakträume der monastischen Kultur.

Die normierende Vorgabe, daß rechtes Wissen dem Seelenheil dient, also Heilswissen sein oder diesem zumindest nicht widersprechen dürfe, verband unmerklich die Tradition gelehrten Bildungswissens mit praktischer Erwartung: Rechtes Wissen nutzte dem Seelenheil, unrechtes Wissen führte davon ab. Auch der monastischen Kultur war ein Anwendungsbezug des Wissens, die Spannung von Bildungs- und Handlungswissen also, keineswegs unbekannt.

Hierzu gehörte ebenso der schon im Frühmittelalter einsetzende Schmuck wertvoller, weil wertvolle Inhalte tragender Texte, vor allem biblischer und patristischer wie auch liturgischer Überlieferungen. Das in ihnen überlieferte und durch sie vermittelte, heilsbezogene Wissen sollte in repräsentativer Form dargestellt und vorgezeigt werden. Ornamentierte, illuminierte Handschriften besonderen, auch materiellen Wertes wurden deshalb nur bei besonderen Anlässen verwendet und zur Schau gestellt und blieben ansonsten sorgsam verwahrt. Mit liturgischem Gerät aus Edelmetall verfuhr man ebenso.

2. DER VERBORGENE ORT DER KLOSTERSCHULE

Vieles ist aus den Chroniken über die Geschicke der Klöster zu erfahren, aus den Verbrüderungslisten über deren Konventsangehörige oder aus den Ordensregeln – seit der ersten, für alle folgenden maßgeblichen Regel des heiligen Benedikt um 530 – über die Regeln des klösterlichen Zusammenlebens. Von anderen Bereichen der Alltagsrealität im Kloster fehlt hingegen jede Nachricht. Die Klosterschule ist ein solcher Bereich. Nur in Rückprojektion aus späteren Jahrhunderten läßt sich das »Lehrer-Schüler-Bildmotiv« auch auf das frühe Mittelalter anwenden. Zeitgenössische Darstellungen dazu gibt es nicht und auch keinerlei sonstige Abbildung.

Der berühmte, um 830 in dem mit dem Konvent von St. Gallen verbrüderten Benediktinerkloster auf der Insel Reichenau entstandene St. Galler Klosterplan ist gewiß ein faszinierendes, einzigartiges Zeugnis der frühen Klosterarchitektur. Hingegen ist er gerade nicht, was moderne Betrachter gern in ihm sähen: eine reale Abbildung der Gebäude und des Bauplanes des St. Galler Klosters oder irgendeines anderen. Die Vorgeschichte war vielmehr so: Nachdem der Abt von St. Gallen wieder einmal, infolge von Zerstörungen und notwendigen Umbaumaßnahmen, über dem Bauplan seiner weiträumigen Klosteranlage saß, entsann er sich der Sachkundigkeit seines Reichenauer Amtsbruders. Also ließ er dort fragen, nach welchen Vorgaben er sich am günstigsten richten solle. Die Antwort war der Klosterplan: ein idealtypisches Modell eines Benediktinerklosters, das eben als Ideal und gerade nicht, weil es Realitäten abbilden würde, sämtliche wünschenswerte Elemente des baulichen Ensembles in einer nützlichen und zugleich symbolischen Ordnung und Vollständigkeit abbildet. Die der jeweiligen Bedeutung angemessenen Größenverhältnisse zwischen den Gebäuden, die Harmonie und Proportion des Gesamtaufbaus und die strikte Geradlinigkeit der Wegeführung erinnert an moderne Städteplanung. Indessen sollten diese Eigenheiten keine reale Planung vornehmen, sondern die ideale Repräsentation der Harmonie der göttlichen Schöpfungsordnung in der Klosterbaukunst zur Geltung bringen. Was allerdings als reale Aussage verstanden werden darf, ist die bildliche Aufzählung der notwendigen Teile des Ganzen, so der Kirche, des Kreuzganges und anderer Konventsgebäude. Ob die Schule auch dazugehörte?

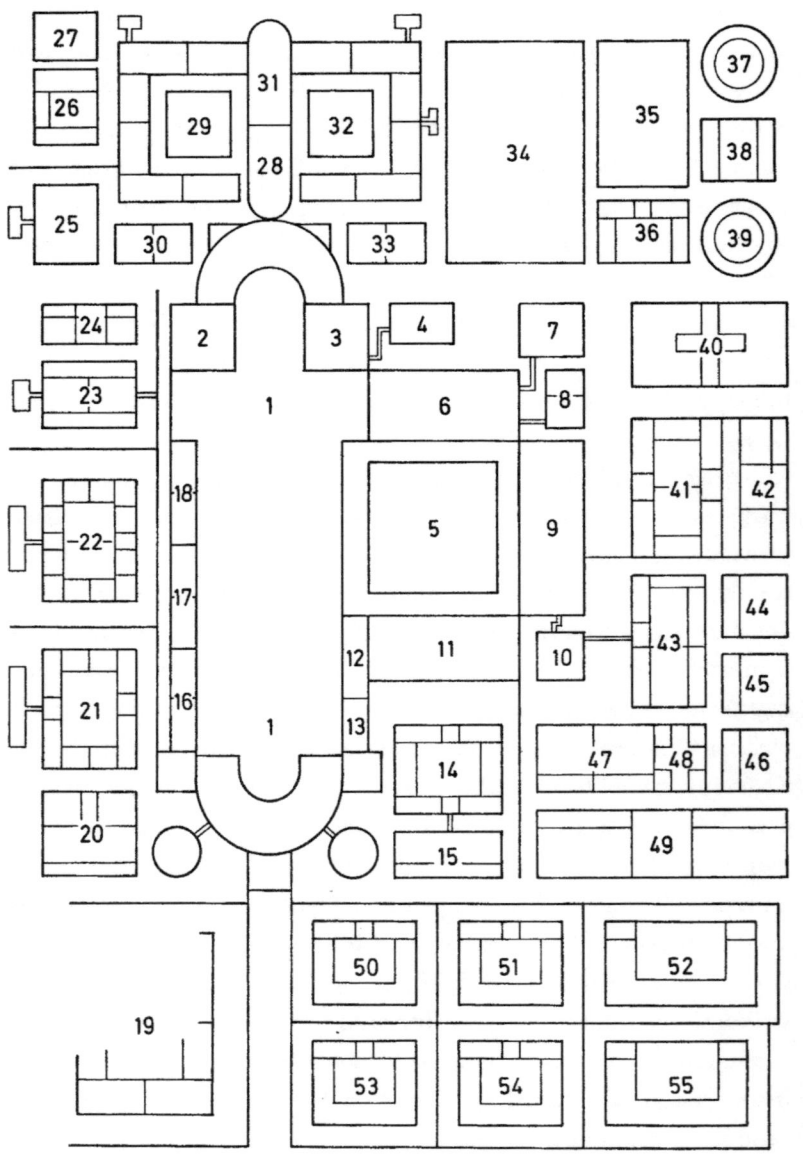

Die Bauten des Klosterplans. Übersicht

1 Basilika
2 Schreibstube (im Obergeschoß Bibliothek)
3 Sakristei (im Obergeschoß Paramentenkammer)
4 Hostienbäckerei und Ölpresse
5 Kreuzgang im Klaustrum der Mönche (die an die Basilika grenzende Portikus dient als Kapitelsaal)
6 Pisalis / Tagesraum der Mönche (im Obergeschoß Dormitorium)
7 Abtritt
8 Wasch- und Badehaus
9 Refektorium (im Obergeschoß Vestiarium / Kleiderkammer)
10 Küche der Mönche
11 Kellarium (im Obergeschoß Lardarium / Vorräte)
12 Pfortenraum des Klaustrums und Sprechzimmer für Besucher
13 Stube des Pilgermeisters
14 Pilgerherberge
15 Brauerei und Bäckerei der Pilgerherberge
16 Wohnung des Gastmeisters
17 Wohnung des Schulmeisters

18 Wohnung für durchreisende Ordensbrüder
19 Unterkunft der Reisebegleitung vornehmer Gäste
20 Küche mit Speisekammer, Brauerei und Bäckerei des Gästehauses
21 Gästehaus
22 Schule der Oblaten
23 Abtspfalz
24 Bad, Speisekammer und Küche der Abtspfalz
25 Haus für den Aderlaß und die Anwendung von Pugiermitteln
26 Arzthaus mit Apotheke und Zimmer für Schwerkranke
27 Arzneikräutergarten
28 Kapelle des Krankenhauses
29 Krankenhaus
30 Bad und Küche des Krankenhauses
31 Kapelle des Novizenhauses
32 Novizenhaus
33 Küche und Bad des Novizenhauses
34 Obstgarten und Friedhof
35 Gemüsegarten
36 Gärtnerhaus

37 Gänsestall
38 Haus der Geflügelwärter
39 Hühnerstall
40 Kornspeicher mit Dreschtenne
41 Räume des Kamerarius und Werkstätten (Sattler und Schuhmacher, Schildmacher und Schwertfeger/Messerschleifer, Gerber und Drechsler)
42 Werkstätten (Walker, Grobschmied, Goldschmied)
43 Bäckerei und Brauerei der Mönche
44 Mühle
45 Stampfe
46 Darre
47 Werkstätten (Küfer, Holzmechaniker)
48 Kornspeicher für Mühle - Bäckerei und Darre - Stampfe - Brauerei
49 Pferde- und Ochsenstall
50 Schafstall
51 Ziegenstall
52 Kuhstall
53 Gesindehaus
54 Schweinestall
55 Stutenstall

Schematische Umzeichnung des St. Galler Klosterplanes,
mit Erläuterung der Nummern für die einzelnen Bauteile.
Nr. 22 stellt das Schulgebäude dar.

Auf dem St. Galler Klosterplan findet sich ein Gebäude, das als Schule der Oblaten bezeichnet worden ist, jener Kinder also, die von ihren Eltern in sehr jungen Jahren dem Dienst Gottes »geopfert« wurden. Vor Erreichen des Schulalters gab man sie in die Obhut des Klosters, damit sie dort erzogen und zu Mönchen ausgebildet würden. Die Eltern machten im Gegenzug großzügige Schenkungen, etwa in Form von Wald- oder Akkerflächen, an das Kloster; ihre Kinder sollten dafür ihr Leben lang Mitglieder des Klosters bleiben. Die schulische Erziehung und zugleich die klösterliche Sozialisation, also wiederum Bildungs- und Handlungswissen zugleich, gehörten unabdingbar zu diesem Verfahren hinzu, und die Schule der Oblaten war der Ort dafür.

Soviel steht nach der Überlieferung zweifellos fest. Niemals aber wird angegeben, wo genau auf dem Klostergelände sich die Schule der Oblaten befunden haben könnte. Nicht anders verhält es sich zumeist mit den Skriptorien, den Schreibstuben, in denen die für Schreibarbeiten zuständigen Mönche wohl an langen Bankreihen, bei fahlem Licht und im Schein der Kerzen, die ihnen dazu vorgelegten Texte abschrieben. Daß diese Arbeit in großem Umfang ausgeführt wurde und nur dadurch die überaus reichen, vielfach bis heute beeindruckenden Bibliotheksbestände der Klöster zustande kamen, steht außer Zweifel. Wie sich die Arbeit im Skriptorium genau vollzog, wie das Skriptorium baulich gestaltet und vor allem wo innerhalb der Klosteranlage es lokalisiert war, ist ebenfalls nicht überliefert. Es scheint, als sei die Bedeutung der durch Schule und Skriptorium verkörperten monastischen Wissenssicherung mit Bedacht sorgfältig in der Überlieferung bezeugt, als sei aber der genaue Ort dafür innerhalb des Klosters nicht von Belang gewesen und deshalb nichts darüber berichtet worden. Romanschreiber wie Umberto Eco haben ihre Phantasie spielen lassen und denkbare Lösungen vorgeschlagen; der auf die Quellenanalyse angewiesenen Geschichtswissenschaft bereitet die Sachlage eher Probleme.

Damit nicht genug. Es fällt gewöhnlich außerordentlich schwer, Klosterschullehrer namentlich kennenzulernen oder gar zu erfahren, welche Personen nacheinander die Schule geleitet haben. Schülerlisten fehlen völlig, um Angaben zu Inhalt und Methoden des Unterrichts steht es nicht viel besser. Wie gesagt: Das Ergebnis, Bibliotheksbestände und eine beeindruckende monastische Gelehrsamkeit, die sich hier und da in den Quellen fassen lassen, überzeugen von der Qualität der monastischen Kultur. Einzelheiten ihres täglichen Lebens bleiben aber verborgen.

In der über tausendjährigen Zeitspanne, während derer das Kloster St. Gallen überregional bekannt und einflußreich war, hat die Schule eine entscheidende, vielzitierte Rolle gespielt. Eine erste Phase herausgehobener Bedeutung lag zwischen dem 9. und 11. Jahrhundert, und in sie gehört auch der Klosterplan. Wie war nun die Lokalisierung der Gebäude im Klosterplan vorgesehen? Mit zwei getrennten Raumeinheiten, wohl für Unterricht und Freizeit, und mit Platz für insgesamt zwölf Schüler ist die Schule der Oblaten dargestellt und rekonstruiert worden. Räumlich sehr viel kleiner, findet sich unweit davon die Wohnung des Schulmeisters. Beider Lage nordöstlich der Kirche (der Klosterplan ist, wie mittelalterliche Karten häufig, nach Osten ausgerichtet, nicht nach Norden wie moderne Karten) erklärt sich leicht aus der Nähe zum Gotteshaus, in dem die Schüler Chordienste versehen mußten und aus der Trennung von den nur für die vollberechtigten Konventsmitglieder zugänglichen Gebäudeteilen südlich der Kirche (Klausur).

Daß das Skriptorium sich oberhalb der Bibliothek befindet und die Paramentenkammer mit den liturgischen Gewändern oberhalb der Sakristei und daß beide Gebäudeteile neben der Apsis der Kirche angeordnet sind, scheint ebenfalls schlüssig. Liturgische Geräte und Gewänder, Texte der Meßliturgie und sonstige für den Gottesdienst wichtige Schriften müssen sich aus funktionalen und Sicherheitsgründen nahe dem gottesdienstlichen Hauptraum befunden haben.

Doch die Schwierigkeiten der Zuordnung gehen noch weiter. Daß sich östlich der Kirche ein weiteres Schulgebäude befunden haben soll, wollen manche modernen Betrachter des Klosterplans wissen. Dies sei die »innere Schule« gewesen, so sagen sie, diejenige für die Oblaten, die Novizen und künftige Ordensmitglieder. Eine solche Zuschreibung ist nicht grundsätzlich undenkbar, hängt aber entscheidend davon ab, daß ein weiteres Gebäude als »äußere Schule« verstanden wird, für diejenigen Schüler, die später nicht Konventsmitglieder werden, sondern in den Weltklerus gehen und vielleicht sogar Laien bleiben wollten. Manches weist in der schriftlichen Überlieferung tatsächlich darauf hin, daß nicht nur künftige Or-

Schreiber im Skriptorium.
Evangelistar Heinrichs III., Echternach, 11. Jahrhundert.

densangehörige in einer frühmittelalterlichen Klosterschule, in St. Gallen und andernorts, unterrichtet wurden. Eine »äußere Schule«, gern für die moderne Vorstellung einer karolingerzeitlichen öffentlichen Schule *(scola publica)* bemüht, ist aber nirgends beweisbar.

3. KLOSTERGESCHICHTEN

Eine einzigartige Folge von episodenhaften Erzählungen hat sich aus dem Alltagsleben des Klosters St. Gallen erhalten, die St. Galler Klostergeschichten *(casus sancti Galli)*. Begründer war ein Mönch namens Ratpert, der bis um das Jahr 900 lebte, Schüler und später Lehrer in St. Gallen war. Er berichtete die »Vorfälle« *(casus)* als Hauschronik des Klosters bis in die achtziger Jahre des 9. Jahrhunderts. Um die Äbte ging es vor allem und um sonstige, herausragende Persönlichkeiten, daneben um die Rechte des Klosters und dessen Entwicklung in den politischen Verhältnissen der Zeit. Ein anderer Schüler und ebenfalls späterer Lehrer des Klosters, Ekkehart (der vierte dieses Namens unter den bekannten St. Gallener Mönchen), der nach der Mitte des 11. Jahrhunderts verstorben sein muß, setzte Ratperts Chronik fort. Er selbst hatte zuvor Gelegenheitsgedichte und Übungstexte für den Schulunterricht geschrieben. Die Klostergeschichten fortzuschreiben war sein Alterswerk, mit dem er bis in die eigene Zeit hinein berichten wollte, und daß er mitten in Erzählungen aus der Zeit zwei Generationen früher abrupt abbrach, geschah sicher nicht freiwillig. Etliche Chronisten des Mittelalters starben über ihrer Arbeit, viele von ihnen Mönche, doch nur wenige sind überhaupt so weit persönlich faßbar wie Ekkehart.

Schon damals gab es für einen gebildeten Mönch verschiedene Möglichkeiten, eine Chronik zu gestalten. Er konnte sie nach Jahren fortlaufend ordnen, bewußt sachlich berichten und sich um Vollständigkeit bemühen, wie es noch Ratpert getan hatte. Oder er konnte sie eher literarisch gestalten, eigenständig entscheiden, was er berichtete und fortließ, mit stilistischen Effekten und Spannungsbögen ausstatten und als unterhaltende Erzählung formulieren. Ekkehart entschied sich für diesen »modernen«

Weg. Weniger aus urkundlichen Dokumenten, wie sie noch für Ratpert im Zentrum gestanden hatten, zog er seine Informationen, sondern mehr aus Gesprächen mit älteren Brüdern. Das Wissen, das er so erwarb und durch Verschriftlichung zu bewahren half, war aus geschriebener wie aus mündlicher Überlieferung zusammengefügt. Mündliche Erzählungen der Alten berichteten von Selbsterlebtem, aber auch von dem, was sie einst aus Erinnerungen anderer, inzwischen längst Verstorbener erfahren hatten. Sie konnten deshalb leicht über etliche Generationen zurückreichen und so Geschichte zu schreiben helfen, waren aber stets durch den Filter der Gedächtnisse und persönlicher Bewertungen gegangen.

Das kollektive Wissen in der gemeinschaftlichen Erinnerung hat sich in vornehmlich oralen Gesellschaften wie derjenigen des Mittelalters genauso entwickelt, und nur selten ist es, wie in St. Gallen durch Ekkehart, aufgeschrieben worden. Die Verschriftlichung bedeutete ihrerseits dabei nur die Verfestigung eines Zwischenstandes, denn die Anreicherung des kollektiv Erinnerten durch persönliche Erfahrungsberichte ging unaufhörlich weiter. Mündlichkeit blieb während des gesamten Mittelalters neben Schriftlichkeit als Grundlage von Kommunikation und Wissensvermittlung bestehen, nicht nur wegen des hohen Analphabetenanteils in der zeitgenössischen Gesellschaft, sondern auch und deshalb eben selbst in gebildetem Umfeld wegen der legitimatorischen Kraft, die mit mündlichem Erzählen und Erinnern verbunden war. Das Persönliche des mündlichen Berichts hatte eine Eindrücklichkeit, die geschriebenen Texten unerreichbar war. Wann immer Brisantes oder Geheimes weiterzugeben war, so griff man – noch in der Hofdiplomatie des späten Mittelalters – selbstverständlich zu mündlicher Übermittlung.

Auch die Oralität stand für eine Legitimation aus Tradition: Was seit alters erzählt wurde, galt als authentisch und bezeugte die Geschichtlichkeit der gegenwärtigen Gemeinschaft. Entsprechend hätte es nicht in die Wahrnehmung der Zeit, noch dazu in einem Kloster, gepaßt, wenn Ekkehart sich selbst als Sammler oder Verfasser der Klostergeschichten hätte herausstellen wollen. Ältere Brüder, so schrieb er deshalb, hätten ihn dazu überredet, die Berichte von Glück und Unglück ihres Kloster aufzuschreiben.

Eine Schwierigkeit blieb dem Sammler und Schreiber derartiger Nachrichten allerdings weder bei schriftlicher noch bei mündlicher Überlieferung erspart: Er mußte auswählen, gewichten, das Nützliche herausstellen und Unnützes fortlassen. Das Wissen von der Vergangenheit und die Lektüre der Geschichtsschreibung fanden ihren Zweck gerade nicht im Antiquarischen. Zu wissen, wie etwas früher gewesen war, reichte dem mittelalterlichen Leser und Hörer nicht. Er wollte vielmehr aus der Vergangenheit die Gegenwart begreifen und die Zukunft erahnen können – indem er alle Zeiten und das in ihnen Geschehene als Wirken Gottes in der Welt der Menschen verstand. Auszuwählen, was dafür zu wissen nützlich war, stellte eine schwierige und verantwortliche Aufgabe dar.

Um die Selektion des Wissenswerten aus der Tradition zu bewältigen, bedurfte es einer eigenverantwortlichen Lektüre des Chronisten. Gewiß zielte jede Klosterchronik auf das gemeinsame Lesen und Hören, doch sie nahm notwendig ihren Ausgangspunkt von der Werkstatt eines eigenständig wählenden, ordnenden und gestaltenden Chronisten. Eigenes, persönliches Lesen der Mönche war, trotz der wertenden und normierenden Auswahl des Zulässigen etwa durch den Abt, grundsätzlich nicht unmöglich. Beispielsweise für eine mehrstündige Lektüre nach der täglichen Arbeit während der Fastenzeit konnten die Mönche sich Bücher aus der Konventsbibliothek entleihen. Kommentare und Aufzeichnungen zu Bemerkenswertem, mitunter auch Einträge auf den Textseiten bezeugen ein derart individuelles Lesen. Im Vergleich einer Vielzahl derartiger Lesespuren zeigt sich eine erstaunliche Breite der Interessen und der ausgewählten Texte. Offenbar suchten die Mönche für ihr Selbststudium sehr bewußt eine Fülle unterschiedlicher Überlieferungen zusammen, aus denen sie sich dann für das eigene Interesse wie für praktische Zwecke, etwa die schulische Vermittlung, Wissenskompendien erstellten. Hierbei ging es nicht nur um gelehrtes Wissen wie etwa theologische Abhandlungen spätantiker Kirchenväter, sondern ebenso auch um praktisches Wissen, handwerkliche Techniken etwa oder die Gartenarbeit, und Gedichtsammlungen oder Geschichtswerke. Das Vademecum des St. Galler Mönchs Walahfrid Strabo aus dem 9. Jahrhundert ist ein eindrückliches Zeugnis dafür, wie auch eine von ihm ausführlich kommentierte Horaz-Ausgabe.

Geschichtsschreibung als Folge gelehrter Lektüre und mündlicher Berichte setzte immer auch eine theologisch begründete Vorstellung davon voraus, wie der von Gott gelenkte Lauf der Zeiten zu verstehen sei. Zwei Konzepte setzten sich hierbei durch, die Heilsgeschichte augustinischer Prägung und eine Schicksalsvorstellung *(fortuna)*, wie sie Ekkehart in seinen Klostergeschichten zugrunde legte. Letztere stammte von Boethius, der um 500 Vertrauter des Ostgotenkönigs Theoderich gewesen war und als Übersetzer und Vermittler der griechischen Philosophie und Naturphilosophie lange Zeit zu den vorrangigen Autoritäten vor allem im Schulunterricht gehörte. Seit dem 9. Jahrhundert wurden die Schriften des Boethius in allen kirchlichen Schulen hoch geschätzt und später in Vorlesungen an der Artistenfakultät behandelt.

Der Unterricht in der Klosterschule blieb Teil der monastischen Wissenskultur und war im Gegenzug entscheidend für die Vermittlung antiken gelehrten Wissens. Schon der immer wieder betonte und von den kirchlichen Autoritäten gegen abweichende Meinungen durchgesetzte Bezug auf die Schriften der Kirchenväter, wie diejenigen des heiligen Augustinus, sicherte den theologischen Lehren, den philosophischen Gedankengebäuden und nicht zuletzt der stilistisch gewählten lateinischen Sprache eine während des gesamten Mittelalters ungebrochene Geltung spätantiker Traditionen innerhalb der gelehrten Wissensbestände. Auch die maßgeblichen Autoritäten für den lateinischen Grammatikunterricht, etwa Donatus oder Priscian, aus deren Lehrbüchern Generationen von Lateinschülern die Anfangsgründe der Grammatik lernten, blieben unersetzt. Jeder Schüler des Mittelalters wußte aus eigener, oft von der harten Disziplin des Schulalltags überschatteter Erfahrung von den Erlebnissen mit »seinem Donat«.

Zur Disziplin der Klosterschulen gehörte vieles, was modernem Denken unbekannt geworden ist und was allemal eher mit der Ordnung geistlichen Lebens als mit Didaktik zu tun hatte. So war es üblich und wurde bei strenger Strafe sorgsam überwacht, daß die Schüler während des Unterrichts und auch in den Pausen ausschließlich die lateinische Sprache verwendeten. Schule und Latein waren nahezu gleichbedeutend. Volkssprachlicher Unterricht kam erst in den Städten des Spätmittelalters auf, und selbst dann noch verteidigte die Kirche ihre Schulhoheit für den Unterricht in dem lateinischen, ebenfalls aus der Antike stammenden Lehrkanon der Sieben Freien Künste.

Als künftige Ordensangehörige hatten die Schüler von vornherein an den Anforderungen des geistlichen Lebens mit seinen festen Pflichten zu Tages- und Nachtzeiten Anteil, vor allem durch ihre Mitwirkung als Helfer und Chorsänger in der liturgischen Gestaltung der Meßfeiern. Um einen symbolischen Ausgleich gegen die alltägliche Härte des Schullebens zu bieten, gab es einmal im Jahr einen Schülertag (dies scolarium), der an einem, zwei oder drei verschiedenen Kalendertagen stattfinden konnte. Dieser Schülertag hatte vieles gemein mit dem, was heute noch als Brauch der politischen Fastnacht bekannt ist: Für wenige Stunden spielte man verkehrte Welt, um die Gegebenheiten satirisch zu kommentieren, ohne sie allerdings in Frage zu stellen oder ändern zu wollen und zu können. Am Schülertag, und nur an diesem Tag, durften die Schüler frei und ausgelassen sein und sich nach eigenem Gefallen verhalten. Doch auch dafür gab es Regeln: Sie erhielten Besuch von hochstehenden Personen, dem Schulleiter, dem Abt oder sogar dem Bischof. Diese Gäste durften sie nun spielerisch gefangennehmen, um sie erst gegen ein Lösegeld, etwa in Form von Nahrungsgeschenken, wieder freizulassen. Als solche gab es gewöhnlich Obst oder Backwerk, das die Kinder sonst nicht auf dem Speiseplan fanden.

Beliebt war der Rollentausch, der allerdings auf ganz eigene Art das Lernen fortsetzte. So konnte der Gast zum Sitz des Lehrers geführt werden, womit er spielerisch dessen Disziplinargewalt übernahm. Nun kauften sich die Schüler ihrerseits von diesem Lehrer frei, indem sie lateinische Sprüche, Merkverse oder Gedichte aufsagten. Sie bewiesen damit ihre erfolgreiche Unterrichtsteilnahme und wurden zur Belohnung von dem Gast beschenkt, wieder mit seltenen Nahrungsmitteln oder auch mit Privilegien wie der Zusicherung, auch künftig solche Schülertage abhalten zu können und dabei jedes Mal Fleischmahlzeiten zu erhalten.

Als Rollentausch gestaltet war auch der Brauch, daß die Kinder aus ihrer Mitte einen sogenannten »Kinderbischof« bestimmten, der spielerisch die üblichen Rituale bischöflicher Zeremonialhandlungen vollzog und die übrigen Kinder oder auch erwachsene Personen des Konvents »strafte«. Selbstverständlich durften die Freiheiten, vor allem die Usurpation geistlicher Amtsgewalten und die satirische Revanche gegen die Erwachsenen, nicht übertrieben werden. Unmerklich bestand der Nutzen solcher

Rollenspiele auch in einem Einüben zentraler und für das spätere, geistliche Leben der Schüler wichtiger Verhaltensmuster. Hierzu zählte beispielsweise das abwechselnde Vorlesen am Pult im Speisesaal während der gemeinsamen Mahlzeit, wie es schon von den jüngeren Schülern erwartet wurde.

Bei einem seiner Besuche legte der König zur Belohnung Goldstücke in den Mund der Jungen. Einer der jüngsten spuckte das Goldstück sofort wieder aus, und der König sprach ihm daraufhin zu, daß er gewiß ein guter Mönch werde. Das Lernfeld mußte dabei nicht auf die geistliche Welt beschränkt bleiben. Keine andere Gelegenheit bot sich für die Bischöfe als geistliche Oberhirten, die aber gewöhnlich nicht Konventsmitglieder waren, wie auch für weltliche Herren, Einblick in die Gegebenheiten der Klosterschule zu nehmen. Offenbar war es für beide Seiten von lebhaftem Interesse, diesen Einblick zu erhalten, da die Schüler von heute die gelehrten Mönche von morgen waren, auf die man in der Episkopalverwaltung gern zurückgriff, die sogar selbst zu späteren Bischöfen werden konnten und ohne die auch die Verwaltung der weltlichen Herrschaft nicht auskam. Deshalb kann nicht wirklich erstaunen, was auf den ersten Blick überraschen mag: daß im Kloster St. Gallen Königsbesuche keine Seltenheit waren. 912 nahm König Konrad I. am Schülertag teil und war davon so angetan, daß er verfügte, künftig sollten die Kinder jährlich an drei Tagen Zeit zum Spiel erhalten.

Herrscherbesuche im Kloster blieben keine Ausnahmefälle. Die gelehrten Mönche standen am Königshof wie auch im Umkreis der Bischöfe in hohem Ansehen, wurden um Rat und geistlichen Beistand gebeten. Gern nahm der König an Meß- und Eucharistiefeiern in der Klosterkirche teil und pflegte sogar bei feierlichen Anlässen einen geselligen Umgang mit den Konventsangehörigen. Adelige aus der Umgebung des Herrschers beobachteten diese Entwicklung skeptisch und begegneten den Brüdern mit Neid und mancher Nachstellung.

Sehr direkt berührten sich an dieser Stelle Wissen und Macht, und es wird unübersehbar, daß klösterliche Wissensvermittlung keineswegs auf einen abgeschlossenen Raum beschränkt und lediglich auf gelehrte Inhalte zum Zweck religiösen Heilswissens bezogen blieb. Sprachbeherrschung des Lateinischen beispielsweise befähigte stets, und so auch schon im

Frühmittelalter, zu der überall unentbehrlichen Schriftfähigkeit. Kirche und Herrschaft waren ohne sie nicht mehr denkbar, benötigten gebildete Personen für ihren alltäglichen Handlungsvollzug und konnten diese Personen während des gesamten frühen und noch weitgehend im hohen Mittelalter nur im Klerus finden. In den Klosterschülern von heute mußte man notwendig die Bischöfe, das schreibkundige Personal der kirchlichen wie herrscherlichen Verwaltungen und die königlichen Ratgeber von morgen sehen. Der Nutzen jenes Wissens, das in den Klosterschulen gelehrt wurde, für die Gesellschaft der Zeit war also bereits vielfältig und wurde deshalb programmatisch eingefordert und sorgfältig kontrolliert.

Der persönlichen Freiheit der Schüler kamen also auch die Schülertage oft nur scheinbar zugute, wenn sie in Wahrheit ihrer Kontrolle durch bischöfliche oder herrscherliche Besuche dienten. Um so mehr waren die erwachsenen Mönche in die Ordnung ihrer geistlichen Lebensform und die dabei gestellten Anforderungen eingebunden, auch in diejenigen, die in Schule, Skriptorium, Bibliothek oder anderweitig dem Wissenstransfer galten.

4. HERKUNFT UND WISSEN

Eindrücklich beschreiben die St. Galler Klostergeschichten die Schwierigkeiten, in die ein junger Mönch geriet, weil er gegen die geltenden Ordnungen des Klosterlebens rebellierte. Wolo war ein Grafensohn, ein begabter und gebildeter junger Mann, allerdings auch ein unruhiger Geist. Immer wieder war er in der Vergangenheit buchstäblich ausgerissen, indem er unerlaubt des Nachts das Kloster für ausgedehnte Streifzüge durch die Natur verlassen hatte. Alle Ermahnungen des Abtes hatten wenig gefruchtet, und so gebot man ihm schließlich bei Strafe, innerhalb der Klostermauern zu bleiben. Wegen seiner gelehrten Fähigkeiten war Wolo inzwischen Schreibermönch im Skriptorium geworden. Eines Tages, als er wieder der ermüdenden und wenig abwechslungsreichen Schreibtätigkeit nachging, brach seine Unruhe in ihm durch. Er sprang von seiner Bank auf, achtete nicht auf die Rufe der anderen, die ihn warnend fragten, wohin er denn wolle, sprang auf den Außenstiegen zum Glockenturm hinauf – brach dort aber durch das Dach der Kirche und stürzte nach unten. Er verunglückte tödlich und bereute sterbend seine Ungeduld.

Dieser Vorfall wurde von Ekkehard in seiner Klosterchronik gleich aus mehreren Gründen berichtet, als eindrückliche Miniatur aus dem Leben der Brüder, als Warnung vor ungebührlichem Verhalten und eigensinniger Neugier und als dezenter Hinweis auf die soziale Rekrutierung der Mönche von St. Gallen. Wolo war adeliger Herkunft, eines Grafen Sohn, und er verfügte über gelehrte Bildung, war also ein Literatus. Beides, das erlernte Wissen und die sozialständische Qualifikation, zeichneten ihn aus, und er war darin gerade keine Ausnahme, sondern der Regelfall. Ekkehard resümierte, St. Gallen habe stets nur Mönche freier Geburt besessen, doch seien die Vornehmeren unter ihnen nicht selten vom rechten Weg abgewichen.

Ähnlich liest es sich in einem späteren Bericht des Notker Balbulus, ebenfalls aus St. Gallen: Künftige Bischöfe, Äbte und Mönche, so schreibt er, sollten edler Geburt sein, moralisch gefestigt und in den Wissenschaften gelehrt. Ekkehards und Notkers selbstbewußter Hinweis auf die Qualifikation der St. Galler Mönche durch Herkunft und Bildung zugleich ist gewiß nicht auf jeden Konvent oder auch nur auf eine Mehrheit der Klöster übertragbar. Im Gegenteil wird man das soziale wie auch das Wissensniveau nicht vorsichtig genug betrachten dürften. Eines aber stimmt gewiß generell: Wissensqualifikation, Gelehrsamkeit durch Schulbesuch und Bildungsstand sind im Mittelalter, je länger desto mehr, zu einem Faktor von gesellschaftlichem Rang geworden und haben ihren Trägern immer mehr Möglichkeiten der erfolgreichen Lebensgestaltung geboten.

Dennoch blieben Bildung und Wissen stets ergänzende Qualifikationen, die zu anerkannter oder gar vornehmer Geburt hinzutraten, deren Fehlen aber kaum wirklich ausgleichen konnten. Erzählungen von Bauernsöhnen, die durch gelehrte Studien in der Kirchenhierarchie bis zu erzbischöflichen Würden aufgestiegen seien, sind Mythen. Die in der Moderne beliebte Vorstellung einer »amerikanischen Karriere« Gebildeter trifft die historische Realität des Mittelalters ebensowenig wie die Annahme, alle Handlungsmöglichkeiten der Menschen seien unausweichlich vorgezeichnet gewesen.

Die Gesellschaft des Mittelalters war keine mobile Leistungsgesellschaft, sondern eine traditionale Adelsgesellschaft, in der der Geburtsstand auch für den Werdegang derjenigen von ausschlaggebender Bedeutung blieb, die in den geistlichen Stand übertraten. Allerdings ist ebenso bemerkenswert an den Klostergeschichten, daß sie neben dem Geburtsstand Bildung und Wissen zu den unentbehrlichen Voraussetzungen zählen, um Mitglied des Konventes von St. Gallen werden zu können. Mobilität für Gebildete war also nicht nur denkbar, sondern erforderlich, sie blieb aber innerhalb der Rahmenbedingungen der allgemeinen gesellschaftlichen Entwicklung. Schule, Bildung und Wissensqualifikation befanden sich seit der monastischen Kultur des Frühmittelalters auf ihrem Siegeszug durch die Gesellschaft, und am Ausgang des Spätmittelalters wird es möglich werden, größere Zahlen von Menschen zu finden, die mittels Bildung und Wissen Lebenschancen nutzen konnten, die ihnen ohne diese Qualifikation völlig unerreichbar gewesen wären.

Zweifellos war es auch das Interesse an der Sache, die intellektuelle Herausforderung und die Neugier auf Neues, was die Menschen dazu gebracht hat, das Wissen ihrer Zeit erlernen zu wollen. Nur wenige berichten uns darüber. Kaum zu trennen von derartigem Wissenwollen ist die Erwartung, durch das Wissen Zugang zu Lebenschancen und Tätigkeitsfeldern finden zu können – Konventsmitglied in St. Gallen zu sein, beispielsweise. Bildungs- und Handlungswissen bezeichnen oft genug zwei Seiten derselben Sache. Daran hat sich im Grundsatz bis heute nichts geändert.

5. WISSENSERWERB UNTER DEM DRUCK DER DISZIPLIN

Daß der Weg durch die Schule hart war, ist schon deutlich geworden, und auch dies mag in der Moderne noch ähnlich sein. Heute unvorstellbar ist die Strenge der Disziplin und die Tatsache, daß die Schüler dem Lehrer wie einem Vater unterstellt waren. Er hatte die Verfügungsgewalt über sie, und wenn sie nach einigen Jahren des Unterrichts aus der Schule ausschieden, wurde dies als »Emanzipation« bezeichnet, als Befreiung aus der Vormundschaft des Lehrers.

Ebenfalls anders als heute gab es im Klosterschulunterricht weder didaktische Konzeptionen noch untergliederte Lehrpläne und keine für einzelne Disziplinen zuständigen Lehrer. Lediglich an bildlichen Darstellungen von Lehrinhalten läßt sich zeigen, wie man den Schulkindern didaktische Hilfen gab. So ist auf einer Seite einer Cassiodor-Handschrift des 9. Jahrhunderts ein Panthertier gezeichnet, dessen vier Beine für vier Lehrfächer stehen. Ein unmittelbarer Bezug zwischen Gegenstand und Bild ist nicht gegeben, aber immerhin eine mnemotechnische Unterstützung. Ähnlich verhält es sich mit dem etwas unförmig geratenen römischen Rhetor in Rednerpose, der vielleicht für Cicero stehen soll, und dem umlaufend Erklärungen rhetorischer Begriffe beigegeben sind. Im Spätmittelalter war es üblich geworden, Flexions- und Zahlenfolgen im Sprach- und Rechenunterricht mit derartigen Bildern als Gedächtnishilfen auszustatten.

In Handschriften mit Schultexten spielte die figurale Repräsentation von Wissensinhalten, immer mehr verfeinert, eine große Rolle. Jede Art von Klassifikation ließ sich damit abbilden, ähnlich wie es in den nach byzantinischem Vorbild gestalteten Kanontafeln zu Evangeliensynopsen allgemein gebräuchlich war oder auch bei der Darstellung der vier Evangelistensymbole: des Menschen (oder Engels) für Matthäus, des Stiers für Lukas, des Löwen für Markus und des Adlers für Johannes. Stets ging es dabei um einen traditionalen Kanon des Wissens, der übernommen und weitergegeben, aber nicht verändert wurde. Neben der Traditionalität kam auch die Personalität, die personale Wissensweitergabe, in diesem Rahmen zur Geltung, und um ihretwillen scheute man vor der Verwendung fiktiver Bildmotive nicht zurück.

Die eingangs erwähnten Schreiberbilder, die den Text über die Autorität seiner Verfasser auf ihre göttliche Legitimation zurückführen, waren ebenfalls nichts anderes als eine figurale Wiedergabe und eine der Memoria, dem Lernen durch Erinnern, dienende Visualisierung von Wissensbeständen. Entsprechend findet sich in einer Werksausgabe zu Cicero aus dem Kloster Corvey im 12. Jahrhundert die folgende Darstellung: In der oberen Bildhälfte sind die drei Patrone des Klosters zu sehen, darunter liegend der

Stifter der Handschrift, in der unteren Bildhälfte Cicero als Lehrer auf erhöhtem Platz und vor ihm seine Schüler. Auch das typische »Lehrer-Schüler-Motiv« findet sich hier wieder.

Der Schulleiter, bei größeren Schulen von einigen Gehilfen begleitet, erteilte persönlich den gesamten Unterricht in allen Fächern. Im Mittelpunkt stand die Vermittlung eines traditionellen Lehrkanons, der seine Ursprünge in der Antike hatte: die Sieben Freien Künste *(septem Artes Liberales)*. »Frei« hießen sie, weil ihr Studium in der Antike den Freien vorbehalten war. Im Mittelalter blieb diese Bezeichnung zwar unverändert und ausnahmslos erhalten, hatte aber ihre frühere Bedeutung verloren.

In drei grundlegende, sprachliche und vier aufbauende, mathematische Disziplinen, in das Trivium und das Quadrivium, gliederten sich die Sieben Freien Künste. Wer Schüler des Artes-Unterrichts werden wollte, sollte zuvor die Elementarkenntnisse des Schreibens und Lesens erworben haben. Vielfach war es allerdings anders, und so hatten die Schulleiter oft genug damit zu tun, ihren Schülern überhaupt erst die Schriftfähigkeit zu vermitteln. Als erstes, unterstes Fach der Sieben Freien Künste galt die Grammatik, die Lehre der regelgerechten Beherrschung der lateinischen Sprache. Ihr folgte die Dialektik (im Hoch- und Spätmittelalter immer häufiger als Logik bezeichnet), die Lehre von den Ordnungen der sprachlichen Argumentation, dann die Rhetorik, die Redekunst. Häufig wurden diese drei Disziplinen, das Trivium, dem Anspruch als Lehrprogramm einer Schule ausgeflaggt, und tatsächlich kam man über den Grammatikunterricht kaum hinaus.

Erst recht die vier aufbauenden Disziplinen, die den *Artes* (Künsten) des Triviums als *Scientiae* (Wissenschaften) des Quadriviums gegenübergestellt werden konnten, wurden nur in einer Minderheit der Schulen wirklich gelehrt. Der Anspruch aber, sämtliche Sieben Freien Künste in einem lateinischen Unterricht zu lehren, war während des gesamten Mittelalters von den kirchlichen Schulträgern programmatisch verteidigt worden. Es ging ihnen darum, den lateinischen Unterricht nicht in falsche Hände fallen zu lassen. Neben Hebräisch (beziehungsweise Aramäisch) und Griechisch zählte Latein zu den drei heiligen Sprachen, in denen die Heilige Schrift überliefert war. Diese Behauptung war zwar nur dann korrekt, wenn die lateinische Bibelübersetzung des Hieronymus aus der Zeit

*In der oberen Bildhälfte die Patrone des Klosters Corvey,
zu ihren Füßen der Stifter der Abschrift,
unten Cicero als Lehrer in erhöhter Sitzposition.
Manuskript aus dem 12. Jahrhundert der Werke des Marcus Tullius Cicero.*

um 400 und ihre weitere Bearbeitung, die sogenannte Vulgata (vom lateinischen *vulgo* für »allgemein gebräuchlich, jedermann zugänglich«), mit einbezogen wurde, aber sie blieb unangefochten. Die schulische Lehre und Beherrschung des Lateinischen und damit auch eine mögliche Lektüre der biblischen Texte und der Schriften der Kirchenväter sollte nach kirchlichem Verständnis nicht beliebig verbreitet sein. Vielmehr verteidigte die Kirche energisch ihren Anspruch, daß Lateinunterricht vorzugsweise künftigen Klerikern, in jedem Fall aber ausschließlich an kirchlichen Schulen unterrichtet werden solle. Erst im 11. Jahrhundert ging man dazu über, auch eine muttersprachliche Unterweisung in den Schulen zu erwägen, die bis dahin sogar bei der Unterhaltung der Schüler außerhalb des Unterrichts untersagt war. Schon die Grammatik als unterste Disziplin der Freien Künste gab also Anlaß zu weitreichenden, theologisch begründeten Überlegungen.

Umsomehr mußte über den Unterricht in den oberen Disziplinen des Quadriviums gewacht werden: die Arithmetik, die Astronomie, die Geometrie und die Musik. Modernem Denken erschließt sich diese Reihung nicht ohne weiteres. Im mittelalterlichen Verständnis handelte es sich dabei um die vier mathematischen Disziplinen. Entsprechend sollten die vier Beine des erwähnten gezeichneten Panthertiers, das als Merkhilfe für den Unterricht diente, die vier Teile der Mathematik symbolisieren. In diesen Wissenschaften ging es allerdings zunächst nicht um die Anfänge naturwissenschaftlicher Methode, um Kosmologie oder um artifizielle Musikaufführung. Im Gegenteil: Ausschließlich als theoretische Disziplinen wurden die quadrivialen Fächer verstanden und gelehrt. Sie handelten von Harmonien und Proportionen und galten deshalb als Ausdrucksformen und Widerspiegelungen der göttlichen Vollkommenheit. Diese war erkennbar in der Ordnung der Schöpfung, in der Reinheit der Zahlenverhältnisse (Arithmetik) und Raumgrößen (Geometrie), im Lauf der Gestirne (Astronomie) und in den Klängen der Musik.

Anders als das Trivium war das Quadrivium nicht auf Anwendung bezogen und insofern ausschließlich Bildungswissen. Ein Lehrer der theoretischen Musik erkannte in den Klangwelten die himmlische Sphärenharmonie und vermochte nach diesen Ordnungsvorstellungen regelgerecht zu komponieren; er hatte aber keine Verbindung zu dem Chorleiter, der als »praktischer Musiker« derselben geistlichen Gemeinschaft angehörte und die Liturgie der Meßfeiern ausgestaltete. »Er war in göttlichem und menschlichem Wissen gleichermaßen kundig und führte die Schüler den sieben freien Künsten zu, vor allem aber der Musik«, so berichtete Ekkehard in den St. Galler Klostergeschichten von einem vorbildhaften Lehrer.

Doch folgt daraus keineswegs eine Geringschätzung der anwendungsbezogenen Wissensbestände, innerhalb wie außerhalb des Schulunterrichts. Insbesondere in der Klosterkultur blieb man sich durchaus bewußt, daß theoretisches Wissen und praktisches Können erst zusammengenommen zum Ziel führen konnten, der Weisheit im diesseitigen Leben näher zu kommen.

Von zwei weisen Brüdern im St. Galler Konvent berichten die Klostergeschichten. Einer war ein Asket, wenn auch mit einem Sprachfehler geschlagen, ein starker Geist und eine herausragende Begabung im liturgischen Gebet, im Lesen und Dichten, ein Gefäß des Heiligen Geistes. Er, der später berühmte Chronist und Dichter Notker Balbulus, steht geradezu idealtypisch für das Bild des gelehrten Klosterbruders. Doch dieser Typus allein genügte nicht. Der andere war ausgesprochen tatkräftig, ein immer verläßlicher Bote, beredt und unterhaltsam auch er, kundig im Lateinischen wie im Deutschen, vor allem aber ein überaus kunstfertiger Relieftechniker, ein Maler und praktischer Musiker, der die Söhne des Adels unter den Brüdern im Saitenspiel unterwies. Als Baumeister beherrschte er eine Vielzahl an Fertigkeiten und war in allem ein Meister der Kunst *(artifex)*. Auch dieser Bruder, Tuotilo mit Namen, war für das Kloster von überaus großer Bedeutung, denn seine Tätigkeit als Baumeister gab der weitläufigen Anlage seine Handschrift.

Man wird wohl die Absichten Ekkehards, des Klosterchronisten, richtig deuten, wenn man in den beiden Berichten nicht vor allem eine kurze Doppelbiographie sieht, sondern die Vorstellung zweier Brüder als typische Repräsentanten der Klosterkultur – des Bildungswissens wie des Handlungswissens gleichermaßen. Beides wurde im Kloster benötigt, beides gelehrt und vermittelt, und beides war gleichermaßen ein gottgefälliges Werk.

Wieder wird deutlich, daß der Konvent bevorzugt Brüder adeliger Herkunft aufnahm und unterwies. Auch sie erhielten Unterricht in den lateinischen Disziplinen der Sieben Freien Künste und zugleich in angewandten Fertigkeiten, wie dem praktischen Musizieren. Wozu allerdings das Saitenspiel innerhalb des Konvents gelehrt wurde, bleibt offen. Ist hier doch an eine praktische Adelserziehung im Kloster zu denken? Waren die jungen Adeligen nicht künftige Konventsmitglieder, sondern erhielten hier lediglich den bestmöglichen Unterricht, um danach das Kloster wieder zu verlassen? Sollten sie als spätere Weltkleriker, vielleicht Bischöfe, anzusprechen oder womöglich gar Laien geblieben sein? Fragen, die treffend zu stellen und über die nachzudenken reizvoll ist, auf die es aber keine eindeutige Antwort gibt.

Unzweifelhaft bleibt hingegen der Schatten der alltäglichen Disziplin, der sich bei aller Gelehrsamkeit theoretischer wie praktischer Unterweisung über das Leben der Schüler legte, ungeachtet ihrer sozialen Herkunft. Immer wieder finden sich Berichte über Prügelstrafen für oft geringfügige Vergehen. Auch Ekkehards Klostergeschichten wissen davon. Zu den aufsehenerregenden Ereignissen, von denen sie erzählen, zählt ein verheerender Brand im April 937. Er griff schnell auf die gesamte Klosteranlage über und zerstörte einen Großteil der Gebäude. Hektisch bemühte man sich, die wertvollen liturgischen Geräte und Gewänder und auch die Bücher zu retten. Was man noch finden konnte, wurde im Abtshof zusammengetragen, den das Feuer verschont hatte. Anderes war, wenn nicht verbrannt, bereits gestohlen worden, und noch vom Abtshof verschwand vieles. Das herbeigelaufene Volk und die Mönche selbst bedienten sich aus den Schätzen des Klosters. Doch was hat alles dies mit der Schule zu tun?

Die Vorgeschichte ist schnell geklärt und in ihrem Anfang unspektakulär. Wieder einmal war ein Schülertag abgehalten worden. Wie üblich galt ein Straferlaß für alle Schüler. Doch am nächsten Tag zählten Aufseher, die als Spitzel unter den Schülern ohnehin verhaßt waren, vor dem Lehrer auf, was die Kinder am Vortag an Unrechtem angestellt hätten. Nun traf der Lehrer eine verhängnisvolle Fehlentscheidung: Alle Schüler sollten sich entkleiden, um zur Strafe geschlagen zu werden. Einer von ihnen wurde auf den Dachboden geschickt, um die Ruten zu holen. Dort lagerten die Holzvorräte. Da kam ihm die rettende Idee: Er nahm einen brennenden Scheit aus einem Öfchen, steckte diesen in das trockene Holz unter dem Dach und fachte den auflodernden Brand tüchtig an. Als nun die

Aufseher ihm nachriefen, warum er nicht wiederkomme, gab er zurück, das Haus brenne. Bald hatten die Ziegel Feuer gefangen, und der Nordwind tat ein übriges, bis das gesamte Gebäude in Flammen stand. Es war also nichts anderes als ein überzogener Akt schulischer Disziplin, der dem Klosterbau zum Verhängnis wurde.

Daß sich das Leiden der Schüler unter der Strenge der Disziplin – oder auch jugendlicher Wagemut – des öfteren derart ausgewirkt hätte, ist wohl kaum anzunehmen, jedenfalls nicht bezeugt. Eher als Topos sind Schülerklagen über die harte Hand des Lehrers in der Dichtung vielfach erhalten.

Während Alltagserlebnisse aus Schule und Skriptorium in der Überlieferung gleichermaßen selten beschrieben sind, gibt es doch einige eindrückliche Zeugnisse vom Leiden der Schreibermönche. Sie finden sich in gereimten Zeilen und feinen Federzeichnungen, Miniaturen am Rand von Handschriften. Offenbar hatten Schreiber und Illuminatoren ihre Freiräume der eigenwilligen Ausgestaltung, die sie zu nutzen wußten. Liebevoll gestaltete Pflanzen- und Tiermotive schmücken manchen Text. Selbst kleine Meisterwerke der Karikatur sind so entstanden, die geistliche und weltliche Würdenträger scharfsichtig bloßstellen. Auch die zahlreichen Szenen apokalyptischer Gerechtigkeit, die Fürsten und Bischöfe, Kaiser und Päpste im Höllenrachen sehen, gehören in diesen Zusammenhang.

Ausgerechnet in einer Handschrift von Augustinus' »De Civitate Dei« aus der Mitte des 12. Jahrhunderts findet sich, auf dem frei gebliebenen Teil eines Blattes, eine Schreiberklage. An seinem Pult sitzt der Schreiber Hildebertus, die zu bearbeitende Handschrift ist aufgelegt, die Schreibfeder, gerade noch benutzt, steckt hinter dem Ohr, und in der Hand hält er ein Messer zum Schärfen der Feder oder zum Austilgen einer fehlerhaften Stelle im Pergament. Federn und Hörnchen als Vorratsbehälter für die Tinte gehören ebenfalls dazu: die typische Szenerie der Schreibertätigkeit im Skriptorium. Abweichend vom üblichen Schema ist Hildebertus aber nicht allein. Ein Gehilfe, das Kind Ewerwinus, sitzt auf einem Hocker an einem eigenen, niedrigen Arbeitsbrett. Während der Schreiber den Text erstellt, ist der Gehilfe mit einer Illumination beschäftigt. Ob er daran das Nachzeichnen der Linien kunstvoller Ornamentik übt, eine abgeschlossene Malerei weiter verziert oder gar selbst eine solche anfertigt, ist nicht zu erkennen. Der Zuschnitt seiner Arbeitsunterlage könnte vermuten lassen, daß Ewerwinus anhand der großen, kunstvollen Ornamentik erst noch lernen und üben muß.

Nahezu nichts wissen wir über die Ausbildung der Schreiber. Vielfach wußten sie nicht, was sie abschrieben, und waren der lateinischen Sprache, in der ihre Vorlagen verfaßt waren, nicht mächtig. Sie malten den Text ab. Die Handschrift, in aufwendiger Gestaltung für eine Klosterbibliothek stets eine kunstvolle, kalligraphische Buchmalerei, war genormt, und ein Schreiber mußte diese Norm lernen und üben. Diese praktische Technik zu beherrschen, war unbedingt notwendig, hingegen konnte man durchaus darauf verzichten, daß der Schreibermönch die lateinische Sprache theoretisch erlernt hatte und verstand. Dasselbe gilt für die Illuminatoren. Auch sie mußten durch eine handwerkliche Anleitung erlernt haben, ihre Arbeitstechniken richtig anzuwenden. Ewerwinus könnte als Schreibergehilfe zugleich Lehrling in der Kunst des Schreibens und Illuminierens gewesen sein und bei dem Schreiber Hildebertus gelernt haben.

Diese Informationen verrät uns die Zeichnung in der Augustinus-Handschrift; ihrerseits wollte sie aber etwas ganz anderes aussagen. Sie sollte von der Not der täglichen Schreiberarbeit berichten, die in einer bewegten Szene symbolisiert ist: Der Schreiber Hildebertus zielt mit einem Schwamm auf eine Maus, die auf seinem Tisch sitzt und an seinen Nahrungsmitteln knabbert. Darüber steht auf der Zeichnung, was er ihr zuruft; sein Fluch gegen die Maus, die ihn so oft in Zorn bringe!

»Harte Arbeit macht das Leben lang«, so heißt es in Merksprüchen, die sich am Rande von Handschriften finden, wohl von den Schreibern selbst notiert, oder: »Wer nicht schreiben kann, glaubt nicht, daß es eine Arbeit ist: Drei Finger schreiben, der ganze Körper leidet«. Bildliche Darstellungen, die Schreibermönche in der typischen gebückten Haltung vor dem Pult sitzend zeigen, werden jetzt verständlicher. Das Motiv der Gruppe von Schreibern in einem Skriptorium und dasjenige des einzelnen Schreibers mit seinen Arbeitsgeräten am Pult, beide in einem fiktiven Raum, entwickelten sich gleichermaßen zu einer typologischen Form, die für den Wissenstransfer im Kloster allgemein stand.

Auch die Schreibertätigkeit, die Produktion von Texten durch reges Abschreiben und die Historiographie konnten im übrigen von dem Besuch einer hochgestellten Persönlichkeit profitieren, wie es bereits bei den Schülertagen für die jungen Schüler zu sehen war. Der erste sicher nachweisbare Kaiserbesuch im Kloster St. Gallen fand 883 statt, als Karl III. sich für einige Tage dort aufhielt. Notker Balbulus, der wegen seiner Gelehrsamkeit hochangesehene St. Galler Mönch, konnte seinem Kloster bei dieser Gelegenheit nutzen. Zweifellos unter seiner Mitwirkung nahm der Konvent drei gewichtige königliche Aufträge entgegen und versprach deren baldige Ausführung: Ein Tatenbericht Kaiser Karls des Großen (»Gesta Karoli«) sollte geschrieben, eine Sammlung liturgischer Texte angelegt, ebenso eine Ausgabe der Dialoge über das Leben des heiligen Gallus kopiert werden. Schließlich wünschte Kaiser Karl III., die Chronik des Klosters fortgeführt zu sehen, bis zum bisherigen Höhepunkt ihrer Geschichte, seinem Besuch. Zumindest der Tatenbericht Karls des Großen war wenige Jahre später bereits fertig; er stammte aus der Feder des Notker Balbulus.

6. WISSENSPOLITIK

Die glanzvolle Entwicklung des Klosters St. Gallen im allgemeinen und als Ort des Wissenstransfers im besonderen entsprach den politischen Rahmenbedingungen. Es war die Zeit der karolingischen Reformen. In seiner sogenannten »allgemeinen Ermahnung« (»Admonitio generalis«), einem Herrscherkapitular von 789, verfügte Karl der Große, das alte Kirchenrecht wieder stärker zu beachten, als Grundlage der christlichen Herrschaft und der sozialen Ordnung in seinem Großreich.

Nach Beratung mit Bischöfen und königlichen Räten hatte sich Karl zu dieser Maßnahme entschlossen, die von überaus weitreichender Wirkung gewesen ist und die dennoch wegen ihres umfassenden Anspruchs weit mehr Programm blieb, als daß sie politische Realität werden konnte. Im gesamten karolingischen Großreich, das weite Teile Mitteleuropas umspannte, die Geltung von Gesetzen und erst recht von derart ausgreifenden programmatischen Richtlinien durchsetzen zu wollen, hätte von Beginn an Utopie sein müssen. Nicht zu beantworten ist daher bis heute die Frage, ob die »Admonitio generalis« und die anderen Gesetzeswerke der karolingischen Reform überhaupt dieser Erwartung folgten. Sicher zu erkennen ist nur der Anspruch, mit tiefgehenden Reformen eine Rückkehr zu verlassenen Traditionen wieder herzustellen und daraus die gegenwärtige und künftige Stabilität von Herrschaft und Reich herzuleiten. Unabweisbar ist ebenfalls die hohe Bedeutung des Wissens für diese Reformpolitik.

Wie stets, ging der Reformwille von einer Einsicht in Mißstände der Gegenwart aus. Jede der programmatischen Forderungen läßt sich daher im Umkehrschluß als Kritik an den gegebenen Verhältnissen lesen. Eine verbesserte Kenntnis der Liturgie auf Seiten des Klerus spielte eine entscheidende Rolle. Hierfür bedurfte es eines zumindest grundlegenden Lateinunterrichts in den kirchlichen Schulen. Nicht mit dem Ziel gelehrter und gewählter Redekunst wurde demnach auf dem lateinischen Sprachunterricht bestanden, sondern lediglich anwendungsbezogen mit der Absicht, daß die Priester während der Meßfeier die lateinische Liturgie korrekt anwenden konnten.

Eine sichere Beherrschung des Chorgesanges zielte in dieselbe Richtung: Lateinische Choräle in der Meßliturgie sollten regelgerecht vorgetragen und die Hymnen ordnungsgemäß gesungen werden, da sie Abbild der himmlischen Ordnung waren. Schulischer Musikunterricht und praktische Chorübungen mußten hier Abhilfe schaffen. Ein sorgfältiges Studium der biblischen und patristischen Überlieferung im Lateinunterricht war entsprechend die Voraussetzung für ein besseres Verständnis der Heiligen Schrift und der Kirchenvätertexte, wie es in der Liturgie und in der Seelsorge unabdingbar war.

Mit alledem waren ganz wesentlich die Klosterschulen angesprochen, neben wenigen Domschulen an Bischofssitzen die dominierenden schulischen Einrichtungen der Zeit. Aber es ging der karolingischen Reform keinesfalls um klösterliche Gelehrsamkeit, sondern um den praktischen Nutzen des in den Schulen vermittelten Wissens für Herrschaft und Gesellschaft. Deshalb zielte die Reform auch nicht auf eine Hebung des Bildungsstandes der Mönche, sondern der Weltkleriker, vom Priester über den Pfarrherrn und den Domkanoniker bis zum Bischof. Auf klösterliche wie auf bischöfliche und priesterliche Wissenshorizonte gleichermaßen mußte sich der Herrscher verlassen können, wenn er seine Herrschaftsverwaltung effektiv, stabil und dauerhaft gestalten wollte. Es gab keine Alternative; nirgends sonst als an den Bischofssitzen und in den Klöstern hatten die Reste antiker Gelehrsamkeit überlebt, die nun neu entdeckt und in ein praktisch anwendbares Wissen einbezogen werden sollten. Laien spielten in diesem Rahmen keine nennenswerte Rolle, der Adel blieb, wie der König und Kaiser selbst auch, sehr weitgehend ohne Schrift- und Lesefähigkeit.

Von den praktischen Absichten der Reform profitierte durchaus auch die monastische Wissenschaft. So galt es, zur sicheren Berechnung beweglicher kirchlicher Festtage, wie vor allem des Osterfestes, die Zeitberechnung *(computus)* zu verbessern. Dafür bedurfte es eines grundlegenden Rechenunterrichts, aber auch der wissenschaftlichen Studien zur gelehrten Kunst der Zeitberechnung. Die möglichst genaue Kenntnis der Stellung und des Laufes der Planeten, ebenfalls erforderlich für die Zeitbestimmung wie auch für die Berechnung der täglichen Gebetsstunden der Mönchsgemeinschaften, war ohne sorgfältiges Studium der Astronomie nicht möglich.

Die sprachlichen, trivialen, wie die mathematischen, quadrivialen, Disziplinen der Sieben Freien Künste sollten also gefördert und bestmöglich ausgestaltet werden – so ließen sich die geforderten Reformmaßnahmen in schulische Realität umsetzen. Elementare Schulbildung wie elaborierte Wissenschaft waren gleichermaßen gefordert, der Unterricht der Jüngsten in der Klosterschule nicht anders als das Experiment der gelehrten Klosterbrüder. Diese hatten beispielsweise in Auxerre im 9. Jahrhundert eine eigenwillige, aber stimmige Methode zur Feststellung des Sonnenstandes an aufeinanderfolgenden Tagen entwickelt: Im Refektorium ihres Klosters markierten sie einen Punkt an einer Wand, auf den bei Tagesanbruch das Sonnenlicht durch einen schmalen Spalt auf der gegenüberliegenden Seite des Raumes fiel.

Astronomische Zeichnungen und Berechnungen zu diesem wie zu anderen Experimenten, Kommentare und Bearbeitungen antiker Texte zur Kosmologie und Astronomie hatten Konjunktur. Nur vereinzelt, wenn auch unüberhörbar, gab es Stimmen, die vor den Gefahren eines Studiums vorchristlicher Schriften warnten und vor dem Risiko einer Auseinandersetzung mit Behauptungen, die theologisch und dogmatisch nicht gedeckt waren. Der Streit um die Zulässigkeit von Wissensbeständen zog sich durch das gesamte Mittelalter. Immer aber gab es eine große Neugier auf wissenschaftliche Überlieferungen jedweden Ursprungs. Die für die abendländische Wissenschaft so überaus folgenreiche Rezeption der Texte der griechischen Antike und der arabischen Kultur ist nur so möglich gewesen, und der Streit darüber blieb stets ein Anzeichen für ein reges, von Vorannahmen und restriktivem Denken gelöstes Interesse an den Wissensmöglichkeiten der eigenen Zeit. Wenn das Eigeninteresse von Herrschaft und Macht das Wissen zu nutzen suchten, so verfuhr man dieser Hinsicht eher großzügig: Was Nutzen versprach, war geduldet, und erst kirchlicher Einspruch führte mitunter zu einer vorsichtigeren Handhabung.

Besonders eng waren Herrschaftsinteresse und Wissensbestände dann verbunden, wenn der erwünschte Nutzen bereits Teil der Reform selbst war. Nahezu bruchlos neben der geforderten besseren Kenntnis der Heiligen Schrift forderten die kaiserlichen Reformen eine sichere Kenntnis herrscherlicher Verfügungen, jener Kapitularien also, zu denen auch die »Admonitio generalis« zählte. Nicht um Bildungswissen ging es hierbei, sondern um den Nutzbezug praktischen Wissens: Eine Durchsetzung der Herrschaftspolitik im karolingischen Großreich hatte nur Aussicht auf zumindest ansatzweisen Erfolg mittels der Verschriftlichung von Entscheidungen als Verwaltungsakten – und der Fähigkeit vor allem der Kleriker in den Provinzen vor Ort, diese herrscherlichen Verwaltungstexte zu lesen, zu verstehen und ihren Inhalt korrekt weiterzugeben.

Hierfür bedurfte es schließlich einer weiteren Reform, die zu den folgenreichsten der gesamten karolingischen Reformpolitik gehörte: der Normierung der Kanzleischrift. Längst war es üblich geworden, daß die Zentren der Buchproduktion, die klösterlichen Skriptorien und die Schreibschulen im Reich, sich nach regionalen Schwerpunkten selbst organisierten und eigenen Standards folgten. Immer mehr verlor sich die gegenseitige Lesbarkeit und Verstehbarkeit der Schrifttraditionen. Gewohnheiten und Normen im Gebrauch der Kanzleischrift wurden, wie es schon für die Klosterskriptorien festzustellen war, durch praktische Ausbildung weitergegeben. Junge Gehilfen lernten bei »amtierenden« Schreibern ihr Handwerk der Buchmalerei und Schriftkunst und führten es dann selbständig weiter, immer gebunden an die jeweils verbindliche Norm. Ein erfahrener, älterer Schreiber wird kaum mehr in der Lage gewesen sein, sich ohne unüberwindliche Schwierigkeiten auf neue Normen einzustellen. Über Generationen zog es sich hin, bis Änderungen flächendeckend wirksam wurden. Entsprechend langfristig war die karolingische Schriftreform angelegt; mit einem schnellen Durchdringen im gesamten Reich rechnete zweifellos niemand.

Die kaiserlichen Reformanordnungen forderten zunächst lediglich eine größere Sorgfalt beim Kopieren von Schriften, mehr sprachliche und technische Genauigkeit im Umgang mit den überlieferten Texten. Beseitigt werden sollten die regionalen Unterschiede, die Schrift in den kaiserlichen wie kirchlichen Kanzleien sollte eine einheitliche Form erhalten. Das Ergebnis war die sogenannte karolingische Minuskel, die schriftgeschichtlich die erste große Zäsur des Mittelalters darstellte. Nicht nur regionale Varianten, auch die bis dahin vielfach noch gebräuchliche Großschrift (Majuskeln) wurden abgelöst zugunsten einer gefälligen, flüssiger zu schreibenden und dennoch gleichförmigen Schriftform, die angesichts der bisherigen Differenzierungen »konsensfähig« war. Weniger ästhetische Ansprüche als funktionales Nutzdenken und administrative Effektivität waren für diese Reform verantwortlich. Gewiß überaus langwierig war der Prozeß ihrer Durchsetzung, doch von beispiellosem Erfolg. Auf die karolingische Minuskel geht letztlich die kursive Schrift in Kleinbuchstaben zurück, wie sie, in der Form der gotischen Minuskel, am Ende des Mittelalters den frühen Buchdruck prägte und darüber die Schriftformen der Moderne, zumindest in der westlichen Welt, vorbereitete.

Daß die Herrschaft ein Eigeninteresse mit ihrer Wissenspolitik verband, kann nicht erstaunen und ist bis zur Gegenwart nicht anders geworden. Insofern gehörten Wissen und Macht schon immer zusammen. Zwei Bedingungen müssen dabei aber gegeben sein: Interessengeleitete Wissenspolitik gibt zwar den Nutzbezug vor, den sie erwartet, bricht aber nicht mit der Wissenstradition, die sich inhaltlich und methodisch herausgebildet hat. Politik fördert die Weiterung und Vermittlung der auf den tradierten Grundlagen und neuer Erkenntnis zugleich beruhenden Wissenshaushalte. Schließlich sichert Politik solche Weiterungs- und Vermittlungsfähigkeit, indem sie die Freiräume für wissenschaftliche For-

uiduam laudat quiaelndonario duo minuta misit
detempli structura · &desitura persecutione · &
deexitu hierusalem · &fine saeculi · deaduentu xpi
Inmaiestate · &similitudinem ficulneae · &mone
uigilandum ·

XVIIII D eazymorum die adpropinquante · ludas daemone
repletur · detradendi tempus pecunia sibi promiss ·
&discumbentibus secum discipulis sacramentum
panis &calicis ostendit · actraditorem designat
ceteris de gradu · eum praefecit quiministrat
&petro dicat · quod eum esset negaturus · admonuns
discipulis · ut uendito uestimento emant gladium ·
perget admontem oliueti · quicum orasset · discipulos
excitat dormientes ·

XX A nte cedente ludauente turba · &osculo traditur xps
&petrus auriculam seruo abscidit · ducto ihu addo
mum principis sacerdotum · petrus sibi ter negauit ·
xps deluditur · Interrogatur ab udaeis apilato &ab
herode acum clamaretur a pilato &herodes redeuns
barabbas dimittitur · & ihs iudaeis suffigendus
traditur quiplangentibus eum mulieribus ut sese
magis plangerent dixit · &inter latrones fixus acen
potum accepit · titulo resignatur · Aquo unus ex
latronibus credens adparadisum ducitur · abhor
ra sexta usque ad nonam dies obscuratus est · &ihs spm
emittente · uelum templi scissum est · quibus uisis
centurio &quiaderant dnm magnifi cant ·

schung garantiert. Hier hat sich seit der Wandzeichnung von Auxerre viel verändert. Die Grundlagen einer verantworteten Wissenspolitik durch die Herrschaft sind aber gleichgeblieben, und bei allen ernstzunehmenden Unterschieden zwischen der Karolingerzeit und der modernen Gegenwart sollten diese Grundlagen auch heute nicht der Beliebigkeit preisgegeben werden.

Lange wurden die karolingischen Reformen als »Renaissance« bezeichnet. Die Reformen wollten in einigen Teilen eine frühere, vernachlässigte Tradition wieder aufnehmen. Traditionalität war eines ihrer wesentlichen Merkmale. Doch ging es gerade nicht darum, vergangene antike Zeiten zu verklären, wie es etwa die humanistische Latinität im Spätmittelalter tat, die man deshalb zu Recht als »Renaissance« klassifiziert. Vielmehr wollten die karolingischen Reformen eine Bewahrung der Tradition und eine Erweiterung und veränderte Handhabung des eigenen Wissens erreichen. Im Bewußtsein der Zeit hieß die Reform des Bestehenden keinesfalls, Neues einzuführen, sondern Bewährtes fortzusetzen. Zugleich bedeutete Reform aber auch, der gelehrten Tradition neue Anwendungsfelder zu erschließen; durch Wahrung der gelehrten Tradition und gerade nicht durch willkürlichen Eingriff in die tradierten Wissensbestände wurde das überkommene Wissen an neue, an die eigenen Zeitbedürfnisse vermittelt.

Was später mit dem Begriff des Zwerges auf den Schultern von Riesen bezeichnet werden sollte, war schon hier erkennbar: die Verbindung von bewährter Tradition und eigener Erkenntnis. Ein neuer, einheitlicher Begriff für das äußerst vielschichtige Phänomen der karolingischen Reformen wird sich vielleicht überhaupt nicht finden lassen. Unstrittig ist aber, daß sich in allen Teilen der Reform eine Wissensreform zeigte, eine programmatische Verbesserung der Unterweisung und der Beherrschung von Wissensbeständen also, die gelehrtes Wissen auf seine praktische Anwendung ausrichtete.

Der leitende Grundgedanke des Reformanliegens war indessen theologisch bestimmt. Nur durch die Verwendung der Heiligen Schrift in einer korrekten, nicht durch Fehler oder Regionalismen verdorbenen Version, nur durch den Vollzug der korrekten Liturgie in der Meßfeier und nur durch die Konzentration auf korrekte Gebetsformeln konnte Gott richtig und wirksam angerufen werden. Nur dann war zu hoffen oder zu erwarten, daß die erbetene göttliche Hilfe gewährt würde, und nur dann konnte das Gebet des Volkes um Bewahrung des Kaisers und seiner Herrschaft zum Ziel führen. Eine Wiederherstellung der rechten Norm des Wissens und seiner Anwendung stand also im Mittelpunkt des gesamten Reformprogrammes, und eben deshalb waren die Korrektur *(correctio)* und die Norm der Korrektheit *(norma rectitudinis)* die entscheidenden zeitgenössischen Schlagworte.

Nur konsequent war es, daß das Reformbegehren auch vor dem Kaiserhof selbst nicht haltmachte. Schon in der Merowingerzeit kannte man eine sogenannte Hofschule *(schola palatii)*, deren genaue Struktur und Funktion weitgehend im Dunkeln liegt. Unter Karl dem Großen wurde diese Einrichtung neu am Hof etabliert. Ein Kreis gelehrter, vorwiegend geistlicher Männer umgab den Herrscher. Hier suchte und erhielt er Rat, und so wird wohl eher dieser Kreis mit dem Kaiser im Mittelpunkt als Initiator und Träger der Reformen anzusprechen sein, als daß man, wie früher üblich, von einem Alleinhandeln des Kaisers ausgehen kann.

Auf Dauer konnte sich diese Einrichtung der Hofschule nicht durchsetzen. Anders hingegen eine andere Organisationsform des gelehrten Klerus am Herrscherhof, die Hofkapelle. Sie ging zurück auf eine Gruppe von Geistlichen, die für die Meßfeiern am Hof und die seelsorgerliche Betreuung des Kaisers und seiner Familie zuständig war und die ihre Bezeichnung nach dem Mantel *(cappa)* des heiligen Martin erhalten hatte. Diese Kernbedeutung blieb über die Jahrhunderte erhalten. Hinzu trat schon in der Karolingerzeit eine gewichtige weitere Funktion: Aus der Hofkapelle wurden die späteren Bischöfe rekrutiert. Nach dem Unterrichtsbesuch in einer Kloster- oder Domschule hatten sie ihr gelehrtes Wissen erworben und wurden nun, in einer Art »praktischer Zusatzqualifikation« am Hof, in die Kenntnisse der schriftlichen Herrschafts- und Verwaltungstätigkeit eingeführt. Als Bischöfe waren sie später nicht nur geistliche Oberhirten, sondern hochrangige kirchliche Verwaltungskräfte und zugleich enge Vertraute des Königs und Kaisers, Vertreter seiner Interessen und Ansprechpartner seiner Politik in den Diözesen des Reiches.

Es ist nicht zuviel gesagt, wenn man die Bischöfe im Reich als eine der entscheidenden Stützen der Kaiserherrschaft bezeichnet. Als gelehrte Kirchenmänner blieben sie freilich nicht immer und nicht bedingungslos Gefolgsleute ihres Kaisers, sondern konnten sich durchaus als Verteidiger kirchlicher Freiheit gegen den Herrscher stellen. In jedem Fall aber ermöglichte die Hofkapelle, daß der Kaiser die Bischöfe vor ihrer Ernennung kennenlernen und auf ihre Einsetzung erheblichen Einfluß ausüben konnte. Im Hochmittelalter wurde diese Position ausgebaut und sicherte dem gelehrten Hofklerus weitgehenden Einfluß auf die Reichspolitik.

Längst nicht alle Teile des Reformwerkes sind von vergleichbarer Wirkung und Dauerhaftigkeit gewesen wie die Schriftreform und die Etablierung der Hofkapelle. Manches, was der gelehrte Kreis um Karl den Großen verfügt hatte, wurde sogar zurückgenommen. Eine Aachener Reformsynode von 816/817 verbot bereits den Unterricht für Weltkleriker und Laien in Klosterschulen. So eng und für beide Seiten nützlich sich die Symbiose zwischen Wissen und Macht auch ausgebildet haben mochte, sie blieb, unter dem Verdacht einer Instrumentalisierung kirchlich tradierten Wissens für Zwecke der weltlichen Herrschaft, stets umstritten. Zwei Positionen bildeten sich heraus, die fortan gegeneinander standen. Traditionalisten etablierten sich als Verteidiger kirchlicher Freiheiten, die auch einen bewahrenden Umgang mit dem gelehrten Wissen betrafen, und Reformer forderten eine Indienstnahme des Wissens für die Effektivierung von Herrschaft und die Heranziehung gelehrter Kleriker als Räte des Herrschers. Auch die Repräsentation der Herrschaft durch Förderung des Wissens, die symbolische Bedeutung des Mäzenatentums, war damit angedacht.

Obwohl nur ansatzweise gelungen, war die angestrebte Raumerfassung des Reiches durch die Maßnahmen der Reformpolitik schon ihrerseits ein Ausdruck kaiserlichen Willens zur normierenden Gestaltung: Das Großreich sollte, soweit irgend möglich, unter eine einheitliche kirchliche wie herrscherliche Verwaltung gestellt werden. Diesem »modernen« Ziel konnte man indessen nur durch ein sehr traditionelles Instrument näher kommen: die personelle Vermittlung und Verbreitung. Nur auf den eingespielten Bahnen der personellen Vernetzung innerhalb der monastischen Kultur und der Episkopalverfassung war es möglich, die zentral erlassenen Reformverordnungen in die Weite des Raumes und der Regionen zu verbreiten.

Moderne Institutionalität war den Wissensreformen der Karolingerzeit fremd, und auch in anderer Hinsicht eigneten sie sich nicht ohne weiteres für eine Inanspruchnahme durch moderne Vorstellungen. Daß die Grundkenntnis der lateinischen Sprache auch von Pfarrherren an die Kinder ihrer Gemeinde vermittelt werden sollte, zielte darauf ab, diejenigen unter den Kindern, die Meßdiener werden wollten, mit dem Nötigsten an Kenntnis des liturgischen Latein auszustatten. Sollten sie später selbst Priester werden wollen, so mochte ihnen der erste Grundstock an Lateinkenntnissen ebenfalls nützlich sein. Mit einer »Volksbildung« hatten die schulpolitischen Maßnahmen innerhalb der karolingischen Reformen ebenso wenig zu tun wie die angeblichen äußeren Schulen an den zeitgleichen Klöstern. Schließlich blieb wegen der besonderen personellen Konstellation eines Gelehrtenkreises um den Herrscher am Hof Karls des Großen die von dort ausgehende Reform eine Besonderheit und alles andere als typisch für ihre Zeit.

Wie sehr das gesamte Vorhaben von dieser Personenkonstellation abhing, zeigte sich schnell und ernüchternd nach dem Tod Karls des Großen. Die Reformpolitik im karolingischen Reich wurde nicht weiter fortgesetzt. Lediglich zwei Herrscher sind im Europa jener Zeit überhaupt in der Lage gewesen, vergleichbare Reformansätze zu vertreten. Alfred der Grosse (848–899) ging als König von England an eine systematische Neufassung des angelsächsischen Rechts heran, sammelte deshalb ebenfalls einen Kreis von Gelehrten in einer Hofschule um sich und ließ sich von diesen unterweisen. Auch er zog aus dem bedenklichen Zustand der Klerusbildung die Folgerung, eine Reform des Schulunterrichts und des Wissenstransfers in seinem Reich anzuordnen. Selbst eigenhändiger Übersetzer lateinischer Texte der Kirchenväterliteratur und der Philosophie in die Volkssprache, war er es, der die zeitgenössischen Sprachen des angelsächsischen Kulturraumes als Literatursprachen etablierte. Damit war eine Grundlage gelegt auch für die spätere glanzvolle Entwicklung der Wissenschaft an den englischen Kathedralschulen. Doch auch König Alfred fand unter seinen Nachfolgern auf dem Thron niemanden, der seine Reformpolitik fortgesetzt hätte.

Der Karolinger Karl der Kahle (823–877) war als König des westfränkischen Reiches der dritte frühmittelalterliche König, der sich einen Namen

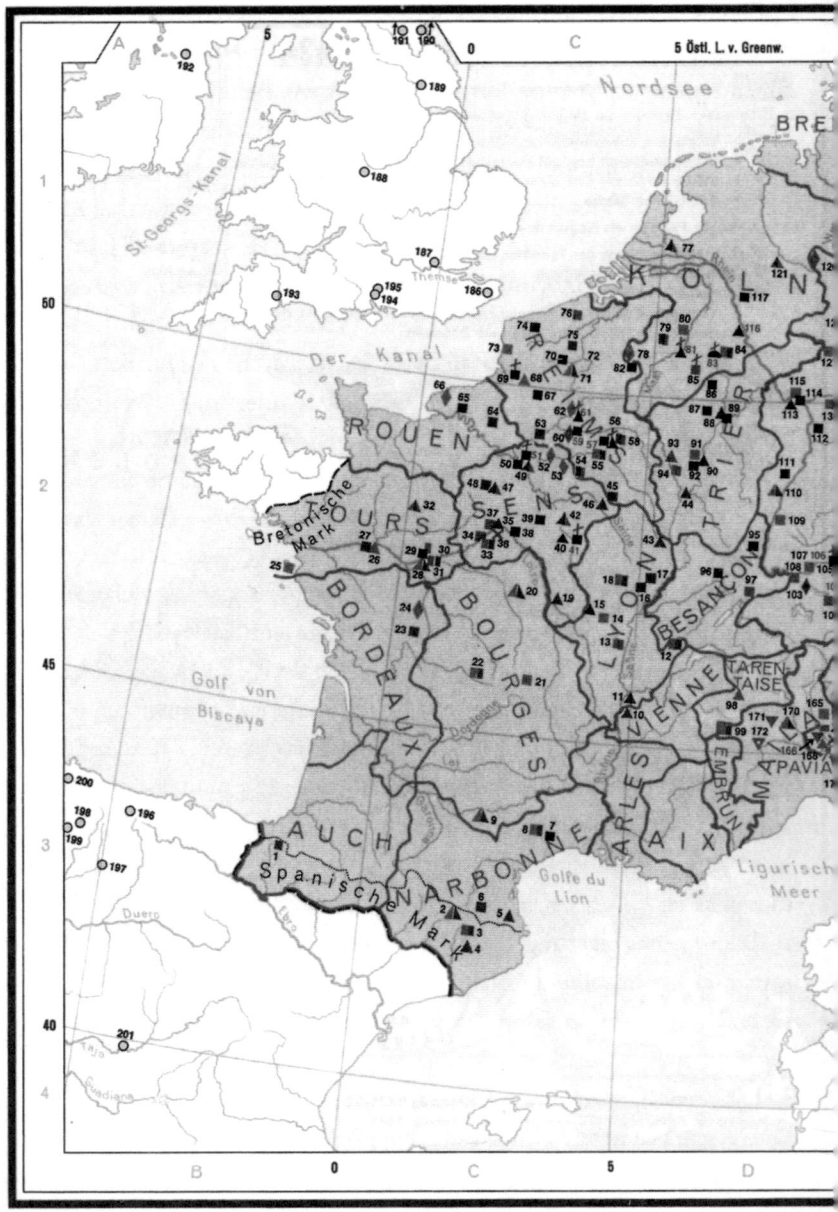

BILDUNGSSTÄTTEN IM REICH DER KAROLINGER
(8. bis Anfang 10. Jahrhundert)

☐ Männerklöster und Kanonikerstifte

◇ Frauenklöster und Kanonissenstifte

△ Kathedralkirchen

■ ◆ ▲ Klöster und Kirchen mit Skriptorien (Schreibschulen)

■ ◆ ▲ Klöster und Kirchen mit Bibliotheken

■ ◆ ▲ Klöster und Kirchen mit Unterrichtsschulen

■ ▲ Klöster und Kirchen mit Skriptorien und Bibliotheken

■ ▲ Klöster und Kirchen mit Skriptorien und Unterrichtsschulen

■ ▲ Klöster und Kirchen mit Bibliotheken und Unterrichtsschulen

■ ▲ Klöster und Kirchen mit Skriptorien, Bibliotheken und Unterrichtsschulen

Im Kapitulare Kaiser Lothars vom Jahr 825

▽▼ als Schulort vorgesehen

▼ nach 825 als Schulort bezeugt

✕ Rechtsschulen

● Königshof mit Skriptorium, Bibliothek und Schule

⩍⩍⩍ Unterrichtsschulen, an denen Lehrer mit griech. Sprachkenntnissen wirkten

41 Unterrichtsschulen mit Beziehungen zur irischen Mission

—— Grenzen der Kirchenprovinzen und des exemten Bistums Pavia in der 1. Hälfte des 9. Jahrh.; die Namen der Kirchenprov. sind in moderner Form angegeben

○ Bildungsstätten außerhalb des karolingischen Reiches

Das Königskloster Farfa bildet eine Enklave im päpstlichen Gebiet

Maßstab 1:12 000 000   0 50 100   200   300 km

Fischer

1 S. Zacharias	51 S. Dionysius	100 Curia
2 Urgellum	52 Cala	101 Fabaria
3 Riopullo	53 Meldus, S. Crux	102 Babinchova
4 Ausona	54 Orbiacum	103 Turicum
5 Elena	55 Altum Villare	104 S. Gallus
6 Exalada	56 Remi	105 Constantia
7 Anianum	57 Remi, S. Remigius	106 Augia dives
8 Gellona	58 Remi, S. Theodericus	107 Rhenaugia
9 Albia	59 Suessiones	108 Zurzacha
10 Vienna	S. Medardus	109 Offunwilare
11 Lugdunum	60 Suessiones, S. Maria	110 Strazburg
12 S. Eugendus	61 Leodunum	111 Wizzinburg
13 Trenorcium	62 Leodunum, S. Maria	112 Louresham
14 Colcae	63 Compendium,	113 Magontia
15 Augusteduno	S. Cornelius	114 Magontia, S. Albanus
16 Divione, S. Benignus	64 Paviacum	115 Magontia,
17 Fons Besus	65 S. Wandregisilus	S. Martinus
18 Flaviniacum	66 Fiscampus	116 Colonia
19 Nebernum	67 Corbeia vetus	117 Werthina
20 Biturigas	68 Ambianis	118 Hammaburg
21 Menate	69 Centula	119 Hamala
22 Lemovicum,	70 Atrebates,	120 Heriford
S. Martialis	S. Vedastus	121 Mimigernaford
23 Carofum	71 Camaracum	122 Corbeia nova
24 Pictavis, S. Crux	72 S. Amandus	123 Friteslar
25 S. Philibertus	73 S. Judocus	124 Brustlaha
26 Andegavis	74 Sithiu	125 Orthorph
27 Andegavis, S. Albinus	75 Cisonium	126 Hairewlfisfeld
28 Turoni	76 Turholt	127 Amanaburg
29 Turoni, S. Martinus	77 Trajectum	128 Rotesthorf
30 Maius Monasterium	78 Nivialla	129 Hunifeld
31 Cormariacum	79 S. Trudo	130 Fulta
32 Cenonmannis	80 Mastricht, S. Servatius	131 Fulta, Bonifatii cella
33 Mitiacum	81 Leodium	132 Seliginstat
34 Maudunum, S. Lifardus	82 Laubias	133 Amerboch
35 Aurelianenses	83 Aquisgrani	134 Holzkiricha
36 Aurelianenses	84 Inda	135 Wirziburg
37 Aurelianenses,	85 Stabulacum	136 Chizzinga
S. Anianus	86 Promia	137 Ohsonofurt
38 Floriacum	87 Epternacum	138 Biscopesheim
39 Ferrariae	88 Treveri	139 Nazaruda
40 Autisiodorum	89 Treveri,	140 Elehenwanc
41 Autisiodorum,	S. Maximinus	141 Eichsteti
S. Germanus	90 Mettis	142 Regensburg,
42 Senones	91 Mettis, S. Martinus	S. Emmeramnus
43 Lingones	92 Gorzia	143 Altaha
44 Tullum	93 Virdunum	144 Batavia
45 Dervus	94 S. Michael	145 Chremisa
46 Trecas	95 Muarbach	146 Maninseo
47 Carnotes	96 Luxovium	147 Salzburg, St. Petrus
48 Carnotes, S. Petrus	97 Grandivallis	148 Chiemisee
49 Parisii	98 Basilea	149 Tegerinseo
50 Parisii, S. Germanus	99 Novalicium	150 Buria

151 Staphense	176 Lucca
152 Frisinga	177 Florentia
153 Augusta	178 Firmum
Vindelicorum	179 Teate
154 Tuberis	180 Farfa
155 Forum Julii	181 Neapolis
156 Vincentia	182 Benevenetum
157 Verona	183 Mons Cassinus
158 Verona	184 Roma
159 Verona	185 Ravenna
160 Verona, S. Zeno	186 Cantawaraburh
161 Brixia, S. Faustinus	187 Lundenwich
162 Cremona	188 Letocetum
163 Clavades	189 Eboracum
164 Olonna	190 S. Paulus
165 Mediolanum,	191 Wearmouth, S. Petrus
S. Ambrosius	192 Kenlis
166 Papia	193 Adescancastre
167 Papia	194 Nhutscelle
168 Papia	195 Winton
169 Papia, S. Augustinus	196 S. Martinus
170 Vercellae	197 S. Facundus
171 Eporegia	198 Legio
172 Taurinum	199 Asturica
173 Bobium	200 Ovetum
174 Mutina	201 Toletum
175 Nonantula	

97

als Initiator einer Reformpolitik gemacht hat. Die aus der Tradition Karls des Großen überkommenen Wissensbestände waren den Anforderungen eines tiefgehenden politischen Wandels durch den Zerfall des Großreiches und die Neuorganisation des westlichen Teilreiches ausgesetzt. Trotz dieser schwierigen Rahmenbedingungen gelang es König Karl, auch an seinem Hof eine Hofschule einzurichten, eine rege Handschriftenproduktion an den Klosterskriptorien seines Reiches aufzubauen und Prachthandschriften der Bibel mit dem normierten, korrekten Text und in ebenfalls genormter Schrift herstellen zu lassen.

Mehr noch als Karl der Große und Alfred von England ging Karl der Kahle bei seinem Reformprogramm einen deutlichen Schritt weiter in der unmittelbaren Einbindung seiner herrscherlichen Person in den Reformkontext. Man mag hierin eine Übersteigerung der Konzeption erkennen oder schlicht eine Überzeichnung aufgrund politischer Instabilität. Häufig finden sich in den Handschriftenilluminationen zu liturgischen Texten politisch-panegyrische Akzente. Ein Sakramentar aus Metz um 870 zeigt einen König in zeitgenössischer Tracht, umgeben von zwei Erzbischöfen. Aus dem Himmel reicht die Hand Gottes in die Szenerie hinein und krönt den König unmittelbar. In der Figur des Königs wird eine Selbstdarstellung Karls des Kahlen gesehen, die Erzbischöfe sind sehr wahrscheinlich Adventius von Metz und Hinkmar von Reims, maßgebliche Ratgeber des Königs. Sie sind als tatsächliche Legitimatoren seiner Herrschaft in die fiktive Krönungsszene mit hineingenommen.

Vor allem der hochgelehrte, 882 verstorbene Hinkmar von Reims war eine prägende Figur der Kirchenpolitik seiner Zeit. Er handelte ausdrücklich im Interesse des Westreiches und mit großem herrschaftspolitischem Bewußtsein. Bedeutende Schriften sind von ihm erhalten, so eine theologisch deutende, historisch-politisch argumentierende Chronik unter der Bezeichnung »Über den Staaatsaufbau« (»De ordine palatii«) oder ein Fürstenspiegel für Karl den Kahlen, unter dem bezeichnenden Titel »Von der Person des Königs und dem königlichen Dienst« (»De regis persona et regio ministerio«).

Hinkmars Texte wirkten weiter und gehören zu den eindrucksvollsten Zeugnissen ihrer Art nicht nur innerhalb der Geschichte des westfränkischen Reiches. Er kann als Begründer der fränkisch-französischen politi-

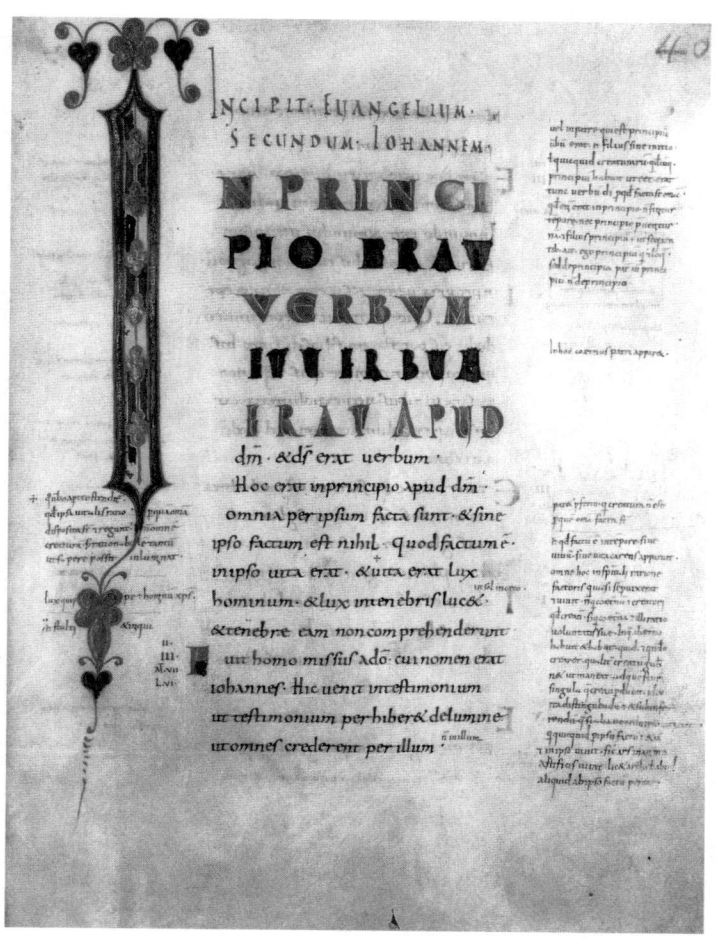

Beginn des Johannes-Evangeliums, mit Kommentaren an den Seitenrändern.
Evangeliar aus St. Gallen, 9. Jahrhundert.

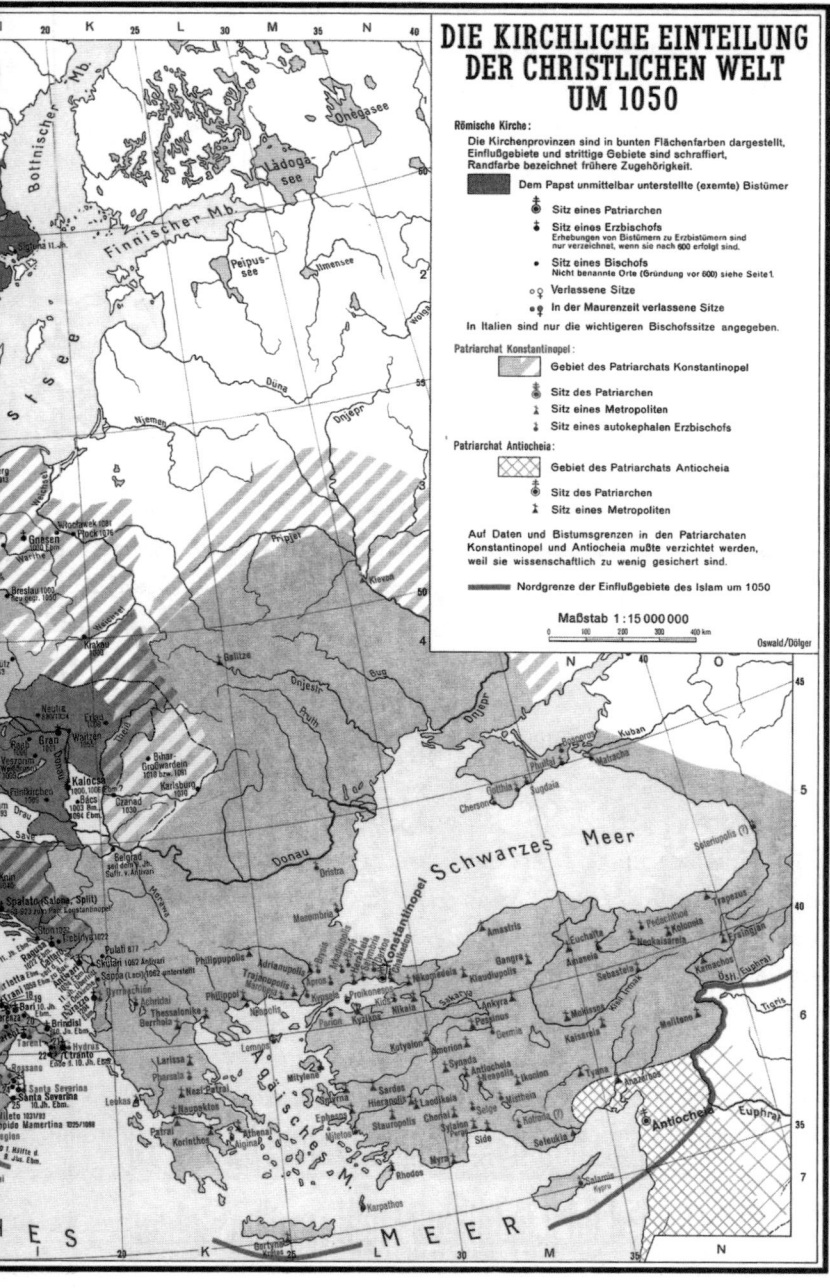

DIE KIRCHLICHE EINTEILUNG DER CHRISTLICHEN WELT UM 1050

Römische Kirche:

Die Kirchenprovinzen sind in bunten Flächenfarben dargestellt, Einflußgebiete und strittige Gebiete sind schraffiert, Randfarbe bezeichnet frühere Zugehörigkeit.

Dem Papst unmittelbar unterstellte (exemte) Bistümer

⚓ Sitz eines Patriarchen

⚓ Sitz eines Erzbischofs
Erhebungen von Bistümern zu Erzbistümern sind nur verzeichnet, wenn sie nach 600 erfolgt sind.

• Sitz eines Bischofs
Nicht benannte Orte (Gründung vor 600) siehe Seite 1.

○♀ Verlassene Sitze

•♀ In der Maurenzeit verlassene Sitze

In Italien sind nur die wichtigeren Bischofssitze angegeben.

Patriarchat Konstantinopel:

Gebiet des Patriarchats Konstantinopel

⚓ Sitz des Patriarchen

⚓ Sitz eines Metropoliten

⚓ Sitz eines autokephalen Erzbischofs

Patriarchat Antiocheia:

Gebiet des Patriarchats Antiocheia

⚓ Sitz des Patriarchen

⚓ Sitz eines Metropoliten

Auf Daten und Bistumsgrenzen in den Patriarchaten Konstantinopel und Antiocheia mußte verzichtet werden, weil sie wissenschaftlich zu wenig gesichert sind.

▬▬▬ Nordgrenze der Einflußgebiete des Islam um 1050

Maßstab 1 : 15 000 000

0   100   200   300   400 km

Oswald/Dölger

schen Ordnung und ihrer Publizistik gelten. Dennoch blieb auch die Wissensförderung unter Karl dem Kahlen und seinem Beraterkreis eine Episode. Zu stark ist offenbar die Bedingung der Personalität und einer personal vermittelten Tradition gewesen und noch zu gering ausgebildet die Institutionalität einer transpersonalen Organisation in Herrschaft und Kirche.

7. RAUM DES WISSENS

Wege und Räume einer Verbreitung des Wissens waren durch die Bedingungen herrschaftlicher wie – vor allem – kirchlicher Organisation vorgegeben. Schon früh zeigten sich daher die Unterschiede zwischen der westfränkisch-französischen Monarchie, die bald zu einer konsequent ausgebauten Zentralität tendierte, und dem ostfränkisch-deutschen Reich, das trotz des Zugriffs auf die erneuerte Kaiserwürde unter den Ottonen im 10. Jahrhundert während des Mittelalters niemals zu einer politischen Zentralität fand. Die Bedingungen für eine Entwicklung und Ausbreitung der zeitgenössischen Wissenskultur waren damit nicht notwendig ungünstiger, aber doch merklich anders geworden.

In die drei Kirchenprovinzen Mainz, Köln und Trier blieb das ostfränkisch-deutsche (seit dem 10. Jahrhundert zugleich römisch-deutsche) Reich dauerhaft untergliedert. Die Inhaber dieser drei rheinischen Erzbischofsstühle gehörten von Beginn an zu den herausragenden geistlichen Funktionsträgern, bald zum Kreis der Königswähler und damit der Kurfürsten, wie sie endgültig in der Goldenen Bulle von 1356 benannt wurden. Als geistliche Kurfürsten galten sie bereits seit dem 13. Jahrhundert, und ihre politische Geltung zeigte deutlich, was im Grundsatz für den gesamten Episkopat im Reich galt: eine enge personelle Vernetzung von kirchlicher und weltlicher Zuständigkeit und eine weitreichende administrative und territorialherrschaftliche Mitwirkung der Kirche an der politischen Gestaltung des Reiches.

Für die Bedingungen und Formen der Wissensvermittlung innerhalb kirchlicher Einrichtungen wie auch für die Bildungsanforderungen an die Inhaber hoher Kirchenämter waren diese Zusammenhänge von erheblicher Bedeutung. Der Unterricht für Weltkleriker, auch künftiger Bischöfe, in den Klosterschulen oder den Domschulen an Bischofssitzen folgte, wie stets, dem überlieferten Kanon der Sieben Freien Künste. Er hatte zugleich die Aufgabe, damit auch administratives, funktionales Wissen zu vermitteln, also die Brücke zu schlagen von der Lehre der Grammatik zum Vollzug und Verständnis schriftlicher Verwaltungs- und Herrschaftsakte. Mit dem künftigen geistlichen Oberhirten wurde zugleich immer auch der hochrangige kirchliche Verwaltungsleiter unterrichtet und auf seine künftigen Aufgaben vorbereitet.

Im Bewußtsein der politischen Bedeutung des Episkopats war es für Kirche und Herrschaft gleichermaßen wichtig, daß mit der schulischen Unterweisung und der administrativen Schulung auch eine Sozialisation in die künftige gesellschaftliche Rolle der Bischöfe verbunden war. Diese wird sich wesentlich im Rahmen der Hofkapelle, also im unmittelbaren persönlichen Umfeld des Herrschers am Hof, vollzogen haben. Die Schrittfolge von gelehrtem Unterricht, praktischer administrativer Ausbildung und funktionaler Sozialisation dürfte durch das Zusammenspiel von Schule und Hof zutreffend charakterisiert sein. Wie im einzelnen dieses Zusammenspiel ausgesehen und vor allem wie sich die verwaltungsbezogene Ausbildung genau vollzogen hat, ist allerdings kaum mehr zu klären.

Mit der Ausdehnung des karolingischen Großreiches, sodann mit der Konsolidierung seiner Nachfolgereiche, war der Rahmen für eine herrscherliche wie kirchliche Raumerfassung gegeben. Mit der flächendeckenden Gründung von Klöstern und Bistümern entstand ein Netz von Kloster- und Domschulen innerhalb der einzelnen Reiche, das durch seine Vernetzungen Konzentrationsräume und Verdichtungsorte ausformte und »Schullandschaften« entstehen ließ. Regionale Zentren entstanden so, die im Einzelfall durchaus überregionalen Zulauf finden konnten. Rang und Ansehen einer Schule wurden stets durch die Geltung des Schulleiters und die von ihm vermittelten Inhalte oder bevorzugten wissenschaftlichen Methoden bestimmt. Ein ähnlich einheitliches Netz von Schulen und Schullandschaften in Mitteleuropa, wie es unter der Dominanz der benediktinischen Klosterschulen zur Zeit des karolingischen Großreiches entstanden war, hat sich später nie wieder entwickeln können. Mit der separaten Entwicklung der Einzelreiche haben sich auch die Bedingungen für eine Ausbreitung von kirchlichen Einrichtungen und ihren Schulen unterschiedlich ausgeformt. Grundsätzlich aber blieben die herrschaftlichen wie kirchlichen Organisationsformen sehr weitgehend ähnlich strukturiert. Vor allem war den Reichen eine politisch-funktionale Wissensförderung auf der Grundlage der karolingischen Traditionen und nach Maßgabe der aktuellen Eigeninteressen gemeinsam.

Die Schulen wurden allerdings nicht aus sich selbst heraus verstanden, sondern immer als Teil ihrer geistlichen Trägereinrichtung. Auch die Vernetzungen zwischen ihnen erklärten sich zunächst daraus. Sie vermochten durchaus, die Grenzen der Reiche zu überspringen. Eine von den Trägereinrichtungen unabhängige Kommunikation zwischen Schulen ist lediglich durch persönliche Bindungen zu erklären, da weiterhin noch keine institutionellen, sondern stets nur personal vermittelte und aufrechterhaltene Kontakte bestanden. Beziehungen zwischen Lehrern, beispielsweise durch ehemals gemeinsame Schulbesuche begründet, oder zwischen einem Lehrer und seinen Schülern, die an andere Schulen weitergezogen oder selbst Lehrer geworden waren, trugen das personelle Kommunikationsnetz zwischen den Schulen.

8. DIE SCHULE AM DOM

Die folgenreiche geopolitische Schwerpunktverlagerung im römisch-deutschen Reich unter den Ottonen wurde von einer Verschiebung der prägenden Schullandschaft im Reich »nachvollzogen«: aus den Zentren der karolingischen Herrschaft in den Nordosten des Reiches, in die Kernlandschaft des Herzogtums Sachsen. Die räumliche Konzentration der Herrschaft zog die Zentren der kirchlichen Organisation und damit auch die Orte der Wissensvermittlung nach sich. Magdeburg, Merseburg, Halberstadt und Hildesheim wurden als Bischofssitze im Zentrum des ottonischen Machtbereichs die maßgeblichen Orte des Schulunterrichts und der Wissenschaft. Ähnlich entwickelte sich wenig später, seit dem 11. Jahrhundert in England und seit dem 12. Jahrhundert in Frankreich, eine herrschaftspolitische Zentralität, die maßgebend für die kirchliche Organisation und die Herausbildung einer herausragenden Schullandschaft wurde.

Ein weiterer folgenreicher Prozeß war damit verbunden: die allmähliche Ablösung der Kloster- durch die Domschulen als dominante Orte der Wissensvermittlung. Während des gesamten Mittelalters bestanden Klosterschulen fort, und sie verloren niemals völlig ihren Einfluß auf die zeitgenössische Wissensvermittlung. Doch wurden sie seit dem Hochmittelalter zunehmend von den Domschulen als prägende Einrichtungen verdrängt. Zwei Gründe waren dafür maßgeblich: eine neu entwickelte und fortbestehende Bindung zwischen der Herrschaft und dem Episkopat einerseits, eine größere Offenheit für politische wie auch für wissenschaftliche Einflüsse andererseits.

Daß die Domschulen, nicht anders als die Klosterschulen vor und neben ihnen, ausschließlich über ihre kirchlichen Trägereinrichtungen verstanden wurden, ist dabei unstrittig. An Stifte oder Domstifte angeschlossen, wurden sie von diesen wirtschaftlich und personell getragen. Die geistliche Gemeinschaft an den Stiften war kein Ordenskonvent mehr, sondern eine Kanonikergemeinschaft, deren Mitglieder über feste Pfründen (Präbenden) finanziell versorgt waren. Grundsätzlich wurden diese Pfründen auf Lebenszeit und erst nach dem Tod des Inhabers neu vergeben. Auch der Schulleiter, der Scholaster (Scolasticus), verfügte über eine entsprechend dotierte Pfründe. Seine Funktion als Schulleiter hing an der Scholasterpräbende, nicht umgekehrt.

Anders als an den Klosterschulen war das Lehrpersonal an den Domschulen differenziert: Neben den Schulleiter traten weitere Lehrer und Hilfskräfte. Aufgrund einer insgesamt dichteren Überlieferung sind derartige Auffächerungen erheblich besser bezeugt als für die monastische Kultur. Mit der größeren Freiheit und Funktionalisierung der Lehrtätigkeit war aber auch eine Schattenseite verbunden: Hatte der Leiter einer Klosterschule stets persönlich die Unterrichtsleitung wahrgenommen, so konnte der Domschulleiter seine Funktionsausübung delegieren. Da die Schulleitung an der Scholasterpräbende hing, wurde zwar durchaus auf die gelehrte Qualifikation desjenigen geachtet, der diese Präbende übertragen bekam, doch war er, je später, desto weniger, kaum auf eine persönliche Ausübung der Schulleiterfunktion zu verpflichten, wie sie in der Kanonikerordnung ursprünglich vorgesehen war. Im Hochmittelalter hat man sich weitgehend daran gehalten. Erst im Spätmittelalter ging die persönliche Aufgabenwahrnehmung der Scholaster mehr und mehr verloren. Auf eigene Rechnung konnte ein Scholaster Vertreter bestellen, die für ihn die Schulleitung übernahmen, und schon die zeitgenössischen Kommentatoren kritisierten, daß der Wissensstand der Betreffenden nicht mehr dem notwendigen Niveau entsprach.

Im Gegenzug und in einer gleichzeitig verlaufenden Entwicklung legten vor allem die Domstifte immer mehr Wert auf eine möglichst weitgehende gelehrte Qualifikation aller ihrer Mitglieder, nicht nur des Scholasters. Im 14. und 15. Jahrhundert wurde es üblich, daß Anwärter auf Domstiftspfründen ein zwei- oder dreijähriges Universitätsstudium absolviert haben sollten (Biennium, Triennium). Der Stiftsschule kam dieser gelehrte Wissensstand der Kanoniker allerdings nicht zugute. Nutzen zogen sie selbst daraus, indem sich ihre Chancen auf einträgliche Pfründen innerhalb der Kirchenhierarchie noch weiter verbesserten, und Nutzen zog auch die Herrschaft daraus.

Daß sie nicht in die normierende Organisation eines geistlichen Ordens eingebunden waren, gab den Kanonikern weit mehr Freiräume, sich auf die Erwartungen der Herrschaft an die Gestaltung und Vermittlung der Wissensbestände einzustellen, als es den Angehörigen der monastischen Kultur möglich war. Auch für die personelle Verbindung von Stiftskanonikern und Herrscherhof bot die größere Freiheit in der Lebensgestaltung der Kanoniker weit bessere Bedingungen. Der gelehrte, geistliche Vertraute des Herrschers, dessen Rat seit jeher gesucht und der stets eine Stütze der Herrschaft gewesen war, wurde nun noch weitgehender verfügbar. Vor allem war die Ortsgebundenheit *(stabilitas loci)* der Kanoniker gegenüber derjenigen der Ordensangehörigen erheblich gelockert, was insbesondere unter den Bedingungen der Reiseherrschaft im römisch-deutschen Reich von erheblicher Bedeutung war.

Im 8. Jahrhundert hatte Chrodegang von Metz die Lebensordnung für Kanoniker eingeführt, deren geistliche Gemeinschaft nicht mehr den Vorgaben der Benediktinerregel folgte, wie sie für alle Mönchsgemeinschaften verbindlich war. Mit dem 10. Jahrhundert begann die Dominanz der Domschulen, die während des 11. und 12. Jahrhunderts zu einer neuen wissenschaftlichen Entwicklung führten und von denen einige europaweite Geltung erlangten, bevor sie seit dem 13. Jahrhundert ihrerseits von den Universitäten überholt wurden.

Nicht anders als an den Klöstern waren Schulen an den Kanonikerstiften allgemein vorgesehen. Auch die Unterrichtsinhalte hatten sich nicht grundsätzlich verändert: Nach wie vor war der Kanon der Sieben Freien Künste maßgeblich für den Lehrinhalt. Von Beginn an aber zielte die Schulbildung für Kanoniker weit mehr auch auf praktisches Handlungswissen, als es bei den Klosterschulen der Fall war. Einen verbesserten Bildungsstand der Kleriker zu erreichen, vor allem sicherere Kenntnisse beim Umgang mit der liturgischen Ordnung und in der Seelsorge, wie es auch die karolingischen Reformen angestrebt hatten, gehörte zu den Absichten der Kanonikerregel des Chrodegang. Die mögliche Verwendung der solchermaßen unterwiesenen Kanoniker in der Pfarr- und Bistumsverwaltung und ihre durch gelehrtes wie praktisches Wissen gegebene Qualifikation für Bischofsämter oder für den beratenden Dienst am Königshof stand stets im Horizont der Kanonikerkultur.

Entsprechend attraktiv und vielversprechend war die Mitgliedschaft in einem gut ausgestatteten Stift und insofern auch der dortige Schulbesuch. Nicht zufällig weitete sich das Rekrutierungsfeld der Schüler gegenüber denjenigen der Klosterschulen nochmals erheblich. Erst für die Stifts- und Domstiftsschulen läßt sich die Unterrichtsteilnahme nicht nur von Weltklerikern, sondern auch von Laien sicher nachweisen. Eine soziale Öffnung der Schülerschaft führte dazu, daß arme Schüler einen nicht unerheblichen Anteil der Unterrichtsteilnehmer bildeten. Auch hier mag die mangelnde Überlieferung verantwortlich dafür sein, daß vergleichbare Befunde zu den Klosterschulen nicht überliefert sind; zweifellos wird es auch dort Armenschüler gegeben haben. Die für die Klosterschulen häufig diskutierte, aber nicht beweisbare Trennung in eine innere Schule für den Konventsnachwuchs und eine äußere für sonstige Schüler ist eindeutig erst für die Domschulen des 10. Jahrhunderts nachzuweisen. Sie hatte allerdings keinen Bestand, und der »Normalfall« des hohen und vor allem des späten Mittelalters war ein gemeinsamer Unterricht für alle Schüler. Erst an den Stifts- und Domschulen kam es zu einer förmlichen Unterscheidung in solche Schüler, die künftige Kanoniker und teilweise schon als Schüler bepfründet waren *(canonici scolares)*, solche, die als künftige Weltkleriker oder als Laien ihren Schulbesuch anderweitig finanzierten, und schließlich solche, die das fällige Schulgeld nicht entrichten konnten und als Armenschüler statt dessen ersatzweise Hilfsdienste versehen mußten *(scolares pauperes)*.

Chorgesang zu leisten gehörte zu den festen, regelmäßigen Verpflichtungen aller Schüler. Für die Armenschüler erhöht sich allerdings der Zeitumfang dafür erheblich, und sie hatten überdies als Meßdiener und bei der Verrichtung nötiger Handarbeiten einzuspringen. Allen Schülern der Stifts- und Domstiftsschulen muß die Unterrichtsteilnahme dennoch eine Verbesserung ihrer Lebenschancen verheißen haben, mit großen Unterschieden je nach Ausgangslage und Möglichkeiten. Der Weg in die höheren kirchlichen Würden und an den Hof des Herrschers stand nur jenen offen, die als künftige Kanoniker von vornherein über eine entsprechende Ausstattung verfügten, um unbeeinträchtigt von Hilfsdiensten am Unterricht teilnehmen zu können und um später für Studienreisen wie auch zu Diensten für Kirche und Hof abkömmlich zu sein.

9. SCHULE, UNTERRICHT UND WISSENSCHAFT

Das Anliegen, den Bildungsstand des Klerus zu heben, traf auf rege Zustimmung in weiten Kreisen der zeitgenössischen Gesellschaft. Gerade das Reformpapsttum des 11. Jahrhunderts und namentlich Papst Gregor VII., der später mit beispielloser Entschiedenheit gegen die enge Bindung von Bischöfen und Herrschern vorgehen sollte, förderten zunächst nachhaltig die neuen Schulen. An jeder Domkirche solle es eine Schule geben, so forderte der Papst. Keinesfalls dachte er dabei an einen Unterricht für Laien an kirchlichen Schulen. Schüler der Domschulen sollten vor allem die Kanoniker und ansonsten übrige Weltkleriker sein. Damit war die Öffnung des Unterrichts an den Stiftsschulen für andere Kleriker als die Angehörigen des jeweiligen Stiftes offiziell ermöglicht worden.

Im Mittelpunkt stand die Sorge um den Bildungsstand künftiger Bischöfe; er sollte zugleich gelehrt und auf die späteren Verwaltungsbedürfnisse praktisch ausgerichtet sein: »Nicht Wissenschaft, sondern Ausbildung des Diözesanklerus« (Joachim Ehlers) war gefordert. Auch die Möglichkeit, daß arme Schüler am Unterricht teilnahmen, wurde jetzt förmlich aufgewertet. 1179 beschloß das dritte Laterankonzil, bei Bedarf solle jedes Domkapitel einen Lehrer für den unentgeltlichen Unterricht armer Schüler bereitstellen.

Die eigenständige Entwicklung in den Reichen führte jetzt zu einer durchaus unterschiedlichen Gestaltung dieser allgemein verbindlichen Vorgaben. Im ostfränkisch-deutschen Reich gelang in der Zeit der Ottonen und Salier eine sehr weitgehende Einflußnahme des Königs auf die Kirche und somit auch auf die Domschulen. Nicht nur die regionale Schwerpunktverlagerung nach Nordosten bedeutete eine Neuerung gegenüber der karolingischen Tradition, sondern auch diese Königspolitik. Sie bildete ein wesentliches, tragendes Element der entstehenden Reichskirche und ihrer engen Bindung von Königshof und Reichsepiskopat. Die Hofkapelle, längst schon bewährt als Instrument der Ausbildung künftiger Bischöfe im unmittelbaren Umfeld des Herrschers, erhielt jetzt ihre historisch größte Bedeutung. Verstärkt auch durch Erfahrungen mangelnder Loyalität weltlicher Gefolgsleute und aus Einsicht in die verläßliche Loyalität eines gelehrten, durch persönliche Gunst des Herrschers rekrutierten und im übrigen nicht erbfähigen Episkopats, gestalteten Otto I., der Große, und seine Nachfolger die Reichskirche zum personellen Fundament ihrer Herrschaft aus. Ihre entschiedene Förderung der Domschulen kam der Verbesserung des Unterrichts zweifellos zugute, bedeutete aber auch eine tiefgreifende, zentralisierende Einflußnahme der Könige auf die Kirchenorganisation in ihrem Herrschaftsbereich.

Im westfränkisch-französischen Reich hingegen gelang es den Königen zwar rasch und in einem für das deutsche Reich niemals vorstellbaren Ausmaß, ihre Herrschaft zu festigen und die Monarchie zu zentralisieren. In karolingischer Tradition hielten sie sich jedoch von weitergehenden Eingriffen in die Kirchenorganisation zurück. Ähnlich verhielt es sich in England. Auch dort setzten sich im 10. und 11. Jahrhundert die Domschulen gegenüber den Klosterschulen durch. Sie durchliefen eine im Vergleich zum deutschen Reich erheblich eigenständigere Entwicklung; eine der Reichskirche entsprechende Organisationsform gab es nicht, und regionale Identitäten wurden gegenüber den Tendenzen der Zentralisierung in der Kirche gestärkt. Die Raumerfassung durch Orte der Wissensvermittlung und Schullandschaften verlief also unter völlig anderen Bedingungen als im ostfränkisch-deutschen Reich. Die Domschulen entstanden und entwickelten sich im Königreich Frankreich (dort, wie in England, üblicherweise als Kathedralschulen bezeichnet) in den räumlichen Zentren der Monarchie: im Nordosten Frankreichs, der Île-de-France, in Reims, Laon, Chartres, auch in Orléans und mit nur leichter Verzögerung in Paris. Englische Kathedralschulen entstanden beispielweise in Exeter und York.

Sämtliche Standorte der Stifts-, Dom- und Kathedralschulen waren eingebunden in die jeweilige Episkopalverfassung. Damit der Bindung an eine Ordens- und Konventsorganisation enthoben, wurden sie nun aber in neue Ordnungsformen bischöflicher Zuständigkeit eingebunden. Die Kontrolle über die Klosterschule lag bei dem jeweiligen Lehrer und innerhalb des Konvents, im Bedarfsfall auch innerhalb der Ordensorganisation. Aus der Überlieferung sind die Einzelheiten kaum mehr nachzuvollziehen. In der St. Galler Klosterchronik war deutlich geworden, daß Bischöfe und Könige sich im Frühmittelalter ihrerseits um Einblick in den schulischen Alltag der Klosters bemühten. In den Domschullandschaften des Hochmittelalters hingegen führte man eine klar gegliederte Kontrollaufsicht ein: Der Bischof und in seiner Vertretung der Domscholaster hatte die Aufsicht über sämtliche Schulen der Diözese, gleich ob es sich um Stifts-, Kloster- oder andere Schulen handelte.

Bischof oder Scholaster sprachen deshalb die Lehrbefähigung, Lehrlizenz *(licentia docendi)*, für jeden aus, der Unterricht geben wollte; entsprechend war es nicht mehr erlaubt, ohne eine solche Lizenz zu lehren. Der Scholaster kontrollierte Lehrinhalte und wissenschaftliche Methoden, mitunter nahm er Prüfungen ab, um sich über die ordnungsgemäße Durchführung des Unterrichts zu informieren. Seinerseits konnte sich der Domscholaster durch die Magister der Domschule vertreten lassen. Die Lehrbefähigung blieb dabei zunächst auf den Ort begrenzt, an dem sie ausgestellt worden war. Bei einem Ortswechsel, von einer Kathedralschule zu einer anderen, mußte sie neu erworben werden. Erst in der Universität wurde dann und wird bis heute eine allgemein und überall gültige Lehrbefähigung ausgesprochen, die durch eine besondere Lehrbefugnis am jeweiligen Ort ergänzt wird. An den Kathedralschulen des hohen und späten Mittelalters setzte die Übertragung oder Neuverleihung der Lehrbefähigung an einer anderen Schule den Konsens mit den dortigen Magistern voraus. Spannungen waren darin angelegt und blieben nicht aus, sobald einzelne Lehrer oder Schulen sich neu etablieren wollten. Die Anfänge der Universität Paris waren später von kirchlicher Gegenwehr ebenso gezeichnet wie die Einrichtungen städtischer Schulen im Spätmittelalter.

Traditionalität des Lehrstoffs und Personalität der Wissensvermittlung blieben auch die Kennzeichen des Unterrichts an den Domschulen. Weiterhin tauschte man untereinander Handschriften und Texte aus, die durch Abschreiben in den eigenen Wissensbestand übernommen wurden. Nach wie vor war man durch Gebetsverbrüderungen miteinander verbunden.

Hinzu kam jetzt aber etwas völlig Neues. Um die Wende zum 12. Jahrhundert und ermöglicht ebenfalls durch die größere persönliche und gemeinsame Freiheit an den Kanonikerstiften und Kathedralschulen in der Île-de-France entstand dort eine neuartige, »moderne« und geradezu »revolutionäre« Idee: der Beginn einer wissenschaftlichen Methodik. Sie wirkte sich zunächst in der theoretischen Reflexion und sodann in der Bearbeitung der überlieferten Autoritätentexte aus, bevor sie von dort aus den Unterricht veränderte. Hier lag der Ursprung dafür, daß wenig später aus der Lehre an den französischen Kathedralschulen heraus die Vorläufer der abendländischen Universität entstanden.

Die neuzeitliche Universitätsidee Humboldts, wonach Lehre nur aus Forschung und beides nur in Verbindung miteinander erfolgreich sein könne, findet hierin sozusagen eine frühe Rechtfertigung. Um so bedauerlicher, wenn diese grundlegende Idee, die der modernen Universität ihren Charakter gegeben hat, heute leichtfertig tagespolitischem »Reformeifer« geopfert wird.

Doch ging es damals um die sehr praktische Anwendung einer theoretischen Idee. Man wollte die überlieferten Texte nicht mehr nur, wie es die monastische Kultur getan hatte, durch Nachvollzug und Erinnerung konservieren. Vielmehr sollte die Tradition jetzt durch eigene, kritische Gedanken ergänzt und kommentiert werden. Wieder sah man sich in der Verantwortung, sorgsam und bewahrend mit der Tradition umzugehen, indem man sie fortschrieb. Kommentare zur Heiligen Schrift und den Texten der Kirchenväter wurden als verbindliche Erläuterung *(glossa ordinaria)* bezeichnet. Abschriften oder neue Ausgaben eines überlieferten Textes waren vielfach um solche Glossen angereichert. Die Glossen kommentierten also nicht nur den Text, sondern erweiterten ihn, und bald waren die Namen der besten Glossatoren in den Kathedralschulen bekannt. Anselm von Laon (um 1050–1117) war einer von ihnen.

Nicht zufällig ist hier nur noch von den französischen Kathedralschulen die Rede. Die unterschiedliche Entwicklung der deutschen Domschulen und der französischen Kathedralschulen hatte sich lange schon angedeutet; sie war mit der Entstehung der wissenschaftlichen Kommentare in Frankreich endgültig unumkehrbar geworden. Wie hatte es dazu kommen können?

In Hildesheim und Magdeburg war man weiter damit beschäftigt, die Hofkapelle als Ort der Ausbildung und Rekrutierung des Reichsepiskopats auszubauen und die mit dem Hof verbundenen Domschulen zu demselben Zweck zu instrumentalisieren. Auch auf diesem Wege ließen sich bedeutende kulturelle Leistungen erbringen, wie der romanische Kirchenbau in Magdeburg oder die einzigartige Chronik Bischof Thietmars über die Reichsgeschichte unter den sächsischen Kaisern um 1000 zeigen. Gleichzeitig entstandene, bis heute eindrucksvolle Zeugnisse der Kirchenbaukunst prägten das Aussehen Hildesheims. Bis heute beeindrucken die Würfelkapitelle in der romanischen Basilika St. Michael, die frühesten, überaus kunstfertigen Zeugnisse ihrer Art, wie sie später weit verbreitet waren. Im Dom findet sich die um 1020 entstandene Bronzesäule, die nach dem Vorbild der Trajanssäule in Rom gefertigt war. Die monumentalen Bronzetüren im Westchor, wohl wenige Jahre zuvor entstanden, sind die ältesten figürlich geschmückten Bronzetüren des Mittelalters und zeigen einen der frühesten nachantiken Bildzyklen – Szenen des Erlösungswerkes aus dem Alten und Neuen Testament – nördlich der Alpen. Als Vorbild mancher Szenen mag eine Bibelhandschrift aus der karolingischen Schreib- und Malschule in Tours gedient haben. Manches mehr ließe sich anführen.

Vor allem Bischof Bernward, als hochgelehrter und weitgereister, enger persönlicher Vertrauter Kaiser Ottos III., wirkte als Mäzen. Er hatte die Kaisersäulen in Rom anläßlich eines Besuches 1001 gesehen und wollte in seinem heimischen Dom programmatisch die antike Kunst aufnehmen, in christlichem Horizont deuten und damit auch das politische Programm seines Kaisers bestätigen. Größte Sorgfalt im Umgang mit vorchristlicher wie christlicher Tradition, mit Motiv- und Stilentlehnungen und mit dezenten Andeutungen und Rückverweisen zeigt eine Meisterschaft nicht nur der ausführenden Kunsthandwerker, die vermutlich aus Italien stammten. Nicht weniger verrät sich darin eine brillante Virtuosität im Umgang mit dem gelehrten Wissen der eigenen Zeit, und sie zeigt vor allem die Handschrift Bischof Bernwards.

Auch in Sachsen vermochte man eine derartige Meisterschaft zu erreichen. Es war also alles andere als Unfähigkeit oder Desinteresse, daß man die Domschulen gleichzeitig weiterhin als bloße praktische Ausbildungsstätten des Episkopats bestehen ließ und sie von dem wissenschaftlichen Fortschritt, wie er in Frankreich aufkam und der einem Mann wie Bernward zweifellos bewußt war, ferngehalten hat. Man wird hierin eine ausdrückliche politische Steuerung sehen können. Die Fortsetzung jener Bindung zwischen Herrschaft und Kirche, die einst zu dem überaus effektiven administrativen und politischen Erfolg der Reichskirche geführt hatte, zwang dem deutschen Reich jetzt einen Entwicklungsrückstand auf, der für Jahrhunderte nicht mehr aufgeholt werden konnte.

Herrschernaher Ausbildungsprimat statt eigenständiger, wissenschaftlicher Offenheit, Lehre der unteren Disziplinen der Freien Künste statt Aufnahme der höheren Wissenschaften und insgesamt ein Unterricht auf nicht mehr als gehobenem Niveau kennzeichnete die sächsischen Domschulen im 10. und 11. Jahrhundert. Vergleichbar sind sie darin den angelsächsischen Kathedralschulen, die nach der regen Förderung unter Alfred dem Großen ebenfalls Stagnation und Niedergang erlebt hatten. Erst infolge der normannischen Invasion 1066, die zumindest im Bereich der Episkopalverwaltung und auch der Kathedralschulen weitreichende Veränderungen bewirkte, erreichte der Lateinunterricht nach dem Vorbild französischer Schulen wieder besseres Niveau. Der Wissenschaftsprimat der Kathedralschulen in Frankreich sicherte ihnen eine Spitzenstellung als Orte des Wissenstransfers während des 12. und 13. Jahrhunderts.

Einmal in die Köpfe gelangt, ist freies Denken schon damals nicht mehr zu bändigen gewesen. Wer von der neuen Art des wissenschaftlichen Denkens gehört hatte und danach suchte, sie aber an den Schulen im Osten nicht fand, der wanderte in die Schullandschaft im Westen. Eine erste Bildungsmigration setzte ein und ließ einzelne und Gruppen von Personen quer durch Europa wandern. In den folgenden Jahrhunderten sollte daraus ein Kennzeichen universitärer Studien werden, die akademische Wanderung *(peregrinatio academica)* zu bestimmten Zentren der Wissensvermittlung. Ein besonders gewichtiger Unterschied zu späteren Entwicklungen lag in der Frühzeit aber in einer erstaunlichen Folgenlosigkeit für die Herkunftsregion. Wer als Bildungsmigrant des 11. oder 12. Jahrhunderts etwa in seine sächsische Heimat zurückging und die neue Wissenschaft der französischen Kathedralschulen mitbrachte, vermochte offenbar dennoch nicht, die Verhältnisse daheim zu ändern. Etliche blieben am Ort der Wissenschaft und kamen nicht mehr wieder.

Häufig ist darüber spekuliert worden, was in den Köpfen vorging. Bislang hatte der Besuch einer Domschule genügt, um eine einträgliche kirchliche Pfründe und den Zugang zum Herrscherhof zu finden. Daran hatte sich nichts geändert, und vielen genügte es nach wie vor. Doch daneben waren jene anderen, die mehr wissen wollten, aus persönlicher Neugier und Wissensinteresse ihren scheinbar vorgezeichneten Lebensweg verließen und nach Frankreich zum Studium zogen. Wie eine Konversion, der Übertritt vom weltlichen in den geistlichen Stand, mag es im Einzelfall ausgesehen haben. Von der »Liebe zur Wissenschaft« *(amor sciendi)* sprach eine Kaiserurkunde in der Mitte des 12. Jahrhunderts, die den wandernden Studenten Schutz garantieren sollte.

10. WISSEN, NUTZEN, KARRIERE

Doch mit der »Liebe zur Wissenschaft« allein wird man die beispiellose Bildungsmigration des 12. Jahrhunderts nicht zureichend erklären können. Immerhin liefen zwei wirkmächtige Prozesse gleichzeitig ab im Königreich Frankreich jener Jahre: die wissenschaftliche Neuerung an den Kathedralschulen einerseits, die weit ausgebaute und gefestigte Zentralität der Monarchie andererseits. Um 1200 war die Thronfolge faktisch erblich geworden, hatte der König die Regionen seines Reiches, in denen er anerkannt war, und diejenigen, in denen er wirksam handeln konnte (Legitimations- und Sanktionsbereich), weitgehend zur Deckung bringen können. Schon jetzt zeichnete sich ab, daß der König auf Dauer in der Zentrallandschaft des Reiches, der Île-de-France, seinen Herrschaftsschwerpunkt behalten würde. Dort lag die Krondomäne und Paris als Residenz, innerhalb von Paris wiederum an zentraler Stelle, auf der Île de la Cité, der Sitz des Königs neben dem des Bischofs.

Die Modernität der französischen Zentralmonarchie zeigte sich nicht zuletzt darin, daß die Könige noch immer nicht zu Eingriffen in die Kirchenorganisation neigten, sondern jetzt die kirchlichen Orte der Wissensvermittlung für ihre Zwecke zu nutzen suchten. Geistliche und weltliche Gelehrte forderten sie auf, in ihren Dienst zu treten. Der Königshof verlangte nach gelehrten Räten und gebildeten Vertrauten, um mit deren Hilfe die Zentralisierung und Stabilität der Monarchie abzusichern: Die Macht wollte sich auf das Wissen stützen.

Unter den gegebenen Umständen ließ sich gelehrtes Personal nur aus den Kathedralschulen rekrutieren, und sobald sich in ihnen Tendenzen zu einem Neuaufbruch zeigten, der die Chance einer nutzbaren Verfestigung zu bieten schien, setzte die königliche Politik sofort auf diese neue Entwicklung. Juristen vor allem waren erwünscht, des kirchlichen wie des römischen Rechts, daneben Theologen, auch Mediziner und Absolventen der Artes-Studien. Eine Vielzahl von Funktionsbereichen in der königlichen Verwaltung und Herrschaftsausübung verlangten nach ihrer Mitwirkung und versprachen den Gelehrten selbst reichen Lohn. Ihr Wissen stützte die Königsherrschaft, und ihr Dienst ermöglichte ihnen auskömmliche Versorgung und sogar ansehnliche Karrieren.

Im deutschen Reich hatte die verpaßte Chance des wissenschaftlichen Aufbruchs längst weitreichende politische Folgen gehabt. Nicht nur, daß Orte der Wissenschaft auf dem Stand ihrer Zeit fehlten. Das starre Festhalten an der Organisation der Reichskirche hatte zudem die Spannungen in der Zeit des sogenannten Investiturstreits verschärft. Schon seit der Mitte des 11. Jahrhunderts hatte der König seinen Zugriff auf die Ausbildung und Rekrutierung der Bischöfe verloren. Auch nach dem Ende des Investiturstreits mit dem Wormser Konkordat 1122 kam es, wenn auch nicht mehr förmlich, so doch faktisch zu Eingriffen der Könige in die Bistumsbesetzungen. Die zweistufige Bildung und Ausbildung der Bischöfe in Domschulen und in der Hofkapelle hatte ihre frühere Bedeutung aber endgültig eingebüßt. Nicht nur die Öffnung der Schulen für den wissenschaftlichen Stand der Zeit war verpaßt worden; man hatte auch darauf verzichtet, gelehrtes Personal für den Hofdienst außerhalb kirchlicher Ordnungen zu rekrutieren.

Dieses Versäumnis traf nun nicht nur die königliche Gewalt, sondern auch die Territorialherrschaften, die zunehmend und verstärkt seit dem Interregnum an Einfluß im Reich gewannen. Auch sie benötigten für die Verwaltung und Zentralisierung ihrer Herrschaftsgebiete gelehrtes Personal. Vorerst aber waren es die Städte, die neben der Kirche allmählich die Chancen entdeckten und nutzten, die in der Förderung und Anstellung von Personen mit gelehrten und praktisch anwendbaren Kenntnissen lag.

Die 1224 als »Verwaltungshochschule« von Kaiser Friedrich II. gegründete Universität Neapel war ein Sonderfall und ist ausschließlich aus den Umständen im Königreich Sizilien zu erklären. Sie hatte keinerlei Folgewirkung für das Reich. Erst die landesherrlichen Universitätsgründungen des 14. und 15. Jahrhunderts nahmen eine ähnliche Entwicklung, wie sie in Neapel vorgezeichnet worden war, doch auch sie ohne jegliche Berufung auf Friedrichs II. Wissensförderung.

Als hochgebildeter, vielsprachiger Herrscher mit lebhaftem Interesse an wissenschaftlichen Errungenschaften christlichen wie muslimischen Ursprungs gleichermaßen und mit ungewöhnlicher Neugier für Experimente zeigt Friedrich II., was in seiner Zeit möglich und denkbar war – sogar eine gänzlich ohne Mitwirkung der Kirche betriebene Wissensförderung. Er umgab sich mit einem Kreis überragender Gelehrter, nahm an deren wissenschaftlichen Vorhaben Anteil, ließ sie Disputationen an seinem Hof abhalten und unterstützte sie nach Kräften, ohne ihrer Arbeit Einschränkungen aufzuerlegen. Neben der theoretischen Gelehrsamkeit ging es Friedrich immer auch um deren praktische Anwendung. So regelte er die Berufsausübung der Ärzte, führte wissenschaftliche Prüfungen und vorgeschriebene Studienfächer ein. An der Universität Neapel sollten sämtliche Wissenschaften gelehrt werden. Hauptziel aber blieb es, Juristen für die Regierung und Verwaltung des Königreichs auszubilden. Doch auch diese, in ihrer Art sicher einzigartige Wissenschaftsförderung eines mittelalterlichen Fürsten hatte ihre Schattenseiten: Auslandsstudien waren den interessierten Sizilianern verboten, und auch die in Neapel erlernten Kenntnisse andernorts anzuwenden blieb untersagt.

Im Königreich Frankreich hingegen verzichtete man auf derartige Restriktionen, handelte auch nicht mit vergleichbarer Grundsätzlichkeit. Eher pragmatisch und den jeweils aktuellen Bedürfnissen folgend, erschlossen sich die Könige die Möglichkeiten, gelehrtes Personal zu fördern und zu nutzen. Philipp II. August, der nicht nur durch seine militärischen Erfolge die Krone Frankreichs zur stärksten Kraft in Europa werden ließ, suchte ausgiebig den Rat der Gelehrten des römischen Rechts (Legisten). Er ließ das überkommene Gewohnheitsrecht aufzeichnen, um durch zentrale Steuerung des Rechts lokale, von einer einheitlichen Verfahrensweise abweichende Eigenheiten zu zersetzen. Mit der Stärkung der ligischen Vasallität gelang es, die Gefolgschaft des lokalen Adels unmittelbar auf den König auszurichten, und durch die Einführung von offiziellen Vertretern königlicher Gewalt in festen Amtsbezirken konnte die Durchsetzung der Zentralgewalt auf Kosten der lokalen Gewalten einmal mehr begünstigt werden. Mehr und mehr war es dabei nötig, daß die königlichen Vertreter Kenner des Rechts waren, nicht mehr nur Repräsentanten ständischer Qualität oder hofnaher Adelsexistenz.

Stetig nahm der Anteil der Schriftlichkeit an der königlichen Verwaltung zu, und unaufhaltsam wuchs der Umfang schriftlicher Herrscherentscheide. Die stark vermehrte Urkundenproduktion in der königlichen Kanzlei erforderte eine effektivere Ausfertigungspraxis, indem man sich auf die wesentlichen Inhalte des Rechtsaktes beschränkte und Formalien kürzte. Jegliche königliche Entscheidung sollte schriftlich vollzogen und festgehalten werden. Auch Anliegen der Stände waren davon erfaßt und selbst Belehnungsakte, typische Formen der Kommunikation in einer oralen Adelsgesellschaft.

Wissenspolitik war, wie schon in der karolingischen Reform, nicht Ziel, sondern Mittel, und sie stand stets neben anderen Instrumenten, die denselben Zielen verpflichtet waren. Es ging um die Sicherung eigener

Machtansprüche, um Zentralisierung und Stabilität der königlichen Regierung. Wissenspolitik war niemals das einzige oder auch nur das dominante Mittel, doch sie gehörte stets dazu, und es ging ihr niemals allein um eine Stärkung gelehrten Wissens, sondern immer auch um deren praktischen Nutzen.

11. EIN INTELLEKTUELLES KLIMA

Entscheidend hing der Erfolg politischer Planung von dem Zusammenwirken der Kräfte, vom Konsens der Beteiligten und davon ab, daß nicht nur einseitig Interessen einzelner auf Kosten anderer durchgesetzt wurden. Mittelalterliches Königtum hatte wenig Absolutheit und war grundlegend auf Zustimmung und Mitwirkung anderer angewiesen. Es kam darauf an, eine Symbiose zu erreichen, die die Interessen verschiedener Kräfte zur Geltung kommen ließ.

So waren durch die Zentralisierung und die Residenzbildung des französischen Königtums in Paris zugleich die Stadt und mit ihr das Bürgertum begünstigt worden. Spätestens seit dem 12. Jahrhundert war mit den Städten als wirtschaftlichem und politischem Faktor in den europäischen Reichen zu rechnen, und im 13. Jahrhundert genügte es nicht mehr, allein über Hof, Adel und Klerus vorzugehen, wenn es um die Stabilität der Königsherrschaft ging. Wissenspolitik mußte jetzt mit einem intellektuellen Klima rechnen, das die traditionellen Träger des gelehrten Wissens, den Klerus, mit den neuen sozialen Gruppen zusammenführte, die gelehrtes Wissen zu praktischer Anwendung brachten. Hierzu zählten die Stadtbürger, die karriereorientierten jungen Leute, die zum Studium nach Frankreich zogen – und der Königshof selbst, der sehr genaue, praktische Erwartungen mit seiner Förderung der Wissenschaft und der Schulen verband.

Die Orte der Wissensvermittlung, Kloster-, Stifts- und Domschulen, blieben definiert über ihre kirchliche Trägereinrichtung und waren wie diese in die Umstände ihrer Zeit eingebunden. Es fällt schwer, die Ursache dafür anzugeben, daß es im 12. Jahrhundert zu einem wissenschaftlichen Aufbruch und zu einer Wissensmigration kommen konnte. Wie die Motive der Beteiligten vielschichtig waren, so wird sich auch ein solcher Prozeß nicht auf eine einfache Ursache reduzieren lassen. Zeitgenössische Berichte kennen im übrigen auch keine solche Zuschreibung, sondern schildern die Vorgänge wertend aus eigener Sicht, aber immer als dynamischen Prozeß, nicht als einliniges Geschehen. Zu vieles hatte sich verändert an den Rahmenbedingungen für die Wissensvermittlung und an der Geltung des Wissens in der zeitgenössischen Gesellschaft.

Noch immer hatte man keinen genauen Begriff für die Schulen. Das zeitgenössische Verständnis von Schule und Unterricht war und blieb wesentlich von der Vorstellung einer Gemeinschaft des Lehrers mit seinen Schülern geprägt. Jeder Ort des Unterrichts war noch im 12. Jahrhundert allgemein eine *schola*. Auch die »hohen Schulen«, Ursprung des modernen Begriffs der Hochschule, kamen erst sehr allmählich und als deutschsprachige Bezeichnung im Umlauf; zuvor hatten sie keine lateinische Entsprechung gekannt. Die »hohen Schulen« sollten diejenigen mit überragendem Niveau und weitem Zulauf sein, damit zugleich die Zentren, Orte und Landschaften der Wissensvermittlung bezeichnen. Zumindest unterschwellig klang darin mit, daß es sich um solche Schulen und Lehrenden handelte, die bereits neue, eigenständige Wege des wissenschaftlichen Denkens gingen. Erst mit der Universität kam der Begriff der *universitas* auf, der aber zunächst ausschließlich auf die Gemeinschaft der Lehrenden und Lernenden bezogen war. Der mit der Gründung der Universitäten vollzogene tiefgehende Einschnitt ist erst sehr allmählich im Bewußtsein der Zeitgenossen nachvollzogen und in ihrem Sprachgebrauch abgebildet worden.

Auch der wissenschaftliche Aufbruch des 12. Jahrhunderts wird weniger aus sich selbst heraus verständlich denn als Ausdruck der Mentalität und eines intellektuellen Klimas seiner Zeit. Verbreitete Kritik an einer als eng empfundenen Tradition der monastischen Kultur schwang darin mit. Kritisiert wurde jetzt, daß minderbegabte Adelssöhne in Klöstern versorgt wurden und auch darunter der Bildungsstand der Konvente litt. Daß trotz ausgreifender Ansprüche an den meisten Klosterschulen tatsächlich gerade nicht sämtliche Sieben Freien Künste gelehrt wurden, sondern allenfalls die untersten Disziplinen, wenn nicht nur das Elementarwissen, erregte jetzt die Gemüter.

Einer der prominentesten Vertreter der neuen Richtung, Hugo von St. Viktor (vor 1114–1141), sah in dem traditionellen Unterricht der Klosterschulen nichts anderes als eitle, vergebliche Mühe, die den Menschen von seiner wahren Bestimmung abhalte. Diese Bestimmung des Menschen lag im Fortschritt der Erkenntnis.

Nicht mehr sollten Mönche die Lehrer an den Schulen sein, so hieß es. Deshalb sollte der Unterricht von Klosterangehörigen für Laien, wo er noch bestand, eingestellt werden. Längst hatte es schon die kirchliche Reformbewegung gefordert, wenn auch aus ganz anderen Gründen. Sie störte sich an der Unterrichtung von Weltklerikern und Laien in den Räumen eines Ordenskonventes. Schluß sollte sein mit den isolierten, klösterlichen Orten der Wissensvermittlung abseits der Zentren der Entwicklung so verlangte man. Damit war, anders gesagt, eine Anbindung von Schule und Unterricht an das intellektuelle Klima der urbanen Zentren gefordert.

Die wissenschaftliche Methode des monastischen Lesens wurde jetzt aufgebrochen durch eine gelehrte, scholastische Verfahrensform: Neben die Lektüre *(lectio)* und die Meditation *(meditatio)* traten nun die kritische Frage *(quaestio)* und der regelhafte Streit um die Möglichkeiten der Interpretation *(disputatio)*.

Ein zentrales Problem gelehrten Wissens war seit jeher der Umgang mit dem Widerspruch. Solange die Texte der Autoritäten sich in ihren Aussagen bestätigten, konnten sie gelesen und durch Memorieren verinnerlicht werden. Was aber, wenn sich zwischen ihnen Widersprüche auftaten, etwa zwischen Texten von Kirchenvätern? In solchen Fällen hatte man gelernt, die Widersprüche durch Harmonisieren zu leugnen. Es scheine nur, so sagte man dann, ein Widerspruch zu bestehen, der sich in Wahrheit zu einer Kongruenz der Aussagen auflösen lasse. Stets vorsichtig, mitunter zwanghaft, wurde dieser Weg beschritten, der doch kaum davon ablenken konnte, daß man sich angewöhnt hatte, selbsttätig in Widersprüchen zu denken und sie zu sehen, wo sie nach dogmatischer Vorgabe nicht sein durften. Davon gab es kein Zurück.

Hier betrat der wissenschaftliche Aufbruch des 12. Jahrhunderts nun Neuland: Man setzte sich jetzt ausdrücklich mit dem Widerspruch auseinander und nahm ihn als logische, nicht mehr nur dogmatische Herausforderung an. Anselm von Canterbury (1033/34–1109) formulierte eine

Lehre der Vernunft des Glaubens *(ratio fidei)*, die als wissenschaftliche Methode richtungweisend wirkte: Durch Vernunft war zum Glauben zu finden und konnten Zweifler überzeugt werden.

Anselm versuchte weder, wie seine Vorgänger, Vernunft und Glauben zu harmonisieren noch, wie es in der Moderne oft geschieht, gegeneinander auszuspielen. Sein Vorhaben war viel anspruchsvoller, und eben deshalb wies es in die Zukunft. Ziel der Erkenntnis blieb für ihn die Annäherung an die göttliche Weisheit *(sapientia)*, und er argumentierte konsequent auf der Grundlage augustinischer Tradition. So fand er zu der Feststellung: »Ich frage nicht danach, zu verstehen, um zu glauben, sondern: Ich glaube, um zu verstehen *(credo ut intelligam)*«. Wissen blieb damit in seinem Erkenntnisraum begrenzt und an eine Zielbestimmung gebunden, die Weisheit. Innerhalb dieses Raumes aber war der Vernunft jede Freiheit gegeben. Heutige Bemühungen um eine durch ethische Maximen begrenzte Freiheit der Wissenschaft stehen vor einem ganz ähnlichen Problem. Mit seinem »Credo ut intelligam« war Anselm von Canterbury für die Theologie des Mittelalters, was René Descartes (1596–1650) für die Philosophie der Neuzeit werden sollte und wofür in der Moderne offenbar kein Name mehr zu nennen ist.

Zweifellos gab es im 12. Jahrhundert ein Bewußtsein, in einer veränderten Zeit zu leben. Der wissenschaftliche Aufbruch stand symbolisch für die Befreiung aus kirchlichen Vorgaben, Normen und Traditionen, die sich einer Veränderung entzogen. Solche Kritik hatte allerdings nichts mit allgemeiner Kirchenkritik zu tun. Vielmehr fanden sich Bürger, Adel und Klerus in der Kritik zusammen, um gemeinsam gegen die Mißstände vorzugehen. Neue Formen des Miteinanders entstanden, auch neue Formen des Umgangs mit den überkommenen Wissensbeständen.

Kritik an mangelnder Bildung nicht nur des Klerus und die Feststellung einer »Bildungsmisere« in nahezu moderner Diktion war niemandem fremd. Die kirchliche Reformbewegung verlangte, gelehrtes Wissen müsse wieder dem Heilswissen dienen, der Spiritualität und liturgischen Ordnung. Gewiß sollte der Bildungsstand der Kleriker angehoben werden, aber nur durch Vermittlung zulässiger, dem Seelenheil nicht abträglicher Wissensbestände. Nur auf den ersten Blick sehr anders sah die Kritik in der Laiengesellschaft aus. Gelehrtes Wissen sollte für König und Reich nützlich sein, es dürfe nicht dem persönlichen Belieben von bepfründeten Klerikern anheimgestellt sein, ob sie ihre Kenntnisse für sich behielten oder der Gesellschaft zugute kommen ließen. Kirchlicher wie weltlicher Kritik und Reformforderung ging es dem Inhalt nach zwar um ganz Gegensätzliches; in der Argumentation aber waren sich beide einig. Sie trafen sich in dem Bewußtsein, daß Wissen aus gelehrter Tradition zugleich an eine Nutzerwartung gebunden sein sollte.

Keineswegs wollte man die Wissensvermittlung und die Tradierung der überkommenen Wissensbestände aus kirchlichem Umfeld herauslösen. Es ging vielmehr um die Frage, in welcher Form kirchliche Einrichtungen weiterhin Träger des Wissens sein konnten. Hier nun gingen die Wege der kirchlichen und der weltlichen Vorstellungen doch weit auseinander, und der Konflikt entzündete sich an der Frage, welche Stellung die Stifte, auch als Träger der dominierenden Schulen, fortan einnehmen sollten.

Aus der Sicht der Kirchenreform mußte die Öffnung der Stifte für freiere Lebensformen, die auch ihren Anteil daran gehabt hatten, daß es zu einem wissenschaftlichen Aufbruch in den Schulen gekommen war, rückgängig gemacht werden. Insbesondere die kirchenrechtlich weitest mögliche Form dieser Öffnung, die sogenannten weltlichen Kollegiatstifte, galten den Reformern als Inbegriff des Irrweges. Statt dessen forderten sie zu strengerer Beachtung der geistlichen Lebensregeln und der ursprünglichen Regeln der Kanonikergemeinschaften auf. Dieser Forderung entsprachen die Regularkanoniker, die sich wieder stärker auf die Strenge ihrer geistlichen Lebensregel beziehen wollten.

Weltliche Kollegiatstifte befanden sich gewöhnlich an Niederstiften, also ohne Anschluß an einen Bischofssitz, sie verfügten über eine Präbendenausstattung für ihre Mitglieder und bildeten eine rechtliche Körperschaft. In keiner kirchlichen Einrichtung des Mittelalters gab es mehr Einwirkungsmöglichkeiten und eine tiefergehende Symbiose zwischen Klerus und Laiengesellschaft. Den weltlichen Kollegiatstiften konnte die Kritik der Reformer weniger nehmen, als ihnen die Unterstützung in der Laiengesellschaft gab. Bewußt gaben sie alte monastische Ideale auf, die sich in den Lebensregeln der Kanoniker gehalten hatten: das gemeinsame Leben *(vita communis)*, den gemeinsamen Schlafsaal *(dormitorium)* und auch die Ideale monastischer Gelehrsamkeit.

Bevorzugt in Städten angelegt, war es nur folgerichtig, daß die Kollegiatstifte sich für eine Aufnahme nichtadeliger, bürgerlicher Kräfte öffneten. Im Gegenzug verfestigten die Domstifte vielfach ihre soziale Rekrutierung: Nur noch adelig Geborene sollten aufgenommen werden. Für den Wissenshaushalt an den Stiften mußte beides nicht von Nachteil sein. Während die Domstifte mitunter das obligatorische zwei- oder dreijährige Studium einführten, behielten die Kollegiatstifte formal den überlieferten Kanon der Sieben Freien Künste bei, als Lehrinhalt ihrer Schulen wie als Bildungsqualifikation für Pfründanwärter. Dem großen persönlichen Entfaltungsraum der Kanoniker an Kollegiatstiften entsprach es nun, daß sie großzügige Absenzregelungen in Anspruch nehmen konnten, die ihnen erlaubten, für Jahre ihre Präbende zu verlassen und sich in der Wahrnehmung ihrer Aufgaben durch Mietkräfte vertreten zu lassen.

Ursprünglich nur zum Zweck einer Pilgerreise möglich, wurde diese großzügige Absenzregelung bald auch auf eine Studienfahrt übertragen. Wer wollte, konnte sich auf seiner Präbende vertreten lassen und für längere Zeit studieren. Die einträgliche Pfründe erlaubte, bei der Wahl des Ortes eigenen Neigungen zu folgen: ein Besuch der berühmtesten Kathedralschulen oder ferner Universitäten, ein Studium nach Wahl und persönlichem Interesse, sowohl was die Fächer als auch was die Dauer anging – und vor allem ohne jede Verpflichtung nach der Rückkehr. Sowohl die Angehörigen von Domstiften als auch diejenigen von weltlichen Kollegiatstiften waren in der Wahl ihrer Möglichkeiten völlig frei, und ihre so erworbene persönliche Gelehrsamkeit kam weder dem Stift noch der Kirche notwendig zugute.

In Kirche wie Laiengesellschaft gab es keine sonstige Studienförderung von nur annähernd derartigen Bedingungen. Studierende Kanoniker gerieten daher bald in die Kritik der Stadtbürger, denen die rege Inanspruchnahme der Absenzmöglichkeiten auffiel und die sich fragten, welchen Nutzen solche Bildungsförderung habe. So sehr man die Freiheit des persönlichen Wissenwollens von kirchlichen Vorgaben förderte, so sehr sah man in derartigen, ebenfalls kirchlichen Entwicklungen einen falschen Weg beschritten.

Bürgerliche Reformschriften des späten Mittelalters verlangten mit ihrem Nützlichkeitspostulat nicht weniger als einen eigenverantwortlichen Umgang mit der gewonnenen Freiheit der Wissensaneignung. In der geschlossenen Welt der monastischen Kultur hatte sich dieses Problem nicht gestellt, und auch an den Universitäten wird es sich erst mit dem Aufkommen großbürgerlicher und adeliger Studienreisen im ausgehenden Mittelalter stellen. Stets betraf der Streit um diejenigen, die wegen sicherer finanzieller Ausstattung frei, nach Belieben und ohne Druck der anschließenden praktischen Anwendung des Erlernten Wissen erwerben konnten, nur sehr wenige Personen. Als empfundener Mißbrauch von Freiheiten, auch als beklagtes Unrecht im Umgang mit kirchlichem Vermögen ist dieser Zustand kritisiert worden. Er läßt sich ebenso beschreiben als Kritik an dem Erwerb reinen gelehrten Bildungswissens ohne praktischen Anwendungsbezug.

Es war kein Zufall, daß die Stimmen der Kritik neben den kirchlichen Reformern vor allem aus dem Bürgertum kamen. Neben dem Klerus und noch vor dem Adel waren die Bürger zu Trägern der Wissenskultur aufgerückt, in der sie nach ihren eigenen Maßstäben einen Ausdruck von Leistungselite sahen. Nur wer durch Wissen Leistung erbrachte, erfüllte die Erwartungen der Gesellschaft an den Nutzen seines Wissens.

Leistungsbereitschaft führte zu Karriereorientierung. Die Zeiten waren danach, und als Gebildeter oder Gelehrter auch bürgerlicher Herkunft konnte man sich in kirchlichen wie herrschaftlichen Diensten unentbehrlich machen. Bedingte soziale Mobilität war durch Wissen möglich geworden. Stets blieb der gelehrte Bürger ein Bürger, wenn er nicht in den Klerus eintrat oder von fürstlicher Seite geadelt wurde, und selbst in diesen Fällen war seine bürgerliche Herkunft weiterhin bewußt. Dennoch gab es nun eine Fülle von Möglichkeiten, durch Wissen und Leistung sein Auskommen zu finden oder sogar Karrieren zu erreichen. Bald regulierte sich die Attraktivität der Studiendisziplinen nach den erwartbaren Karriereaussichten. Die Theologie verlor an Zulauf, und die Entscheidungen vor allem für die Rechtswissenschaft wie auch für die Medizin nahmen zu. Im 15. Jahrhundert entstand das geflügelte Wort von den einträglichen Wissenschaften (scientiae lucrativae), jenen, die hohes Einkommen und gesellschaftliche Geltung versprachen. Dieses Motiv hat sich bekanntlich bis in die heutige Gegenwart gehalten.

12. DAS NEUE WISSEN DER STADTBÜRGER

Zunächst hatten die Bürger die überkommenen kirchlichen Unterrichts-
angebote genutzt, sich zunehmend Freiräume einer eigenen Interessen-
gewichtung erschlossen, dann programmatisch den praktischen Bezug
des gelehrten Wissens angemahnt und schließlich neue Formen und andere Orte der Wissensvermittlung gefordert: Die Stadtbürger haben auf
die Entwicklung der Wissensbestände der zeitgenössischen Gesellschaft
im späten Mittelalter entscheidenden Einfluß genommen. Im höfisch-
klerikalen Milieu der tradierten Gelehrtenkultur überhaupt nicht vorgekommen, prägten gelehrte Stadtbürger die soziale Geltung des Wissens
und seiner Träger im Spätmittelalter maßgeblich mit: »Der Gelehrte des
späten Mittelalters war, mehr als andere, ein Mensch der Stadt« (Jacques
Verger).

Längst standen Stadt und Bürger für ein dynamisches Potential in der
Gesellschaft. Nicht nur als Zentren wirtschaftlicher Produktion, des Han-
dels und Handwerks und als zunehmende politische Kraft, sondern auch
als Initiator neuartiger Ideen und Verfahrensformen. In den Städten wurden soziale Organisationsformen realisiert, die in der ständischen Ordnung
nicht angelegt waren, so die genossenschaftliche Organisation und die
politische Selbstverwaltung. Mit dem Gemeinen Nutzen kannten die
Stadtbürger ein verpflichtendes, kollektives Ideal, das nicht nur den einzelnen band, sondern auch den übrigen Gruppen der Gesellschaft Maßstab
sein konnte und ihnen von den Bürgern entsprechend vorgehalten wurde.

Als erste der Sozialgruppen in der mittelalterlichen Gesellschaft hatten
die Stadtbürger als fahrende Kaufleute erkannt, daß sie selbständig über die
für ihre Arbeit benötigten Wissensbestände verfügen sollten. Zunächst, in
der Anfangsphase der Stadtgeschichte, mochte der Rückgriff auf Geistliche
als Schreiber und Ratgeber noch genügt haben. Bald aber erwies sich die
darin angelegte Abhängigkeit als störend. Mehr und mehr gerieten die
Städte und Bürgerschaften zudem in Interessenkonflikt mit den kirchlichen Institutionen innerhalb der Stadtmauern. Eine eigenständige, selbstbewußte Stadtpolitik setzte von Beginn an ein unabhängiges, eigenes Wissen voraus. Mit dieser Einsicht war indessen noch keine Abkehr von
kirchlich getragenen Schulen verbunden.

Die Kinder, vor allem die Söhne der Bürgerfamilien, wurden jetzt in die vorhandenen Schulen geschickt, auch zu den Klosterschulen der Ordenskonvente, insbesondere aber zu den Schulen an Stiften und Domkirchen. Eine besondere Symbiose ergab sich zwischen dem Stadtbürgertum und den weltlichen Kollegiatstiften. Es waren die Angehörigen derselben stadtbürgerlichen Familien, die Mitglieder der Stiftskapitel waren und zugleich den städtischen Rat stellten. Durch derartige personelle und oft sogar verwandtschaftliche Verflechtung wuchsen die Stifte und die Bürgerschaft zusammen. Bei Konflikten mit der bischöflichen Aufsicht geschah es nicht selten, daß Stiftskirchen und Stadt gemeinsam auf derselben Seite standen. Reiche Zuwendungen der wohlhabenden Kaufmannsfamilien und Stiftungen der Stadt waren die Folge; wie früher die Klöster, so profitierten die Stifte von einer zunehmenden Anzahl von Seelmeßstiftungen.

Auch die personelle und materielle Ausstattung der Stiftsschule konnte dabei gewinnen. Zwangsläufig nahmen die Bürger im Gegenzug Einfluß auf den Lehrplan an den Stiftsschulen, deren Unterricht sie ihre Kinder anvertrauten. Diese Schulen wurden so zu Orten der gleichzeitigen Vermittlung zweier Wissenshaushalte: des tradierten lateinischen Unterrichts in den Sieben Freien Künsten, tatsächlich der Grammatik und allenfalls des Triviums, und überdies desjenigen Wissens, das in der Alltagspraxis der Bürger notwendig war. Innerhalb der kirchlichen Schulträgerschaft lösten und verselbständigten sich schrittweise die Vorstellungen stadtbürgerlichen Wissens von den überkommenen Traditionen.

Eine nicht unerhebliche Schwerpunktverlagerung war damit verbunden, von einem überlieferten, festen Kanon zu aktuell notwendigen Inhalten, von der strengen Latinität zu einer Offenheit für volkssprachliche Wissensvermittlung und von gelehrtem zu elementarem Wissen. Erst im Humanismus des 15. Jahrhunderts sollte gelehrtes Bildungswissen einen besonderen Rang in der bürgerlichen Gesellschaft finden; bis dahin dominierte das praktische Handlungswissen. Es konnte seinerseits durchaus grundlegende Elemente der gelehrten Tradition umfassen, so die lateinische Schreib- und Lesefähigkeit. Dominierend aber waren die auf praktische Anwendung ausgerichteten volkssprachlichen Schreib- und Lesesowie die unentbehrlichen Rechenkünste. Der Kontaktraum für solches Wissen hatte sich erweitert: Über Waren- und Geldwerte, über Marktorte und Reisewege verständigte man sich mit den Bürgern und Kaufleuten anderer Städte, durchaus auch anderer Länder und Reiche. Ein sehr eigenes Milieu für die Entwicklung einer praktisch akzentuierten Wissenskultur war in den Städten entstanden, und ihr folgten spezifische Erwartungen an den Unterricht für die Bürgerkinder.

Allmählich begann eine alte Gleichung an Wert zu verlieren, die für Jahrhunderte gegolten hatte: Der *Litteratus* war nicht mehr nur der *Clericus* und der *Illitteratus* nicht mehr nur der *Laicus*. Die Gebildeten und Gelehrten – die Wissenden *(gens de savoir)*, wie sie in der französischen Forschungsliteratur heute heißen – konnten mehr und mehr sowohl Geistliche wie Weltliche, Stadtbürger sein. Meisterschaft zu besitzen und Meister zu sein *(magisterium, magister)* wurde nicht mehr nur demjenigen zugesprochen, der ein Meister in den Sieben Freien Künsten war *(magister artium)*. Jeder, der in einem Tätigkeitsbereich herausragende Kenntnis erworben hatte, galt nun als gebildeter und ausgebildeter Meister seines Faches. Jede Fertigkeit und jeder Wissensbestand, nicht mehr nur der Kanon der gelehrten lateinischen Disziplinen, sondern auch das praktische Handlungswissen der Kaufleute und Handwerker, wurde jetzt als Kunst *(ars)* verstanden, und wer es beherrschte, galt als Künstler *(artifex)*. Was sich im frühmittelalterlichen Kloster St. Gallen angedeutet hatte, die soziale Anerkennung der Qualifikation des Gelehrten wie des Kunsthandwerkers gleichermaßen, wurde in der Stadt des hohen und späten Mittelalters ein verbreitetes Phänomen. Eine weitergehende Aufwertung des Handlungs- neben dem Bildungswissen hätte es nicht geben können.

Indessen vollzog sich dieser Prozeß nicht nur in der Praxis, sondern fand eine theoretische Erklärung, die ihrerseits eine Errungenschaft des wissenschaftlichen Aufbruchs an den französischen Kathedralschulen des 12. Jahrhunderts war. Um 1130 hatte der gelehrte Hugo von St. Viktor, Lehrer an der lange Zeit berühmten Schule des gleichnamigen Stifts, ein Handbuch der Wissenschaften verfaßt (»Didascalicon«). Auf spätantik-frühmittelalterlicher Tradition beruhend und angeregt durch zeitgenössische Vorlagen, erfand er ein Begriffsvokabular für handwerklich-technische Fertigkeiten. Genaugenommen seien sie nicht nur Künste *(artes)*, sondern Wissenschaften *(scientiae)*, so meinte Hugo, weil sie neben der praktischen Handhabung auch eine theoretische, rechtfertigende Begründung besäßen. Was sie von den gelehrten Wissensbeständen unterschied, war die Tatsache, daß die handwerklichen Künste für das Leben der Menschen wichtig waren: eine weitreichende, ihrerseits gelehrte Aufwertung des Handlungswissens.

Entsprechend wurden die handwerklichen Künste ganz analog zu den gelehrten Sieben Freien Künsten untergliedert in sieben Mechanische Künste *(artes mechanicae)*: die Stoffverarbeitung *(lanificium)*, die bildende Kunst und das Waffenhandwerk *(armatura)*, den Handel zu Wasser und zu Lande *(navigatio)*, den Gartenbau *(agricultura)*, das Lebensmittelgewerbe *(venatio)*, die praktische Heilkunst *(medicina)*, das Schauspiel und Ritterspiel *(theatrica)*. Es verstand sich, daß für alle diese Fächer die Verbindung von elementarem Wissen und handwerklicher Fertigkeit unerläßlich war, daß sie alle durch Unterrichtsbesuch und Ausbildung erlernt werden mußten und daß in ihnen allen eine Meisterschaft erreichbar war. Das Erklärungsmodell Hugos von St. Viktor stellt geradezu die Ordnungen einer Kultur dar, die das Handwerk wie den Handel, den Bürger wie den Adeligen, die Unterhaltung wie die Gesundheitsfürsorge umfaßt. Eine »moderne« Vorstellung alternativen Wissens gegenüber der vermeintlichen Dominanz der traditionalen schriftlichen, lateinischen Gelehrsamkeit scheint hier auf und doch zugleich die grundlegende Beschreibung bürgerlicher Erwerbstätigkeit.

Allzulange sind diese Vorstellungen in der Stadtgeschichte unterschätzt worden. Üblicherweise wurde der Stadtbürger als Kaufmann gesehen, näherhin als wohlhabender Fernhändler. Daraus erschloß man rückwirkend die vermeintlichen Bedürfnisse einer bürgerlich-kaufmännischen Bildung, die sich der kirchlichen Wissenstradition entgegenstellen ließ. Bildung in der Stadt des Mittelalters wurde dann verstanden als Element kaufmännischer Berufspraxis und städtischer Selbstverwaltung, als Ausformung von Schriftlichkeit und Rechenkenntnis. Alles dies war zweifellos auch ein Wissenshaushalt in der Stadt, aber keinesfalls der einzige.

Vieles verdankt die Sozial- und Wirtschaftsgeschichte den Arbeiten des belgischen Historikers Henri Pirenne. Seine in der Mitte des 20. Jahrhunderts formulierten und seither vielfach, zum Teil bis in die Gegenwart nachgeschriebenen Schlußfolgerungen zum kaufmännischen Bildungsbedürfnis, das sich gegen die Kirche eigene Wege zu einem nützlichen

Unterricht erkämpft habe, hält allerdings heutiger Korrektur anhand der Überlieferung nicht mehr stand. Gewiß haben die Stadtbürger mit ihrer Inanspruchnahme der kirchlichen, vor allem der Stiftsschulen, und mit ihren selbstbewußten Forderungen an Inhalt und Niveau von deren Unterricht einen neuen Ton angeschlagen. Zweifellos führten sie die Schulen damit an die Grenze ihrer Leistungsfähigkeit. Doch sie erreichten viel, und man wird insgesamt sagen können, daß die von den Bürgern geforderten Kenntnisse der volkssprachlichen Schreib- und Lesefähigkeit sowie die grundlegenden Lateinkenntnisse ihren Kindern in den Stiftsschulen meist zur vollen Zufriedenheit vermittelt wurden. Dennoch gingen sie seit dem 13. und verstärkt im 14. und 15. Jahrhundert daran, eigene Schulen in städtischer Trägerschaft zu fordern und vielerorts durchzusetzen.

Verantwortlich dafür war allerdings keineswegs, auch wenn es moderner Betrachtung so erscheinen mag, ein bürgerliches Bildungsbedürfnis oder Kritik an den kirchlichen Schulen wegen dessen mangelnder Berücksichtigung. Es ging um etwas ganz anderes. Auf vielen Ebenen versuchten die wirtschaftlich erfolgreichen, politisch selbständigen Kommunen im Spätmittelalter, kirchliche Vorrechte innerhalb ihrer Mauern zurückzudrängen. Hierzu zählte vor allem die Steuerfreiheit des Klerus oder die Immunität Geistlicher gegenüber dem Zugriff weltlicher Gerichte. Man störte sich auch an der kirchlichen Dominanz in den Spitälern, an der mangelnden bürgerlichen Mitwirkung in der Verwaltung und Vermögenskontrolle der Pfarreien – und eben daran, daß der jeweilige Domscholaster noch immer seine ausschließliche Kontrollhoheit über alle Schulen in der Diözese und so auch in den Städten behauptete. Nur insofern und nur innerhalb dieses Zusammenhanges betrieben die Städte eine Schulpolitik, die nichts mit drängenden, vernachlässigten Bildungsbedürfnissen und ebenso wenig mit grundsätzlicher Antikirchlichkeit zu tun hatte.

Schulgeschichte ist daher notwendig als Teil der Stadtgeschichte zu behandeln und nur aus ihr heraus verständlich. Deshalb wird sie auch über traditionelle geistesgeschichtliche Ansätze, die allein nach den Lehrinhalten fragen, nicht zu erschließen sein. Ihre Erforschung verlangt vielmehr nach sozial- und stadthistorischen wie auch rechts- und kulturwissenschaftlichen Fragestellungen. Über Schulbildung in der Stadt kann dann nicht mehr getrennt von der Schriftlichkeit, von der Entwicklung der

Kanzlei und Verwaltung, der Rechtsprechung und der Heilkunst gehandelt werden. Schulgeschichte ist ein Teil der Kulturgeschichte, der Geschichte des Wissens in der Stadt.

Die Geschichte des Wissens in der Stadt und der urbanen Kultur des Mittelalters wird dabei immer das gelehrte und das praktische Wissen, die Freien und die Mechanischen Künste gleichermaßen umfassen. In zuvor nie erreichter Dichte verbanden sich jetzt Wissensbestände, die ursprünglich wenig gemein hatten. Zu den notwendigen Schreib- und Rechenfertigkeiten der Handwerker und Kaufleute, vielfach auch Kenntnisse in lateinischer Sprache und der anspruchsvollen Form der Buchführung, traten vielfältige Horizonterweiterungen durch die Reisen, den Handel, die Produktion und den Vertrieb von Waren und die dabei notwendig stets wachsende Kommunikation. Bildung und Ausbildung, erlernte Kenntnisse und erworbene Erfahrungen, Schriftkultur und orale Traditionen liefen zusammen in einer interessengeleiteten Aneignung von Wissensbeständen.

Mehr auch als jemals zuvor war mit einer Qualifikation aus Wissen in der städtischen Kultur funktionale wie soziale Mobilität möglich. Denen, die über Bildung und Ausbildung verfügten, erschlossen sich Tätigkeitsfelder, Versorgungs- und selbst Karrierechancen, die ihnen ansonsten unzugänglich geblieben wären. Wissen führte schließlich zu sozialer Geltung und Anerkennung innerhalb der Stadtgesellschaft. Anders als in der festgefügten ständischen Gesellschaft außerhalb der Stadtmauern konnte ein Bürger vor allem durch gelehrtes Wissen seine soziale Stellung verbessern, in der eigenen Stadt und in einer anderen Kommune.

Wer durch eine elementare oder triviale Bildung sicher zu schreiben gelernt hatte, konnte sein Auskommen in einer der zahlreichen Schreiberstellen finden. Nach einer praktischen Lehre als Arzt oder Chirurg hatte man Zugang zu vielfältigen, gut dotierten Anstellungen. Ausgebildete Notare blieben begehrte Fachleute, die bei der stetigen Zunahme von Akten der freiwilligen Gerichtsbarkeit (Beurkundung privater Rechtsgeschäfte, Testamente, Nachlässe) gebraucht wurden. Studierte und promovierte Juristen als Rechtsvertreter einer Stadt wurden aus Gründen der Unparteilichkeit nicht aus der eigenen Bürgerschaft genommen, sondern von außerhalb rekrutiert. In der Funktion eines Ratssyndikus galten sie den

eingesessenen Familien der Ratsherren als ebenbürtig, erhielten hochdo-
tierte, langfristige Verträge, oft mit Rentenansprüchen, und durften in die
alten Familien einheiraten. Einem studierten Mediziner konnte es beina-
he ebenso gut ergehen, wenn er eine feste Anstellung als Rats- oder Stadt-
physicus fand.

Vieles hatte sich also geändert in der Stadt gegenüber den Verfahrensformen, die in der Kirche und der ständischen Gesellschaft üblich waren.
Vor allem waren die Stadtbürger selbständiger und selbstbewußter geworden und setzten einiges aufs Spiel, als sie daran gingen, ihre Eigenständigkeit gegen kirchliches Vorrecht zu behaupten. Die meisten ihrer
Ziele konnten sie erreichen, so auch die Durchsetzung eigener, kommu-
naler Schulen – als Ausdruck städtischer Autonomie, nicht bürgerlichen Bil-
dungsstrebens. Dem liberalen Bildungsbürgertum des 19. Jahrhunderts,
geprägt von den Erfahrungen des Kirchenkampfes, waren die gegen die Kirche so erfolgreichen Stadtbürger überaus sympathisch. Deshalb mochten
sie ihnen ihre eigenen Vorgänger sehen, die sich machtvoll mit der Kirche
angelegt und einen »Schulkampf« gegen deren »Bildungsmonopol« geführt hätten. Beides hat es tatsächlich nie gegeben. Das Ringen um die
Einrichtung städtischer Schulen hatte nichts zu tun mit antikirchlichen
Einstellungen oder gar Tendenzen zur Säkularisierung. Die Fronten waren
längst nicht so verhärtet, wie es dem modernen Betrachter scheinen mag.

Auch dem Scholaster, der die überkommenen kirchlichen Vorrechte
verteidigte, ging es nicht wesentlich um die Sache, den Unterricht und
die Frage, wer ihn abhalten dürfe. Ohnehin drehte sich der Streit lediglich
darum, daß die Städte eigene Schulen für den Unterricht in den lateinischen
Sieben Freien Künsten einrichten wollten, und nur dies traf auf den dann
allerdings entschiedenen Widerstand des Scholasters. Für ihn war nur das
kirchliche Vorrecht, Lateinunterricht zu halten, entscheidend – und ebenso die Absicht, die Schulgeldzahlungen der Eltern wie auch den Chor-
dienst der Schüler nicht zu verlieren.

Scholaster und Stadträte dachten in dieser Hinsicht sehr ähnlich. Auch
die Städte errichteten ihre Schulen, wenn sie die Genehmigung dazu er-
rungen hatten, unmittelbar neben den städtischen Pfarrkirchen, und auch
sie taten dies, um die Chordienste der Schüler sicherzustellen. Selbst die
reformatorischen Schulordnungen des 16. Jahrhunderts, die eine tatsäch-

liche inhaltliche und methodische Neubegründung des Schulunterrichts in den Städten vornahmen, behielten den Chorgesang und die liturgischen Hilfsdienste der Schüler bei. Nichts spricht dafür, daß Stadträte und Kirchenvertreter ihre gegenseitigen Interessen nicht hätten verstehen können, zumal sie personell eng verbunden waren. Man entzweite sich aber im Streit um dieselben rechtlichen Kompetenzen, die die Kirche seit jeher besessen hatte und die in Gefahr gerieten, von den Städten übernommen zu werden.

An vielen Orten während des späten 14. und des gesamten 15. Jahrhunderts kam es zu Auseinandersetzungen zwischen Stadträten und Kirche um die Schulen. Sehr unterschiedlich war der Verlauf der Streitigkeiten, und nur selten eskalierte er bis zu offener Gewalttätigkeit. Besonders hartnäckig verhielten sich die Streitparteien in den norddeutschen Hansestädten. Hier, in Braunschweig, Lüneburg, Osnabrück oder Rostock, wüteten sogenannte »Pfaffenkriege« (Bernd-Ulrich Hergemöller). Sie nahmen ihren Ausgangspunkt zumeist von landesherrlichen Steuererhebungen und benannten dann die kirchlichen Vorrechte in ihren Städten als Ursache der Unzufriedenheit. Nicht überall, aber mancherorts kam es in diesem Rahmen zum Konflikt um die geplante Gründung städtischer Schulen für den lateinischen Unterricht, der zumeist mit einem Erfolg der Städte endete. Manche Kommunen gründeten oder erneuerten ihre Stadtschulen in mehreren Phasen, andere mußten viele Jahrzehnte warten, bis auch sie Erfolg hatten. Schon zu 1252 und wieder zu 1394, 1418 und 1447 sind Schulgründungen, Schulordnungen oder Anstellungsverträge für Lehrer aus Lübeck überliefert, zu 1285 und 1389 aus Köln, zu 1319 und 1322 aus Stralsund und Jena, zu 1379 aus Erfurt und zu 1422, 1453 und 1460 aus Rostock, Hildesheim und Hameln.

Ein Beispiel für einen völlig anderen Verlauf der Ereignisse bietet die Stadt Augsburg im Süden. Auch dort kam es zu Auseinandersetzungen zwischen Stadtrat und Kirche. Weitreichend konnten die Bürger ihren Einfluß durchsetzen, etwa auf die Pfarreiverwaltung und auch auf die Bestellung der Lehrer und den Unterricht in den kirchlichen Schulen. Die Einrichtung eigener, städtischer Schulen betreiben zu wollen hätte in der Bischofsstadt keine Aussicht auf Erfolg gehabt und wurde nicht ernsthaft versucht.

Nur in Regionen mit wirtschaftlich starken und zugleich politisch selbständigen oder zumindest einflußreichen Kommunen ließen sich Stadtschulen durchsetzen, so außer im Hanseraum und dem deutschen Südwesten in Südengland, im nordöstlichen und südwestlichen Frankreich und in Oberitalien. Die urbane Wissenskultur war ein europäisches Phänomen, das schon aufgrund der regen zwischenstädtischen Kommunikation Länder- und Reichsgrenzen überschritt, vor Ort aber dennoch an die Entwicklungsbedingungen in den Regionen gebunden war.

Deshalb kam es innerhalb des deutschen Reiches zu sehr unterschiedlichen, aber durchaus typischen Entwicklungen. In unabhängigen Reichsstädten, wie Nürnberg, konnte es eine Vielzahl städtischer Schulen geben, auch Lateinschulen, und man hatte darum mit keiner kirchlichen Einrichtung wirklich streiten müssen. In freien Städten, denen es gelungen war, die Herrschaft eines bischöflichen Stadtherren abzustreifen, verhielt es sich ähnlich. Manche Landstadt, die unter der Herrschaft eines weltlichen Territorialfürsten stand und sich dennoch wirtschaftlich und politisch unbeschränkt verhalten konnte, vermochte nach langem Streit gegen die Kirche eigene Schulen einzurichten. So geschah es in Braunschweig. Eine Reichsstadt hingegen, in der sich starke kirchliche Zentren befanden, wie das benachbarte Goslar, blieb in ihrer Schulpolitik erfolglos. Für Bischofsstädte schließlich, so das nahegelegene Hildesheim, mußten eigene Lateinschulen Utopie bleiben. Einmal mehr zeigt sich die städtische Schulpolitik als Teil der Stadtgeschichte. Maßgeblich für den Erfolg der Bürger waren vor allem anderen die Verfassungssituation in den Städten und das dadurch vorgegebene Kräfteverhältnis zwischen Stadtrat und Kirche.

Bei alledem ging es aber lediglich um städtische Schulen für den lateinischen Unterricht in den Sieben Freien Künsten. Ihrer förmlichen Einrichtung trat die Kirche entgegen. Niemals aber hatte sie den Unterricht in den für die Bürger in ihrem politischen wie beruflichen Alltag notwendigen Kenntnissen unterbunden. Längst waren, als die Streitigkeiten um die Stadtschulen ausbrachen, vielfältige Möglichkeiten des Privatunterrichts für Kinder, im Haus der Eltern oder eines Lehrers, üblich geworden. Schulen für den volkssprachlichen Schreibunterricht wie für den Rechenunterricht überzogen bisweilen netzartig die gesamte städtische Topo-

Blut	Gelbe Galle	Schwarze Galle	Phlegma
warm/feucht	warm/trocken	kalt/trocken	kalt/feucht
Luft	Feuer	Erde	Wasser
Frühling	Sommer	Herbst	Winter
Kindheit	Jugend	Mannesalter	Greisenalter
Sanguiniker	Choleriker	Melancholiker	Phlegmatiker

Viererschema aus der antiken und mittelalterlichen Lehre
der Humoralpathologie: Vier Körpersäfte, Qualitäten, Elemente,
Jahreszeiten, Lebensalter, Temperamente (Charaktereigenschaften).

graphie. Ihre Einrichtung und ihr Betrieb geschah unter den Augen, mit Billigung und vielfach ausdrücklicher Erlaubnis des Rates.

Allmählich formten sich Regeln für die Handhabung des Schulunterrichts heraus, von denen einige bleibende Tradition wurden. So gab es in den Städten bisweilen Vorschulen, in die kleine Kinder geschickt wurden, zu einer allgemeinen Erziehung oder Verwahrung. Mit sieben Jahren war das übliche Schulalter erreicht; die Kinder mußten jetzt in eine der kirchlichen, kommunalen oder privaten Schulen gehen und den volkssprachlichen oder den lateinischen Unterricht besuchen. Das Ende der Schulzeit war mit dem 14. Lebensjahr gekommen; die Kinder verließen die Schule, um sich einer beruflichen Ausbildung zuzuwenden. Gleichzeitig galt das 14. Lebensjahr als der Übergang von der Kindheit zur Jugendzeit: In diesem Alter trat man in eine Handwerkslehre ein oder begann ein Universitätsstudium. Zweifellos ist in der Regel so verfahren worden, doch waren durchaus Abweichungen möglich. Das gängige, schon aus der Antike überkommene Schema der Lebensaltersstufen gab diese Unterscheidung von Kindheit und Jugend vor, Schul- und Ausbildungsordnungen formten ihre Normen danach aus, doch ließen der aktuelle gesellschaftliche Bedarf und der Einzelfall stets Änderungen zu.

Der praktische Wissensbedarf der Stadtbürger war durchaus sichergestellt, in den kirchlichen Schulen wie durch sonstige Unterrichtseinrichtungen in der Stadt, längst bevor die Stadträte darangingen, ihre Vorstellung eigener, städtischer Lateinschulen zur Forderung zu erheben. Daß ihnen selbst bewußt war, angesichts dieser Gegebenheiten schwerlich mit der Behauptung fehlender Unterrichtsmöglichkeiten für ihre Kinder arbeiten zu können, zeigt sich an der gewählten Argumentation: Der morgendliche Weg zu den kirchlichen Schulen sei zu weit, führten sie aus. Großen Gefahren seien ihre Kinder täglich ausgesetzt, besonders der Kälte im Winter und der Entfernung von der Fürsorge ihrer Familie. Stereotyp wurde dieses Argument über die Jahrhunderte hinweg bemüht, wann immer ein städtischer Rat um die Gründung eigener Lateinschulen gegen die Kirche kämpfte, unterschiedslos in den verschiedensten Städten und ohne Berücksichtigung der jeweiligen lokalen Umstände. Erstaunlicherweise blieb diese durchsichtige rhetorische Strategie dennoch keinesfalls vergeblich.

Erstmals hatte man so in Lübeck argumentiert, in der Mitte des 13. Jahrhunderts, schon damals erfolgreich. Gewöhnlich war ein förmlicher Rechtsstreit zwischen Stadt und Kirche die Folge, vor unterschiedlichen forensischen Ebenen ausgetragen, bis hin zu päpstlichen Gerichten. Weil es kaum sachliche Argumente für beide Seiten vorzubringen gab, zogen sich die Verhandlungen auch weiterhin durch stereotype gegenseitige Vorwürfe in die Länge. Neben dem angeblich zu weiten Schulweg beklagten die städtischen Prozeßverteter, daß die kirchlichen Schulen die ihrerseits stets beanspruchten Sieben Freien Künste nicht zureichend und in keinem Fall vollständig unterrichteten. Letztere Behauptung traf in aller Regel tatsächlich zu, doch stand sie hier für etwas anderes: Wenn die Stadt eigene Schulen für den Unterricht der Freien Künste und unter Leitung eines Meisters der Sieben Freien Künste *(Magister artium)* durchsetzen wollte, so mußte sie das Unterrichtsniveau der kirchlichen Schulen in Frage stellen.

Daß in ihren Schulen ohnehin alles nötige Wissen vermittelt werde und die Schulwege selbstverständlich nicht zu weit seien, hielten die Kirchenvertreter dagegen. Sie bezogen sich auf das althergebrachte kirchliche Aufsichtsrecht über alle Schulen, die Unterricht in den Sieben Freien Künsten erteilten, und dem zufolge sie zu Recht der Errichtung städtischer Schulen entgegengetreten seien. Nicht zuletzt revanchierten sie sich, indem sie die Zweifel an der Verläßlichkeit der Gegenseite zurückspielten: In den zahlreichen privaten Unterrichtsanstalten, die die Stadt bereits unterhalte und die von der Kirche bislang geduldet worden seien, würde in Wahrheit überhaupt kein Wissen gelehrt, sondern bloße Gauklerkunst. Undurchschaubar sei das Treiben an fragwürdigen Schulen, die die mechanischen Künste unterrichteten und als Gilden bezeichnet würden. Zweifellos war den Klerikern bewußt, daß diese Behauptung nicht zutraf, doch rechneten sie – nicht anders als die Stadt mit ihrem Hinweis auf den angeblich zu weiten Schulweg – damit, daß die geistlichen Richter die wirklichen Verhältnisse vor Ort kaum einschätzen konnten und so auch ihre argumentative Vermischung von Schulunterricht in der Stadt und Handwerkerausbildung in den Zünften nicht durchschauten. Ein ernstzunehmender Hintergrund für diese Behauptung dürfte indessen darin liegen, daß elementare, volkssprachliche Bildung und praktisches, techni-

*Der Lübecker »Schulfund«, um 1370: Bekannte (Wachstäfelchen, Griffel)
und unbekannte (Holzstab mit rundem, flachem Ende) Gegenstände.
Die Datierung des Fundes ist nach den Eintragungen auf den Wachstäfelchen –
es handelt sich um lateinische Briefe – vorgenommen worden.*

sches Wissen in den Städten bereits weitgehend miteinander verbunden waren. Allerdings hatte diese Tatsache mit dem Streit um kirchliche oder städtische Schulen für den Unterricht in den lateinischen Freien Künsten nichts zu tun.

Mit überaus hohem finanziellem Aufwand war es für die Städte in der Regel verbunden, die monatelangen Gerichtsprozesse in der Ferne zu führen, ihre Vertreter dort und Gesandte für den Kontakt zu unterhalten, die Gerichtsgebühren und Kopierkosten zu zahlen und diverse Bestechungsgelder. Sie ließen sich ihre Schulpolitik etwas kosten. Hatten sie damit Erfolg, dann erhielten sie eine rechtsverbindliche Erlaubnis zur Errichtung einer städtischen Schule von der universalen, päpstlichen Autorität, die jeden Einspruch des lokalen Klerus, der Ordens- und Stiftsgeistlichkeit wie auch der bischöflichen Verwaltung ausstach.

Schon dieser bereitwillig geleistete Aufwand erstaunt. Erst recht aber verwundert, daß die Städte nach errungenem Erfolg sehr häufig ihr Engagement erheblich zurücknahmen, mitunter völlig eingestellt zu haben scheinen. In den städtischen Rechnungen finden sich kaum Ausgaben für den Bau eines Schulhauses, und es fehlen sonstige Maßnahmen zur materiellen wie personellen Absicherung der Stadtschule. Keinesfalls immer ist überhaupt die Anstellung eines Schulleiters nachzuweisen.

Wo ein Schulleiter eingestellt wurde, gab es sofort Probleme. Der Rat der Stadt versucht, so weit wie irgend möglich an dessen Gehalt zu sparen und ihn gleichzeitig einer sehr weitgehenden, ständigen Kontrolle zu unterwerfen. Wenn überhaupt Gelehrte von Rang gewonnen wurden, verließen diese unter solchen Umständen bald wieder die Stätte ihres Wirkens. Gewöhnlich scheute man vor der kostenintensiven Anstellung eines gelehrten Magister artium zurück, obwohl man einst unter genau diesem Anspruch angetreten war. Man nahm statt dessen, wen man für geringen Sold bekommen konnte, einen Baccalarius, Licentiaten oder auch ungraduierten Studienabsolventen, vielfach schlecht qualifizierte Personen, die das ihnen übertragene Amt nicht wirklich auszufüllen vermochten. Solche Personen trachteten letztlich danach, ihre Schulstelle baldmöglichst wieder zu verlassen, um eine besser dotierte geistliche Pfründe zu erhalten.

Als Folge einer tiefgreifenden Reformforderung, den bedenklichen Bildungsstand des Klerus zu heben, verbesserte sich allgemein das Kenntnisniveau der von den Scholastern an den Stiftsschulen auf eigene Rechnung beschäftigen Vertreter. Immer öfter waren sie jetzt Magistri artium. Sogar der Bildungsstand des Pfarrklerus verbesserte sich merklich, und auch dort galt das artistische Magisterium als erwünschte Qualifikation. Demgegenüber fielen die Stadtschulleiter, von wenigen Ausnahmen abgesehen, nun endgültig zurück. Bedürfte es eines Beweises dafür, daß es den Stadträten bei ihrem energischen Einsatz für die Stadtschulen nicht wirklich um eine Verbesserung der Unterrichtssituation in ihrer Stadt ging, so wäre er hier zu finden.

Doch es gab rühmliche Ausnahmen. Wenige Städte, wie Bern, statteten ihre Schulleiter großzügig aus und erlaubten ihnen sogar eine Fortbildung durch weitere Studien. Andernorts, wie in Ulm, war schon zuvor auf den Leistungsstand der kirchlichen Schulen mit großer Sorgfalt geachtet worden. An den eigenen Stadtschulen legte man dann besonderen Wert auf einen anspruchsvollen Latein- und Logikunterricht. Um 1500, jetzt unter dem Einfluß des Humanismus, ließ man an den städtischen Schulen auch Schüler zum Unterricht zu, die die geistlichen Weihen anstrebten. Die Stadt beteiligte sich dadurch an der allerorten geforderten Verbesserung des Bildungsstandes der Klerus. Vor allem aber war es in Ulm und an wenigen anderen Orten gelungen, eine anspruchsvolle Laienbildung für die Bürgerkinder nicht mehr Ausnahme sein zu lassen, wie in der Klosterkultur, oder vorgesehene Möglichkeit, wie an den Stiftsschulen, sondern zur Regel zu erheben. Nachdem noch bis zum frühen 14. Jahrhundert mitunter Geistliche als Schullehrer in den Städten tätig waren, gab es jetzt nur mehr Laien als Lehrer.

Weiterhin aber blieben die Schulen über ihre Trägereinrichtung definiert, wie zuvor über die Kirche, so jetzt über die Stadt. Sie zogen die Schüler aus einem nahen, regionalen Einzugsgebiet an, mitunter auch darüber hinaus. Nur in Ausnahmefällen und erst in der Zeit des Humanismus entstanden überregionale Bildungszentren um Schulen mit wissenschaftlichem Rang, wie Schlettstadt im Elsaß oder Deventer in Holland.

Während die weit verbreiteten Stadtschulen programmatisch gelehrtes und praktisches Wissen verbanden, tatsächlich aber von der Ausrichtung auf anwendungsbezogenes Handlungswissen dominiert waren, traten bei diesen überregionalen Zentren die Inhalte des klassischen, gelehrten Bildungswissens wieder, wie früher zuletzt bei den herausragenden Kathedralschulen, in den Mittelpunkt. Jetzt wandte man sich erneut der Arbeit an überlieferten Texten von Autoritäten zu, christlichen wie nichtchristlichen und vorzugsweise antiken Autoren. Man entwickelte wissenschaftliche Methoden der Textbearbeitung, pflegte ein anspruchsvolles, klassisches Latein, humanistische Philosophie und Theologie. Nicht zufällig wurden diese Zentren auch zu Orten der Produktion und des Vertriebes von handschriftlichen wie vor allem gedruckten Büchern.

Noch eine zweite Parallele zu den hochmittelalterlichen Kathedralschulen in der Île-de-France war bald zu beobachten: eine Bildungsmigration von an humanistischem Wissen Interessierten aus ganz Europa. Wie viele andere plante Johannes Butzbach aus Miltenberg am Main ursprünglich, Priester zu werden, um sein Auskommen zu sichern, besuchte deshalb die nächstgelegene Schule in einer Kleinstadt und zog, nach etlichen Umwegen, schließlich an die berühmte Schule in Deventer. Im Gegensatz zu anderen berichtete er ausführlich darüber, in seinem 1506 veröffentlichten sogenannten »Wanderbüchlein«. Faszination und Gefahren der Bildungsmigration zu fernen Orten der Wissensvermittlung werden von ihm eindrücklich geschildert.

Offenbar unverändert war es die Persönlichkeit des Schulleiters, die den Ruf des Unterrichts und der Schule ausmachte. Butzbach erzählt: »Es gibt noch etwas anderes, neben dem jährlich abgehaltenen Markt, was die Stadt Deventer berühmt machte, ihr Gymnasium. Lange war es hochberühmt, weil es unter seinen gelehrten Rektoren eine Zeit lang unter bester Verwaltung stand und durch die Pflege der Bildung erblühte. Nach dem Tod des Alexander Hegius, der ein gebildeter Mann war, ein wirklicher Philosoph, ein Dichter und Priester, der drei Sprachen kannte, nach seinem Tod also höre ich jetzt von Leuten, die von dorther kommen, daß die Schule leider von ihrem damaligen Zustand abgekommen ist. Man erkennt wieder einmal, wieviel Schaden ein Rektor anrichten kann, der seine Schule vernachlässigt, und wie viel der Fleiß eines Rektors, der ständig aufmerksam ist, einer Schule nützen kann«.

Der 1498 verstorbene Alexander Hegius, der die Deventer Schule in der Phase ihrer größten Bedeutung leitete und zu dessen Schülern Erasmus von

Rotterdam zählte, ist zweifellos eine herausragende Erscheinung gewesen, doch ebenso gewiß keineswegs der einzige hochgelehrte Schulleiter. Nicht weniger als 200 Schüler aus einem weiten Rekrutierungsbereich besuchten zu seiner Zeit den Unterricht.

Noch um 1500 stand die Person des Lehrers im Mittelpunkt und wurde die Schule als persönliche Gemeinschaft des Lehrers mit seinen Schülern verstanden. Auch andere Lehrerpersönlichkeiten fanden gleichzeitig das Lob ihrer Schüler wegen ihres großen Wissens und ihres stetigen, täglichen Studiums der Wissenschaften.

Dennoch hatten Schulen wie diejenigen von Deventer und Schlettstadt sich gegenüber ihren zahlreichen Vorläufern aus dem Umfeld der städtischen Lateinschulen um einen bedeutenden Schritt weiterentwickelt. Sie galten als Orte des humanistischen Wissens und Unterrichts und wurden eben deshalb, um den programmatischen Niveauunterschied zu den Schulen alter Art hervorzuheben, als Gymnasien bezeichnet. Begrifflich hatte man sich von der Tradition der Kloster- und Stiftsschulen gelöst, die Welt der städtischen Schulen des späten Mittelalters hinter sich gelassen und erstmals überhaupt zu einer eigenen Begrifflichkeit gefunden, die über die unspezifische Zuschreibung der *Scola* hinausging.

Ein hoher Selbstanspruch und zugleich eine verbreitete, satirische Kritik der gängigen Schulformen aus der Tradition der monastischen Kultur prägte das Milieu an den neuen Schulen. Nicht mehr auf die Titel komme es an, sondern auf das tatsächlich vorhandene gelehrte Wissen, so sagten kritische Stimmen jetzt. »Was nützt«, fragt Butzbach, »ein Doktorhut auf einem hohlen Kopf?« Nicht mehr auf das Auswendiglernen von überlieferten Inhalten achtete man in diesen Schulen, sondern auf das Verstehen der Inhalte. Ausdrücklich und endgültig meinte man nun, die Lehrformen der alten monastischen Kultur, die Traditionen der *Lectio*, *Meditatio* und *Memoria*, hinter sich gelassen zu haben.

Wieder bedeutete Kritik an kirchlichen Vorgaben und Traditionen keinesfalls Antikirchlichkeit oder Säkularisierung. In Deventer etablierte sich gleichzeitig mit der humanistischen Wissenschaft und in Verbindung zu ihr die religiöse Bewegung der Devotio moderna, die durchaus monastische Züge annehmen konnte. Es ging um die Methode und den Unterricht in den Wissenschaften und um deren gesellschaftlichen Nutzen.

In der programmatischen Rückkehr zu antiken Wissensinhalten und deren idealisierender Absetzung von einer Dominanz kirchlich-scholastischer Ordnungen lag eine betonte Aufwertung gelehrten Wissens. Dieses Wissen wurde dennoch nicht als ausschließlich theoretische Gelehrsamkeit verstanden, sondern auf eine notwendige praktische Nutzerwartung bezogen. Scharf kritisierten die Vertreter der humanistischen Schulen insbesondere die aus ihrer Sicht nutzlosen Wissensgebäude der Scholastiker. Praxisferne Logik sahen sie darin und spitzfindige Übungen ohne Anwendungsbezug. Persiflagen scholastischer Argumentationskunst entstanden in diesem Umfeld, so die satirischen Kommentare zu der angeblich behandelten Frage der Scholaster, wieviele Engel auf eine Nadelspitze paßten.

Weitreichend und von langer Dauer waren die Neuerungen, die das humanistische Denken in die zeitgenössische Wissenschaft einbrachte, dennoch dominierte sie die Wissenskultur niemals völlig. Manches, wie die Kritik an den begrenzenden Vorgaben kirchlicher Lehre gegenüber einer Freiheit wissenschaftlichen Denkens oder die bereitwillige Migration zu den überregionalen Zentren der Wissenskultur, war nicht neu. Es gab jetzt aber vielfach den Ton an.

13. ALTES UND NEUES IN DER UNIVERSITÄT

Die Forderung, wissenschaftliches Denken von den Schranken kirchlicher Kontrolle zu befreien, war längst bekannt. Sie stammte aus der Zeit des wissenschaftlichen Aufbruchs an den französischen Kathedralschulen des 12. Jahrhunderts. Eine eigene wissenschaftliche Methode und neue Organisationsformen des Unterrichts waren seinerzeit daraus entwickelt worden, und aus ihnen gingen die Anfänge der abendländischen Universitäten hervor. Auch sie waren, wie sämtliche anderen mittelalterlichen Formen der Wissensvermittlung, von der personellen Bindung des Lehres und seiner Schüler geprägt.

Schrittweise hatten einige Magister an Kathedralschulen der Île-de-France sich von dem methodischen Korsett der Tradition zu lösen begonnen und angefangen, eigenständige Fragen aus unabhängigen Überlegungen heraus zu formulieren und diese an Autoritätentexte zu richten. Vielleicht zufällig gleichzeitig, vielleicht auch gerade dadurch angeregt, entstanden neue Formen der personellen Organisation: Diese Magister sammelten Schüler um sich, die sie und ihre Methode hören wollten und dafür bereit waren, Schulgeld zu zahlen. Allmählich wuchsen beide Seiten aus dem Verband der Kathedralkirche und ihrer Schule heraus. Als freie Magister wurden sie bald bezeichnet, und als solche verkörperten sie den wissenschaftlichen wie organisatorischen Neuanfang des Wissenstransfers, zugleich aber auch eine wachsende Provokation für die etablierten Schulen und ihre Leiter. Indem die freien Magister, die zuvor Lehrer der Kathedralschulen gewesen waren, mit ihren Schülerkreisen aus dem Raum der Schulen hinauszogen und an anderen Orten lehrten, brachen sie die Tradition sinnfällig auf. Sie überwanden damit das Eingebundensein der Schule in eine übergeordnete Trägereinrichtung.

Nicht anders verhielt es sich mit ihrer neuartigen wissenschaftlichen Methode, die den Rahmen des Tradierten ebenso eindeutig verließ. Näherhin bestand das Neuartige in einem Aufbruch der Logik zu methodischer Selbständigkeit nach ihrer bisherigen, gering geltenden Einordnung als Dialektik in den Kanon der Freien Künste. Nicht mehr sollte die Logik jetzt ein Instrument der Theologie sein, sondern umgekehrt die Theologie nach den Regeln der Logik betrieben werden, was bis dahin als unvorstellbar galt. Mit der Freiheit des logischen Argumentierens in jedwedem Zusammenhang und angewandt auf sämtliche bekannte Autoritäten öffnete man in zuvor nie gekannter Weise den Zugang auch zu antiken, nichtchristlichen Texten. Der Verstand *(ratio)* sollte nun über den Glauben *(fides)* dominieren, zumindest nicht umgekehrt. Beide sollten einander vermittelt werden. Darin und in der methodischen Verselbständigung der Logik lag eine gewaltige Sprengkraft gegen die Tradition der monastischen Kultur wie auch der Dom- und Kathedralschulen.

Wilhelm von Champeaux war einer der ersten unter diesen neuen Lehrern, auch wenn er selbst noch nicht zu den freien Magistern zählte. Als langjähriger Kanoniker und Domscholaster in Paris entschloß er sich im Jahre 1108 eines Tages, diesen festen Weg zu verlassen. Er gründete ein Stift von Regularkanonikern an dem Berg St. Geneviève südlich von Paris und umgab sich dort mit seinen Schülern. Aus diesen Anfängen entstand das später so berühmte Stift St. Viktor mit seiner nicht minder angesehenen Schule. Doch war der Aufbruch von derart tragender Wirkung, daß er seine Begründer mit sich fortzureißen drohte. Bis um 1200 konnte das Stift St. Viktor seine vorrangige Stellung bewahren, dann begann eine Phase schnellen Niedergangs.

Wie die freien Magister die Enge der Kathedralschulen überwunden hatten, so wurden sie nun ihrerseits von der Entstehung der Universitäten als den neuen, bald maßgeblichen Orten des Wissenstransfers überholt und eingebunden. Diese Prozesse blieben keineswegs Interna, sondern führten jetzt zu einem bemerkenswerten Zusammenwirken von wissenschaftlicher Selbstorganisation und politischer Macht. Sehr aufmerksam hatte der königliche Hof die neuen, unabhängig entstandenen Veränderungen registriert und suchte sie zugleich zu nutzen. Schnell war deutlich geworden, wohin die Entwicklung lief, und offenbar ohne unmittelbar in die Vorgänge einzugreifen, nutzte der König die sich abzeichnende Neuerung zum frühestmöglichen Zeitpunkt. Hatte er bis um 1200 das Stift St. Viktor als geistiges Zentrum privilegiert, so erteilte er in diesem Jahr die ersten Privilegien für die neuen Schulen der freien Magister und unterstützte fortan konsequent die entstehende Universität.

In dieser bewegten Phase kamen nun junge, ungestüme Köpfe zur Geltung, die sich in den geordneten Bahnen der Tradition nicht mit gleicher Deutlichkeit hätten profilieren können. Sie nutzten die gewonnenen Freiheiten, um sich rückhaltlos auch gegen diejenigen Ordnungen zu wenden, aus denen sie selbst hervorgegangen waren.

Soeben noch hoch geachtet, wurde ein Mann wie Wilhelm von Champeaux jetzt kritisiert. Seine überraschende persönliche Konversion, das Ausscheiden aus dem Stiftskanonikat und der Übertritt in den Stand eines regulierten Chorherren an dem selbst gegründeten Stift, die Einrichtung einer eigenen Schule dort, in Konkurrenz zur Pariser Domschule – alles dies mußte nicht zwangsläufig als Ausdruck wissenschaftlicher Neugier oder religiöser Überzeugung verstanden werden. Man konnte dahinter auch eine geschickte Strategie zum eigenen Vorteil vermuten, wenngleich man es üblicherweise nicht wagte, gegen einen angesehenen Gelehrten derartige Verdächtigungen auszusprechen.

Einer seiner Schüler wagte es, Petrus Abaelard (1079–1142). Daß Wilhelm schließlich ein Bischofsamt übernahm, sah Abaelard als Beweis dafür, daß er es von Beginn an auf dieses Ziel, eine einträgliche Pfründe, abgesehen hatte. Doch seine Kritik ging weiter und wandte sich zuletzt gegen Wilhelms wissenschaftliche Methode wie auch gegen diejenige eines seiner anderen Lehrer, des nicht minder berühmten Anselm von Laon. Intellektuell unbeweglich seien sie und trotz aller vorgeblichen Modernität Anhänger einer traditionalen Methode, so meinte Abaelard. Ganz im Gegensatz zu ihrer allgemeinen Rezeption verstand Abaelard seine Lehrer gerade nicht als Neuerer, sondern sah sie noch in den Bahnen der monastischen Gelehrsamkeit. Tatsächlich vertraten beide einen Ansatz enzyklopädisch-exegetischer Wissenschaft, der auf eine bewahrende Sammlung der Überlieferung zielte und auf nur vorsichtige Kommentierung. Die neue Logik ging erheblich weiter.

Sie wurde von Abaelard seinerseits als eigenständige wissenschaftliche Methode entwickelt und gelehrt. Was mit Anselms von Canterbury »ratio fidei« begonnen hatte, wurde von Abaelard fortgesetzt, zunächst mit bewunderndem Rückgriff auf Anselm. Im Mittelpunkt stand noch immer die Frage, wie mit dem logischen Widerspruch umzugehen sei. Abaelard ging noch einen entscheidenden Schritt weiter, als es Anselm getan hatte. Er reagierte nicht nur auf den Widerspruch, sondern suchte ihn geradezu. In seinem Hauptwerk »So und nicht so« (»Sic et non«) stellte er widersprüchliche Aussagen aus Autoritätenschriften gegenüber, um logische Operationen vorzuführen. Wohl mehr, als ihm selbst bewußt sein konnte, war damit für die Freiheit der Wissenschaft gewonnen. Noch systematischer und ungleich umfassender, aber im Grundsatz nicht anders waren später die hochscholastischen Summen aufgebaut. Ihre brillanteste Ausprägung fanden sie in der »Summa theologiae« des Thomas von Aquin.

»Weil in der Fülle der Worte nicht nur Unterschiedliches, sondern auch Widersprüchliches gesagt wird, ist es kein Wagnis, darüber zu urteilen«, so beginnt Abaelard das Vorwort seines »Sic et non«. »Verschiedenes verschieden zu bewerten«, war das Motto, und so fügte er nicht weniger als 158 Reflexionen aneinander, die allesamt mit einer Überschrift nach dem Schema »Daß ... und daß nicht« *(Quod ... et contra)* versehen waren. Nicht zufällig handelte die erste davon, »Daß der menschliche Glaube mit Vernunftgründen gestärkt werden könne, und daß nicht«. Es folgen jeweils Autoritätenzitate für die eine und für die andere Behauptung. Daß seine Schüler die Texte der Überlieferung lesen und selbständig verstehen könnten, war die Absicht dieser Methode.

Rasch fand Abaelard den Zulauf interessierter Schüler und versammelte einen Kreis von Anhängern um sich, die er als unabhängiger, freier Magister lehrte – losgelöst von den Schulen seiner Lehrer und insofern ganz ähnlich, wie es einst auch Wilhelm von Champeaux getan hatte. Mehr als alle anderen spaltete Abaelard aber die Schüler und Gelehrten seiner Zeit in ein Lager glühender Verehrer und eines unversöhnlicher Feinde. Berühmte Persönlichkeiten waren darunter, so Bernhard von Clairvaux auf der gegnerischen Seite und Petrus Venerabilis auf der eigenen, der ihn vor den Nachstellungen Bernhards verbarg. Abaelards offenbar arrogantes Auftreten mag zu einer Verhärtung der Fronten beigetragen haben, wie auch die Tatsache, daß er in einem seinem Privatunterricht anvertrauten Mädchen mehr als eine gelehrige Schülerin fand. Dramatische Szenen in der Verfolgung durch ihre Verwandten und der Verlust seiner körperlichen Unversehrtheit waren der Preis. Die übrigen Magister irritierte aber vor allem seine methodische Unabhängigkeit. Mehrfach wurde er von kirchlichen Instanzen verurteilt und mußte einmal sogar seine Schriften selbst ins Feuer werfen. Mundtot machen ließ er sich aber in keiner Lebenslage.

Wieder brachen ein Magister und seine Schüler mit den überkommenen inhaltlichen und methodischen Ordnungen der Wissensvermittlung und mit den personellen Organisationsformen. Erneut versammelte ein freier Magister seine Schüler um sich, trat aus den festen Formen der bestehenden Schulen heraus, organisierte seinen Unterricht aber weiterhin über die personelle Bindung zwischen dem Lehrer und seinen Schülern. Hier, in der Frühgeschichte der Universität, setzte schon damals und in der rückschauenden Betrachtung immer wieder die Frage an, was die jungen Menschen bewogen haben mag, mit solcher Radikalität ihre bisherigen Lebensformen zu verlassen und neue, alternative Wege zu gehen. War es die sprichwörtliche »Liebe zur Wissenschaft« (amor sciendi), die als persönliches Motiv bei Studienwilligen noch heute stets mit anerkannt werden muß und die als Motiv für die Entstehung der Universitäten angeführt worden ist (Herbert Grundmann)?

Kamen aber vielleicht noch andere Überlegungen und Absichten hinzu? Spielte es hierfür eine Rolle, daß die neue Wissenschaft und ihre Schulen sofort und nachhaltig von der politischen Macht gefördert wurden? Versorgungs- und Karriereerwartungen können als ergänzende Motive durchaus mit vorausgesetzt werden (Peter Classen). Als Abaelard sich entschloß, Paris zu verlassen und eine eigene Schule zu gründen, dachte er als geeigneten Ort sicher nicht zufällig an Melun, die Stadt und königliche Residenz.

Die Radikalität der Persönlichkeit eines Petrus Abaelard schließlich macht deutlich, daß es immer eine Vielzahl von Antrieben gewesen und zu allen Zeiten sein mag, was einen Wißbegierigen zur Wissenschaft führte und damit notwendig zur Kritik an den Gegebenheiten seiner Zeit. Im Bewußtsein, Wichtiges von sich selbst berichten zu können, notierte Abaelard die folgenden Bemerkungen. Sie sind weniger als persönliche Bekenntnisse zu verstehen, auch wenn er sich in seiner »Leidensgeschichte« (»Historia calamitatum«) in solcher Diktion mitteilte. Vielmehr ordnete er mit sicherem stilistischen Gespür und rhetorischen Mitteln, was er zu sagen hatte, und wandte bekannte Topoi auf sich selbst an: das unbändige Streben nach einer methodisch freien Wissenschaft, die Migration zu den Zentren des Wissens, die Konversion um des Studiums willen, den Konflikt mit den Lehrern, die Bewunderung der Schüler.

»Von der ganzen Philosophie sagte mir die Logik am meisten zu. Für ihre Waffen gab ich die Ritterwaffen dahin, um nur noch im Geistesturnier Ringe zu stechen. Zum Studium der Logik zog ich überall hin, wo man Zentren solcher Wissenschaft kannte, und so wurde ich ein Wanderphilosoph wie in der Antike. So kam ich zuletzt nach Paris, dem alten Zentrum logischer Studien, und Wilhelm von Champeaux wurde mein Lehrer. Seine Logikvorlesungen waren berühmt damals, und sie verdienten es auch. Ich studierte eine Zeit lang bei ihm und folgte ihm zunächst begierig. Später aber war ich für ihn besonders unangenehm, weil ich versuchte, einige seiner Thesen zu widerlegen. Ich erlaubte mir, Gegengründe aufzuführen, was mir einige Male im Wortgefecht einen klaren Sieg über meinen Lehrer einbrachte. Mein Sieg aber erregte auch diejenigen Schüler, die sich schon selbst einen Namen gemacht hatten, und sie empörten sich umsomehr, weil ich der Jüngste war und noch nicht lange studiert hatte. Jung wie ich war, wollte ich selbst eine Schule gründen. Aber mein Lehrer Wilhelm erriet den Plan. Er wollte erreichen, daß meine Neugründung von seiner alten Schule möglichst weit entfernt lag und so bot er heimlich alles auf, solange ich noch zu seinen Schülern gehörte, um die Gründung meiner Schule zu hintertreiben oder mir zumindest den vorgesehenen Schulort unmöglich zu machen.«

Abaelard fand Unterstützung, nicht nur bei seinen Schülern. Einflußreiche Persönlichkeiten halfen ihm, und so konnte er seinen Plan einer eigenen Schulgründung gegen alle Widerstände durchsetzen und schnell regen Zulauf verzeichnen. Bald schon verlegte er die Schule in die Nähe von Paris. Danach erst kam es zur Gründung von St. Viktor durch Wilhelm von Champeaux. Abaelard schloß sich ihm wieder an, begann aber erneut damit, die Lehren Wilhelms zu widerlegen. Zumindest in Abaelards eigener Darstellung gelang es ihm, das Ansehen seines Lehrers zu ruinieren. Nun ging er weiter. Er wollte bei Wilhelms Lehrer, Anselm von Laon, lernen, und es mag offen bleiben, ob er auch ihn von vornherein zu widerlegen trachtete. Was er über ihn berichtet, kommt jedenfalls einem vernichtenden Urteil gleich, und es bleibt wiederum dem Leser überlassen, ob er die Eindeutigkeit der Aussagen Abaelards dessen Gestaltungsabsichten oder der Persönlichkeit des beschriebenen Anselm zurechnet.

»Wilhelms Lehrer Anselm von Laon galt seit jeher als die größte theologische Autorität überhaupt, und seine Anerkennung hielt noch an. Deshalb entschloß ich mich, bei ihm Theologie zu studieren. Aber Anselm war ein alter Mann und verdankte seinen großen Namen der Routine, die er sich in langen Jahren erworben hatte, kaum aber einem besonderen intellektuellen Rang. Besuchte man ihn allein, um sich über irgendwelche Fragen beraten zu lassen, so ging man ratloser weg, als man gekommen war. Eine bewundernswerte Erscheinung, wenn er als Lehrer allein das Wort hatte, aber ein Nichts, wenn man ihm Fragen stellte. Seine Wortfülle war erstaunlich, aber worauf sie beruhte, waren geringe alltägliche Überlegungen. Sein Feuer füllte das Haus mit Rauch, aber es leuchtete nicht«.

Vieles hatte sich geändert in der Bewertung des Wissens. Anders als in den kirchlichen Schulen war jetzt ein aktueller Wissensbestand gerade nicht mehr dadurch zu legitimieren, daß er sich auf eine möglichst lange Tradition zurückführen ließ. Was jetzt zählte, war die wissenschaftliche Eigenständigkeit. Das Idealbild war nun nicht mehr das gelehrte Mitglied einer geistlichen Gemeinschaft, dessen Wissen den Vorgaben der Gemeinschaftsregeln folgte. Jetzt trat der freie Magister mit einer der Vernunft verpflichteten Logik hervor, die er selbstbewußt als eigene Leistung verstand. Deshalb sah er sich frei und berechtigt dazu, selbst Lehrer und Leiter einer eigenen Schule zu sein und damit sein persönliches Ansehen zu mehren. Diese »Modernität« vermochte allerdings selbst bei Abaelard nicht zu ändern, daß er Wissensvermittlung noch immer über die personelle Bindung von Lehrer und Schülern definierte. Durch den Vorwurf der Nutzlosigkeit an seine kritisierten Lehrer beurteilte er das gelehrte Wissen durchaus auch nach seiner Anwendbarkeit.

In der Realität der Zeit hatte sich die Schule der freien Magister und der frühen Universität ihrerseits bereits weiterentwickelt. Nach der eigenständigen Ausprägung von Formen der Selbstorganisation waren sie durch Privilegien weltlicher und geistlicher Autoritäten nachträglich bestätigt, legitimiert und verfestigt worden. Als erste Einrichtung der Wissensvermittlung, die nicht mehr an kirchliche, kommunale oder sonstige externe Trägerschaften gebunden war, hatte die Universität bereits in ihrer Frühphase Ansätze einer selbständigen Institutionalisierung durchlaufen.

Anders als bei der Ablösung der freien Magister aus den Kathedralschulen spielten schon bei diesem Prozeß und auch bei der weiteren Entwicklung und Ausdifferenzierung der Universitäten zunächst nicht wissenschaftliche Argumente die entscheidende Rolle. In Paris führte man an der Universität inhaltlich und methodisch weiter, was an den Kathedralschulen und den Schulen der freien Magister entwickelt worden war. Die institutionelle Prägung der Universität entschied sich an den Erwartungen, die Herrschaft und Gesellschaft an sie herantrugen und deren Umsetzung diese zur Bedingung ihrer Förderung erhoben. Je nach den maßgeblichen Interessen der Nutzung der Universitäten für herrschaftliche und gesellschaftliche Bedürfnisse änderten sich die Schwergewichte der organisatorischen Gestaltung wie auch der Disziplinenauswahl.

Zwei konkurrierende Modelle der abendländischen Universität bildeten sich schnell heraus, die fortan prägend für alle späteren Gründungen werden sollten. Das eine Modell wurde in Paris angewandt. Es war eine

Universität mit den vier Fakultäten der Freien Künste *(artes liberales)* sowie der Theologie, des Rechts und der Medizin, wie sie für sämtliche Gründungen nördlich der Alpen vorbildhaft werden sollte. Das andere Modell, die Universität in Bologna, konzentrierte sich auf eine einzige Disziplin, die Rechtswissenschaft. Erneut entstanden eine wissenschaftlich-inhaltliche und eine personell-organisatorische Entwicklung parallel: Die Universität Paris war von den Lehrern initiiert worden und verstand sich als Gemeinschaft der Lehrer mit den Schülern; die Universität Bologna hingegen ging von einer Initiative der Lernenden aus, deren Gemeinschaft im Zentrum blieb.

Beide, Paris und Bologna, waren keine förmlichen Gründungen, sondern hatten sich schrittweise aus der Initiative der Handelnden ergeben. Herrschaftliche Privilegien vollzogen die erreichten Entwicklungsschritte nach. Ausnahmslos alle späteren Universitätseinrichtungen hingegen waren Gründungen, Stiftungsakte von unterschiedlichen weltlichen oder geistlichen Gewalten.

Daß der König von Frankreich die entstehende Universität bereitwillig privilegierte und damit bestätigte, erklärt sich aus seinem Interesse an gelehrten Fachkräften für die Verwaltung und die Effektivierung des Herrschaftsvollzuges. Wie stets, so waren aber auch diese Privilegien erbeten worden: Die Magister hatten sich deshalb an ihn gewandt. Vorher schon waren sie beim päpstlichen Hof vorstellig geworden und auch dort mit Erfolg. Bereits 1190 hatte Papst Coelestin III. die Unterstellung der Scholaren *(scolares)* – so wurden die Schüler und Lernenden an den Universitäten jetzt und für lange Zeit genannt – unter die kirchliche Gerichtsbarkeit bestätigt. Dieses Privileg konnte lediglich für geistliche Personen gelten; noch lange gehörte die weit überwiegende Mehrheit der Lehrenden und Lernenden an den Universitäten dem geistlichen Stand an. König Philipp II. August bestätigte seinerseits diesen Zustand im Jahre 1200.

Eine brisante Folge und durchaus eine Schattenseite der personellen Neuordnung im Zuge des wissenschaftlichen Aufbruchs wird hier erkennbar. Zugehörigkeit zu einer kirchlichen Einrichtung hatte für Lehrer und Schüler gewiß stets Einschränkung, immer aber auch Schutz bedeutet. Aus dem vorgegebenen Rahmen auszubrechen mußte den Verlust dieses Schutzes zur Folge haben. Auf den Wegen zu ihren Studienorten und während ihres Aufenthaltes dort waren sie schutzlos, konnten von anderen geschädigt, überfallen und ausgeraubt werden, und so geschah es auch. Es waren schlichte Sicherheitsbedürfnisse, die Magister und Schüler der neuen Schulen dazu brachten, sich an den Hof der Herrscher mit der Bitte um Schutzgewährung zu wenden und durch deren Privilegierung die Institutionalisierung der Universität auf den Weg zu bringen.

Die Schutzlosigkeit durch herrschaftliche Verfügung aufzuheben, löste allerdings das Problem nicht völlig. Durch Privilegierung wurden die Lehrer und ihre Schüler zwar gesichert, aber nur um den Preis einer exklusiven Berechtigung. Sie wurden zu einer Sonderrechtsgruppe, ganz so, wie es für den Klerus stets gegolten hatte und wie es von den Stadtbürgern immer wieder kritisiert worden war. Auch die Universitäten waren in Städten lokalisiert, und Spannungen mit Rat und Bevölkerung der Städte wegen des den Universitätsangehörigen zugestandenen Sonderrechtsstatus ließen nicht lange auf sich warten.

Dessenungeachtet entsprachen die neuen Universitäten mit eben diesem Sonderrechtsstatus am ehesten der genossenschaftlichen Organisationsform, die in den Städten mit großem Erfolg als Garant der Selbständigkeit seit jeher genutzt worden war. Nicht als einzelne Personen, sondern als Gruppe empfingen Lehrer und Schüler ihre Schutzprivilegien, die ihnen ihren Sonderrechtsstatus verliehen. Sie erhielten dadurch eine korporative Verfassung und wurden selbst zu einer rechtlichen Körperschaft. Der einzelne erhielt so erneute Zugehörigkeit, jetzt zur Körperschaft der Universität, und dadurch einen Schutz, der allen Mitgliedern der Körperschaft galt.

Hatte die Selbstorganisation der freien Magister und ihrer Schüler zur Einrichtung der Körperschaft (Korporation) geführt, so formte diese Korporation fortan ihre interne Organisation weiter aus. Innerhalb der nächsten knapp zehn Jahre, bis 1208, hatte man in Paris eine korporative Verfassung entwickelt. Wieder folgte diesem Schritt der selbständigen Weiterentwicklung derjenige der förmlichen Bestätigung: Papst Innocenz III. sprach »alle in Paris wohnenden Doktoren der Theologie, des kanonischen Rechts und der freien Künste« als rechtliche Gemeinschaft an, als *Universitas*.

Der endgültige Begriff für die neuen Schulen war damit gefunden. Innerhalb der Universitas gliederte man die verschiedenen wissenschaftlichen Disziplinen in die vier Fakultäten, und erst die Gesamtheit der Fakultäten war gleichbedeutend mit der Korporation der Universitas. Sie fand ihre Identität darin, eine personelle Gemeinschaft zu sein, die Universitas der Lehrer und Schüler (*universitas magistrorum et studentium*).

Auch diese Entwicklung ist eine Karrieregeschichte, zumal angesichts der die Jahrhunderte bis heute überdauernden weiteren Geschichte der abendländischen Universität. An Gegnern hat es gleichwohl schon damals nicht gefehlt. Die Städte mit ihrer Kritik der Sonderrechte der Universitätsangehörigen waren nicht die einzigen. Wie schon bei der Entstehung der städtischen Schulen fanden sich die kirchlichen Aufsichtsinstanzen übergangen. Hatten bisher der Bischof, der Domscholaster und der Kanzler von Notre-Dame in Paris die Kontrolle über sämtliche Schulen der Diözese beansprucht und ausgeübt, so sahen sie nun eine Einrichtung vor sich, die ihnen im Schutz der Privilegien von Papst und König entgegentrat und auf deren Charakter als Korporation sie keinen Einfluß nehmen konnten.

Doch sie fanden eine Lücke im Regelwerk: Wenn die Universitätslehrer der Zugehörigkeit zu den Kathedralschulmagistern und der Aufsicht des Domscholasters enthoben waren, wer sollte dann ihre Qualifikation und Einstellung kontrollieren? Noch 1208 behauptete der Kanzler von Notre Dame für sich die Zuständigkeit, über die Lehrlizenz (*licentia docendi*) der Universitätslehrer zu entscheiden und ihren Gehorsamseid zu fordern, gegen Gebühren selbstverständlich.

Die Universität appellierte dagegen an den Papst, Innocenz III. Dessen Legat, Robert de Courcon, ließ 1215 verlauten, die Universität habe selbst das Recht, ihre Organisation zu regeln und sich Statuten zu geben. Bischof und Kanzler hatten die Machtfrage gestellt, und sie war als solche entschieden worden, allerdings von einer übergeordneten Instanz und gegen ihre Interessen. Die Lehrlizenz, bald verfahrensrechtlich genau geregelt, war nicht nur der erste akademische Grad überhaupt, sondern ein unübersehbares Zeichen für die Universalität der Universität. Anders als an den Kathedralschulen war die Lizenz in ihrem Geltungsanspruch jetzt nicht mehr auf eine Einrichtung oder Diözese beschränkt. Sie sollte in der gesamten Christenheit gelten *(licentia ubique docendi)*, auch wenn manche Universität mit der Anerkennung auswärts erworbener Lizenzen vorsichtig umging.

Bis heute ist das Recht der Selbstverwaltung und Statutengebung eines der vornehmsten Freiheitsrechte der Universitäten, und es kann jederzeit wieder zu einer Machtfrage werden. Bei aller begründeten Klage über die Belastung der Lehrenden durch Gremienarbeit sollte nie vergessen werden, daß diese Freiheitsrechte in den Anfängen der Universität mühsam erstritten und immer wieder verteidigt werden mußten.

Interesse und Einfluß gesellschaftlicher Kräfte waren in der Universität nicht mehr, wie bei allen anderen Schulformen des Mittelalters, durch eine Trägereinrichtung vermittelt. Die Universität war frei, über Inhalt und Methode ihrer wissenschaftlichen Arbeit und ihrer Lehre selbst zu entscheiden. Doch hatten die Interessen gesellschaftlicher Kräfte schon zu ihrer Privilegierung geführt und richteten nun gespannt ihre eigenen Nützlichkeitserwartungen auf den neuen Ort des Wissens. König und Kirche erwarteten gleichermaßen die Ausbildung qualifizierter Fachkräfte für ihre Verwaltung, vor allem Rechtsgelehrter.

Die Hoffnungen der Kirche, auch des Papstes gingen noch weiter: Sie wollten in der Universität Paris das maßgebliche Zentrum für die Wissenschaft der Theologie sehen, für die wissenschaftliche Begründung der Dogmatik wie für die Ausbildung der Theologen. Paris würde dann bei allen theologisch-dogmatischen Streitfragen und Entscheidungen um Rat zu fragen sein. Eine derartige Zentralität von Beratungs- und Entscheidungskompetenz hatte es noch nie gegeben; der Anwendungsbezug gelehrten Wissens war noch zu keinem Zeitpunkt so eng mit einem Machtzentrum verbunden worden. Um so erstaunlicher war es, daß diese Erwartung aufging: Im Spätmittelalter wurden bei kirchenrechtlichen und theologischen Kontroversen von Gewicht, bei Lehrstreitigkeiten wie bei Häresieverfahren, die Theologen der Universität Paris um Rat gebeten und als Gutachter bestellt.

Ganz anders, doch nicht weniger erfolgreich, verlief die Entstehungsgeschichte der Universität Bologna. Auch sie kennt kein Gründungsdatum, weil sie ebenfalls aus anfänglicher Selbstorganisation durch bestätigende

Privilegierung institutionalisiert worden ist. Weil beiden Universitäten, Paris und Bologna, ein sicheres Datum für ihre Anfänge fehlt, bleibt der Streit um den Vorrang der älteren Tradition zwischen ihnen ungelöst bestehen. Immer wieder hat man auf beiden Seiten Gründungslegenden und teilweise skurrile Rückdatierungen erfunden. Eine Handschrift aus dem Ende des 15. Jahrhunderts zeigt eine aufwendig gestaltete, farbig illustrierte fiktive Szene aus der Zeit der Spätantike: Kaiser Theodosius und der Papst verleihen der Universität Bologna ihre Privilegien. Ein Kardinal und der Schutzpatron der Stadt nehmen sie in Empfang; unter ihnen sieht man die Lehrer des Rechts. Was aus der Sicht der Moderne gerade beeindruckt, daß die Anfänge der Universität in der Dynamik und Mobilität wissenschaftlichen Aufbruchs begründet lagen, war für das mittelalterliche Bedürfnis nach langwährender, geradliniger Tradition eher problematisch.

Anders als Paris war Bologna von Beginn an nicht auf einen Kanon höherer Wissenschaften und auch nicht auf die neue Logik bezogen, sondern auf elementare und praktisch ausgerichtete Wissensbestände und auf die gelehrte Rechtswissenschaft. Die Notariatskunst *(ars notaria)*, überall und zunehmend erforderlich, spielte als »angewandte Rechtskenntnis« eine starke Rolle. Mit der Ausbildung künftiger Notare kam Bologna als dem zentralen Ort des Rechtswissens hohe Bedeutung zu für die Vermittlung gelehrten Wissens zu praktischer Anwendung. Aus der Rhetorik hervorgegangen, verselbständigte sich seit dem 12. Jahrhundert die Briefstellerei *(ars dictandi, ars dictaminis)*, die Kunst der stilsicheren Prosa, die ebenfalls einen Schwerpunkt in Bologna ausbildete. Auch diese Kenntnis war allerorten gefragt und entwickelte im Spätmittelalter eine eigenständige, volkssprachliche Variante.

Damit war in Bologna eine einzigartige Infrastruktur vorhanden, auf der die Universität mit dem Studium der Rechtswissenschaft aufbauen konnte und die ein beständiges Anregungspotential zwischen gelehrtem und praktischem Rechtswissen bot. Als Juristenuniversität kannte Bologna keine Fakultäten. Dennoch war auch sie eine Universitas, diejenige der Lernenden, der Scholaren *(universitas scolarium)*. Von ihnen war die Initiative zur Entwicklung der Rechtsschulen ausgegangen, und sie waren es, die sich schrittweise und bis zum Ende des 12. Jahrhunderts zu einer

Korporation entwickelten. Sie legten die Lehrprogramme fest, und sie wählten und besoldeten ihre Lehrer. Eine reale Utopie, so scheint es.

Die praktischen Probleme stellten sich aber kaum anders als in Paris. Auch die Bologneser Lehrenden und Lernenden wurden auf ihren Wegen zum Studium und während ihres Aufenthaltes an dessen Ort überfallen und bedrängt, vor Gericht gezogen und ausgeraubt. Man dachte damals gern in kollektiven Zugehörigkeiten; säumige Schuldner aus dem kaufmännischen Milieu hatten beispielsweise die Bürger Bolognas verärgert, und so hielten diese sich mit ihren Forderungen an den nächsten Universitätsangehörigen derselben Landeszugehörigkeit schadlos. Nur in entsprechender Privilegierung durch eine übergeordnete Instanz konnte ein einigermaßen wirksamer Schutz gegen diese sich häufenden Vorfälle liegen.

Da kamen den Bologneser Studenten die Umstände zu Hilfe. 1155 zog der Staufer Friedrich I. zur Kaiserkrönung nach Rom. Die Gelegenheit war günstig, und man legte ihm den Entwurf einer Urkunde vor, durch die auswärtige Lehrer und Schüler der Universität von der Schuldhaftung für ihre Landsleute befreit werden sollten. Antragssteller waren die Lehrer des Rechts *(professores legum)*. Niemand solle, so hieß es, »die Studierwilligen am Studienort wie auf dem Weg dorthin oder zurück behindern«. Sich selbst beschrieben die Studenten darin als wandernde Scholaren; die Bildungsmigration, eben noch Kennzeichen des wissenschaftlichen Aufbruchs an den Kathedralschulen in Frankreich gewesen, galt jetzt als Regelfall des Universitätslebens.

Bereitwillig bestätigte der Staufer das erbetene Privileg. Als »authentica habita« wird die Urkunde bezeichnet, und nach seiner römischen Krönung verfügte der Kaiser, daß sie in die Sammlung der Dokumente des römischen, kaiserlichen Rechts aufgenommen werden solle. Aus dem Bittgesuch der Bologneser Universitätsangehörigen um Schutz war Reichsrecht geworden.

Nicht nur die Selbstbezeichnung der Studenten in ihrem bestätigten Urkundentext ist aufschlußreich. Sie äußerten sich auch zu anderem und gaben den damit beschriebenen Umständen vielfach erstmals einen Begriff. Warum zogen sie überhaupt zum Studium an einen fernen Ort? Aus Liebe zur Wissenschaft – der vielberufene »amor scientiae/amor sciendi« fand hier erstmals Ausdruck und kam durch die veröffentlichte Fassung des

Privilegs von 1155 zu allgemeiner Bekanntheit. Welchen Nutzen hatte ihr Studium? Das Wissen des Rechts erleuchte die Welt, so schrieben sie.

Wie in Paris 1190 (und in dieser Hinsicht doch einige Jahre früher) wurde durch Privileg einer universalen Autorität die rechtlich-korporative Eigenständigkeit der Universität Bologna begründet. Auch sie erhielt das Recht der Selbstverwaltung und die Satzungsautonomie. Ausdrücklich wurden die Sonderrechte der Universitätsangehörigen beschrieben: Sie sollten fortan die freie Wahl des Gerichts haben, also von einem landesherrlichen Gerichtszwang befreit sein, und sie sollten den Bischof oder einen ihrer rechtsgelehrten Lehrer als Richter anrufen.

Nicht der Papst, sondern der (künftige) Kaiser hatte für Bologna geurkundet. Anders als in Paris standen in Bologna nicht die Theologen im Mittelpunkt des Interesses, sondern die Juristen und damit auch nicht mehr unbedingt eine mehrheitlich geistliche Schüler- und Lehrerschaft. Beide Universalgewalten und nicht anders auch Königs- und Territorialgewalten wollten mit ihrer Unterstützung der Universität die Wissenschaften und deren Vertreter fördern, um beide für die eigenen Interessen zu verwenden und die neuen und dominanten Orte der Wissensvermittlung für sich zu nutzen. Die Vermittlung gelehrten Wissens zu fördern war für sie nicht Selbstzweck, sondern diente zum einen der Anwendung dieses Wissens, zum anderen der Möglichkeit, daß die praktischen Wissensbedürfnisse bereits Inhalte und Methoden der Vermittlung beeinflussen konnten.

Bereits früh war auch bewußt geworden, daß die Förderung der Gelehrten und eine Begünstigung und Gründung von Universitäten als Ausdruck herrschaftlicher Repräsentation zu nutzen war. Wissenspolitik war nicht nur eine Macht-, sondern auch eine Prestigefrage. Deren Schattenseite, fehlende tatsächliche Unterstützung trotz formaler Zuwendungen, hatten schon die Bologneser Universitätsangehörigen erlebt. Als Kaiser Friedrich I. von der Kaiserkrönung wieder zurück zog, wurden sie nochmals bei ihm vorstellig. Trotz seines Privilegs von 1155 hatte sich wenig an der Gefahrenlage für die Lehrer und Studenten geändert. Jetzt aber traf ihr Anliegen nicht mehr auf das Interesse des Kaisers. Zu sehr war er mit den politischen Verwicklungen in Oberitalien beschäftigt, als daß er sich erneut mit Bologna hätte befassen können oder mögen. Immer wieder konnte es schwierig werden, gerade die von den universalen Gewalten verliehenen Rechte in der Alltagspraxis tatsächlich durchzusetzen.

Beide Privilegien zusammen, das Pariser und das Bologneser, ergänzten sich zu einer die folgenden Jahrhunderte bestimmenden universitären Gründungstradition. Anders als die beiden ersten waren alle späteren Universitäten nicht von sich aus entstanden, sondern gegründet und gestiftet worden. Dennoch suchte man stets Privilegien der Universalgewalten für eine neue Universität zu erhalten und bezog sich in deren Text darauf, die Universitas solle diejenigen Rechte haben, die einst Paris und Bologna zugestanden worden waren.

Damit allein war aber noch nicht unbedingt eine ungestörte Entwicklung der Universitäten sichergestellt. Sie blieben eingebunden in Spannungen innerhalb der zeitgenössischen Gesellschaft und am Ort ihrer Existenz. So gab es in Oxford immer wieder Konflikte zwischen Stadt und Universität, die bis zu offener Gewalt führen konnten und dann königliche Sanktionen gegen die Kommune zur Folge hatten. Zu Anfang des Jahres 1209, nachdem die Umstände seit langem untragbar geworden waren, stellten die Lehrer ihre Vorlesungen ein. Einige von ihnen zogen nach Cambridge, führten die Vorlesungen dort weiter und blieben auf Dauer, auch nachdem in Oxford wieder Ruhe eingekehrt war. Die Universität Cambridge begann ihre eigene Entwicklung zu nehmen, und bis heute streiten sich beide Orte, ähnlich wie Paris und Bologna, um den Rang der Würdigeren.

Ein anderer Vorgang der Auswanderung aus Protest und anschließenden Neugründung ist aus dem Spätmittelalter bekannt. In das explosive Gemisch der religiösen Spannungen während der Hussitenzeit und zugleich der aufbrechenden nationalen Konflikte geriet zu Beginn des 15. Jahrhunderts die Universität Prag. Mit Unterstützung des böhmischen Königs wollte sich die Tschechen 1409 in der universitären Selbstorganisation eine Stimmenmehrheit festschreiben. Die davon benachteiligten deutschen Universitätsangehörigen wanderten kurzerhand aus und fanden in Leipzig Aufnahme, wo man für sie eigens eine neue Universität gründete.

Päpstliche Gründungsurkunde für die Universität Löwen, 1425:
Papst Martin V. in der Initiale »M« des Papstnamens (Martinus).
Darüber Miniaturen mit Symbolen für die vier Fakultäten:
Theologie und Kanonisches Recht (Symbole Trinität und geistliches Amt, oben),
Römisches Recht und Medizin (Symbole Kaiserherrschaft und gelehrter Arzt
mit Uringlas, unten). Zwischen den beiden unteren Miniaturen
die Fakultät der Artes (Symbol des Lehrers mit seinen Schülern).

Ein Papst (Paul II. ?) und Kaiser Theodosius verleihen
die Gründungsurkunden für die Universität an einen Kardinal
und den heiligen Petronius, Schutzpatron der Stadt.
Unten das Kollegium der Doktoren.
Eine fiktive Szene zur Legitimation alten Herkommens.
Miniatur in einer Handschrift mit Satzungstexten der Universität Bologna,
wahrscheinlich 15. Jahrhundert.

14. STREIT UM DAS WISSEN

Europaweit breiteten sich die Universitäten aus. Endgültig zu den entscheidenden Orten der Wissenschaft wurden sie durch ihre Rezeption des Wissens aus der griechischen Antike. Seit der Spätantike und verstärkt der Karolingerzeit, lange Zeit vermittelt über die arabische Kultur auf der Iberischen Halbinsel, hatte man bereits erste Werke des Aristoteles zur Logik kennengelernt. An den Universitäten des 13. Jahrhunderts wurde es nun möglich, seine Schriften aus der Originalüberlieferung zu erfassen. Ihr Erfolg war überwältigend und prägte maßgeblich die weitere Entwicklung der scholastischen Wissenschaft, vor allem an den Artistenfakultäten und hier insbesondere in Paris. Wieder ging ein wissenschaftlicher Aufbruch von Frankreich aus.

Bald als »der Philosoph« bezeichnet, wurde Aristoteles zu einer der ersten Autoritäten. Hatte der Aufbruch der neuen Logik am Anfang der Universität gestanden, so wurde die universitäre Wissenschaft jetzt von der aristotelischen Logik geprägt. Die für die Frühscholastik prägenden Werke des Abaelard sind von ihr ebenso maßgeblich beeinflußt wie das monumentale, hochscholastische Gesamtwerk des Thomas von Aquin, das als Ausdruck des christlichen Aristotelismus eine eigene wissenschaftliche Entwicklung durchlief.

In seiner »Summa theologiae« behandelt Thomas die Frage *(quaestio)*, ob ein Mensch Lehrer seiner selbst genannt werden könne. Er führt aus: »Der Lehrer ist Ursache des Wissens, so wie der Arzt Ursache der Gesundheit ist. Der Arzt aber heilt sich selbst, also kann jemand sich auch selbst lehren. Dagegen spricht *(sed contra)*, was der Philosoph im achten Buch der Physik sagt: Es ist unmöglich, daß ein Lehrender lernt, denn der Lehrende verfügt notwendigerweise über das zu vermittelnde Wissen *(scientia)*, der Lernende aber nicht. Es kann also nicht sein, daß jemand sich selbst lehrt oder sein eigener Lehrer genannt wird. Ich will darauf die folgenden Antwort *(responsio)* geben: Zweifelsohne kann jemand durch das ihm eingegebene Licht des Verstandes *(ratio)* ohne Hilfe einer äußeren Unterweisung zur Erkenntnis vorher unbekannter Gegenstände kommen. So ist jemand für sich selbst die Ursache des Wissens. Dennoch kann man nicht von ihm sagen, daß er sein eigener Lehrer sei oder sich selbst unterrichte«. Die Behauptung, jemand könne Lehrer seiner selbst genannt werden, wird in sechs Argumenten ausgeführt, die Gegenthese in zwei Argumenten. Diese werden wieder in sechs Erklärungen abgehandelt. Zuletzt heißt es: »Der Arzt heilt, weil er über die Gesundheit im vorhinein verfügt, allerdings nicht in ihrer Wirklichkeit, sondern durch Kenntnis der Heilkunst. Der Lehrer aber unterweist, insofern er das Wissen wirklich besitzt. Jeder, der die Gesundheit nicht in Wirklichkeit hat, vermag also deswegen, weil er über sie in Kenntnis der Heilkunst verfügt, in sich selbst Gesundheit zu erzeugen. Es kann aber nicht sein, daß jemand Wissen zugleich hat und nicht hat, so daß er sich dergestalt selbst zu unterrichten vermöchte«.

Allmählich eroberte die neue Form logischen Denkens sämtliche Disziplinen und forderte mehr und mehr die Wachsamkeit der Theologen heraus, insbesondere am Zentrum der theologischen Wissenschaft in Paris. Daß der Aristotelismus die Disziplinen der Sprachlogik und Ethik erfaßte, ließ man noch durchgehen. Dann aber kamen auch die naturphilosophischen und kosmologischen Aussagen des Aristoteles in Umlauf und tauchten in den Lehrprogrammen der Artistenfakultät auf. Es war leicht erkennbar, daß sie, mitsamt ihren Kommentaren arabischer und jüdischer Gelehrter, in direktem Widerspruch zu den Lehren der Heiligen Schrift und der Kirchenväter standen. Nun wollte man einschreiten.

Nach einer Vielzahl von vergeblichen Versuchen, die Verbreitung dieser Texte im Universitätsunterricht zu unterbinden, machte der Pariser Bischof von seinem alten Lehraufsichtsrecht Gebrauch und verurteilte 1277 in aller Form und mit ausführlicher Widerlegung 219 aristotelische Thesen, darunter auch solche des christlichen Aristotelismus eines Thomas von Aquin. Ganz gegen seine Absicht hat der Bischof damit der Nachwelt einen einzigartigen Einblick in die Lehre der Pariser Artistenfakultät ermöglicht. Schlimmer noch mußte für ihn und die Vertreter der kirchlichen Dogmatik sein, daß die aufsehenerregende Verurteilung der Thesen zwar deren offizielle Lehre vorübergehend blockieren, an der nahezu ungehinderten weiteren Verbreitung in der Pariser Artistenfakultät aber nichts ändern konnte. Die scholastische Wissenschaft blieb fortan aristotelisch dominiert. Als Galileo Galilei und andere im 16. Jahrhundert mit einer experimentellen Kosmologie zu arbeiten begannen, trafen sie auf ein inzwischen selbst dogmatisch erstarrtes aristotelisches Lehrgebäude, dessen Vertreter sich jetzt ihrerseits neuen Erkenntnissen entgegenstellten.

Daß es in der mittelalterlichen Wissenschaft keine Streitkultur gegeben habe, ist allein anhand des erbittert geführten Konflikts um die Aristoteles-Rezeption als moderner Mythos zu entlarven. Richtungsstreit gab es immer wieder, und gern setzten sich die Neuerer als modern *(moderni)* von den Konservativen *(antiqui)* ab. Schon in der Spätantike war dieses Begriffspaar bekannt, und es begleitete die Entwicklung der mittelalterlichen Wissenschaft durch die Jahrhunderte. Neue und alte Wege *(via moderna, via antiqua)* unterschieden schon die Frühscholastik von der enzyklopädischen Wissenschaft der Kathedralschulen. Geradezu als Kampfparolen trennten sie besonders an den deutschen Universitäten des 15. Jahrhunderts die Anhänger einer traditionalen scholastischen Methode von den Verteidigern einer neuen Erkenntnistheorie.

Jene hingen dem Realismus an, diese dem Nominalismus. Auch dieses Begriffspaar hat mehrfach wissenschaftliche Streitparteien gekennzeichnet, vor allem in dem sogenannten Universalienstreit im 12./13. und erneut im 14./15. Jahrhundert. Universalien waren die höheren dinglichen Einheiten eines Gegenstandes, über deren Existenz gestritten wurde. Realisten waren davon überzeugt, daß alle Bezeichnungen eines Gegenstandes sich auf etwas in höherer Ordnung wirklich Existierendes bezogen, während Nominalisten annahmen, daß nur durch die Bezeichnung die Allgemeinheit des Gegenstandes gedacht werde.

Alle diese mit großer Entschiedenheit und weitreichenden Parteibildungen ausgetragenen Konflikte waren erst durch die Aufnahme des Aristotelismus in die christlich-scholastische Wissenschaft möglich geworden. Sie standen ausnahmslos für die mit dem Aufbruch der neuen Logik gewonnene wissenschaftliche Freiheit, die zu den ungebrochenen Faszinosa der Universität zählte. Sie stand für die Zukunftsfähigkeit der mittelalterlichen Wissenschaft, gerade weil sie die anwendungspraktischen Erwartungen der Gesellschaft ebenso befriedigte wie die intellektuellen, auf das gelehrte Bildungswissen bezogenen Interessen der Lehrenden und Lernenden.

Es war diese Perspektivenvielfalt der Universität und ihrer Wissenschaft, die im 13. Jahrhundert zu einer späten Annäherung an die Kultur der geistlichen Orden führte, nicht allerdings an die alte monastische Tradition. Es waren die erst im 13. Jahrhundert und in enger Anbindung an die urbanen Zentren entstandenen Bettelorden (Mendikanten), vor allem die Dominikaner und Franziskaner, die bald Anschluß an die universitäre Wissenschaft suchten. Der Seelsorge und Predigt im städtischen Umfeld zugewandt, benötigten und erwarben sie den gelehrten Wissensstand ihrer Zeit und wurden selbst zu Protagonisten der Wissenschaft. Ihre Predigttätigkeit war ein zunehmend wichtiges Element der Wissensvermittlung in der Stadt. Hingegen richteten sie niemals, anders als die Benediktiner und andere monastische Gemeinschaften, Schulen für Laienschüler ein.

Statt dessen entwickelten die Bettelorden eine gestaffelte Ordnung von Schulen zur internen Bildung und Ausbildung der Ordensangehörigen. Konvents-, Provinzial- und Generalstudien boten ein aufeinander aufbauendes Schulnetz, wofür es bislang nirgends ein Vorbild gegeben hatte. Generalstudien und Zentren universitätsnaher Wissensvermittlung der Bettelorden entstanden vor allem in Paris, Bologna und Oxford, also an den damals herausragenden Orten des Wissens. Kein anderer Orden vor den Jesuiten vermochte eine derart enge Bindung an die Universitäten aufzubauen und an deren Wissenschaft teilzuhaben, wie es den Dominikanern gelang. Mit Albertus Magnus und Thomas von Aquin gehörten zwei der maßgeblichen Vertreter der hochscholastischen Wissenschaft dem Dominikanerorden an.

Von dieser Symbiose profitierten auch die Universitäten. Ihr Entfaltungsraum seit dem 12./13. Jahrhundert war nicht mehr durch eine Trägereinrichtung vorgegeben. Urbane Zentren und solche der Herrschaftsverdichtung gaben die Orte vor, an denen sich die Universitäten etablierten. Es entstanden Zentrallandschaften wie die schon in der Zeit der Kathedralschulen maßgebliche Île-de-France oder Oberitalien. Vielfache Förderung und weitere Privilegierungen waren eine Chance, die solche Lokalisierung bot, zuwendungsbedingte Abhängigkeiten und sogar die Gefahr einer Bedeutungsminderung bei machtpolitischen Verschiebungen zugleich ein nicht zu unterschätzendes Risiko. Wirtschaftliche Krisen der Städte oder räumliche Schwerpunktverlagerungen herrscherlicher Präsenz konnten die Universität nachhaltig beeinträchtigen. Auch ohne institutionelle Bindung waren sie von Gegebenheiten und Veränderungen ihrer Umwelt unmittelbar berührt. Konkurrenzgründungen als Instrumente der Territorialpolitik etwa oder Wanderungsbewegungen der Studenten vermochten die Existenzbedingungen der Universitäten rasch und nachhaltig zu ändern, waren von ihnen selbst aber kaum zu beeinflussen. Als »strukturelle« Rahmenbedingungen würde man derartige Faktoren in der heutigen Gegenwart bezeichnen.

In den Zentrallandschaften waren zunächst günstige politische, wissenschaftliche und wirtschaftliche Voraussetzungen gegeben. Vor 1300 entstanden Universitäten im Südosten Englands, dem Nordwesten und dem Süden Frankreichs, auch in Mittellage auf der Iberischen Halbinsel und in Nord- und Süditalien. Obwohl sich nicht alle diese Gründungen halten konnten, blieben dieselben Regionen bestimmend. Im Laufe des 14. Jahrhunderts erfolgten weitere Gründungen in Südfrankreich, Nord- und Mittelitalien, jetzt auch in Ostmitteleuropa. Insgesamt war die Zahl der Universitäten mittlerweile beständig gestiegen.

Im 15. Jahrhundert kam nochmals eine Fülle weiterer Orte hinzu, jetzt in Nordengland, weiterhin in West- und Mittelfrankreich, auf der Iberischen Halbinsel, in Norditalien und in Ostmitteleuropa, neuerdings auch und mit schneller Zunahme im Süden und in der Mitte des deutschen Reiches und in ersten Ansätzen auch in Nordeuropa. Bis um 1500 hatte sich die Anzahl der Universitäten erheblich erweitert. Noch immer waren regionale Verdichtungen zu erkennen, doch die Dominanz der frühen Zentrallandschaften war zugunsten einer nahezu flächendeckenden Erfassung ganz Europas zurückgegangen. Sämtliche Königreiche und eine Vielzahl machtvoller Territorialfürstentümer verfügten am Ende des Mittelalters über Universitäten innerhalb ihres Herrschaftsbereichs, und sie alle waren in urbanen Zentren lokalisiert.

Als erste Universität im römisch-deutschen Reich wurde Prag 1348 gegründet. Die Universität stand eindrücklich zwischen alter Tradition und interessengeleiteter Neuerung: In zwei separaten Einrichtungen als Juristenuniversität wie in Bologna und zugleich als Fakultäten-Universität nach Pariser Muster eingerichtet und mit Privilegien nach beider Vorbild ausgestattet, knüpfte Prag unmittelbar an die Anfänge der abendländischen Universitätsgeschichte an. Zugleich Stiftung und Gründung, als

Anerkennung als Universität:
● eindeutig
○ zweifelhaft

Uppsala
Aberdeen
St Andrews
Glasgow
Kopenhagen
Greifswald
Rostock
Oxford
Cambridge
Köln
Leipzig
Löwen
Erfurt
Prag
Krakau
Trier
Caen
Paris
Mainz
Heidelberg
Wien
Angers
Freiburg
Ingolstadt
Nantes
Orléans
i.B.
Tübingen
Poitiers
Bourges
Dôle
Basel
Venedig
Bordeaux
Cahors
Valence
Turin
Pavia
Padua
Toulouse
Orange
Ferrare
Valladolid
Montpellier
Avignon
Bologna
Huesca
Aix
Pisa
Siena
Sigüenza
Lérida
Perpignan
Perugia
Salamanca
Saragossa
Gerona
Lissabon
Alcalá
Barcelona
Rom
Neapel
(studium
Salerno
curiae,
Valencia
Palma
studium urbis)
Catania

Universitätsorte um 1500.

165

landesherrliche Universität, gab sie den Weg vor für die späteren Einrichtungen, die im 14. und verstärkt im 15. Jahrhundert in den Regionen des Reiches entstanden.

Die Verzögerung seit den Anfängen und im Vergleich mit den längst bestehenden Universitäten vor allem in Frankreich, Italien oder England zeigt einen deutlichen Entwicklungsrückstand des römisch-deutschen Reiches. Er ist aus der fehlenden Zentralität der Königsherrschaft nicht allein zu erklären, da auch die weit entwickelte Selbständigkeit der Territorien erst seit 1348 zu eigenständigen Universitätsgründungen führte. Außerdem war es Karl IV., der die Universität Prag gründete, als König von Böhmen zugleich Kaiser des heiligen römischen Reiches. 1347 hatte er erreicht, daß der Papst die geplante Universitätsgründung begünstigte, 1349 erhielt die Universität Prag die Privilegien von Bologna und Paris verliehen.

Allerdings hat Karl die Universität nicht als Kaiser gegründet. Vielmehr handelte er als König von Böhmen und richtete den neuen Ort der Wissensvermittlung in der zentralen Stadt seines Königreiches ein, in der auch seine Residenz lag. In seiner Gründungsurkunde ist deshalb ausschließlich vom Königreich Böhmen die Rede und davon, daß die böhmischen und mährischen Landeskinder nun nicht mehr genötigt sein sollten, zum Studium nach Italien zu ziehen.

Hierin lag das wesentliche Motiv aller späteren territorialherrschaftlichen Universitätsgründungen: gebildete Fachkräfte und gelehrte Räte für den eigenen Hof zu gewinnen, sie aus den Untertanen der eigenen Herrschaft zu rekrutieren und sie an einer Universität im eigenen Herrschaftsbereich auszubilden. So war sichergestellt, daß der Fürst größtmöglichen Zugriff auf die Universität behielt, auf die Inhalte des Unterrichts und die Gegenstände wissenschaftlicher Arbeit ebenso wie auf die Auswahl der Professoren und den späteren beruflichen Werdegang der Absolventen. Man mußte weder fremde Kräfte von außen holen noch die eigenen in die Fremde ziehen lassen. Nicht zuletzt wurde so ein enges personelles Band zwischen den Gelehrten und dem Fürsten geknüpft, dem sie die Einrichtung der Universität, ihre Ausbildung, Auswahl und Anstellung verdankten und der im Gegenzug ihre Dienste und Loyalität in Anspruch nahm.

Dieses Verfahren erinnert an die Rekrutierung der gelehrten Bischöfe in der hochmittelalterlichen Reichskirche, die mit dem Ende des Investiturstreits im frühen 12. Jahrhundert abgestellt worden war. Nun erlebte diese Tradition eine »modernisierte« Neufassung, die in die Zukunft wies.

Im Grundsatz nicht anders verfuhren die zahlreichen Universitätsgründungen weltlicher wie geistlicher Fürsten während der kommenden Jahrzehnte, die herzoglichen Stiftungen in Wien 1364 und Tübingen 1476, die bischöfliche Gründung in Würzburg 1402 wie auch die Sonderfälle der Konzilsgründung in Basel 1460 und der stadtbürgerlichen Gründung in Greifswald 1456.

Als Gründer war Karl IV. zugleich Mäzen der Universität in Prag. Er stiftete die notwendigen Einkünfte zur Anstellung der Professoren, zur Zahlung der Gehälter der Beschäftigten und zur Finanzierung der Neubauten. Eine besondere Stiftung begründete ein Kolleg, in dem zwölf Artisten-Magister Unterkunft finden sollten. Dafür wurde der Ertrag der Abgaben von nicht weniger als sechs Dörfern verwendet, der der Krone Böhmens zustand. Karls kaufmännisches Denken, von den Zeitgenossen als eines Kaisers unwürdig oft belächelt, zahlte sich hier aus. Der vielschichtige Stiftungsakt, auf dem die Gründung der Universität Prag beruhte, bewährte sich und gab der neuen Einrichtung Stabilität.

Doch Karls Engagement ging noch weiter. Als sein persönlicher, enger Vertrauter verfaßte der Erzbischof von Prag, selbst ein in Bologna und Padua ausgebildeter Jurist, die Statuten der neuen Universität. Planmäßig ging man an die Rekrutierung der Studenten heran, und hier profitierte die Universität einmal mehr von der urbanen Zentralität Prags und seiner gewachsenen Schullandschaft. Aus den renommierten Schulen in der Stadt, vor allem der Kathedralschule, gewann man künftige Studenten und nahm deshalb auch Kontakte zu den Niederlassungen der Reformorden wie zu den Regularkanonikern in der Stadt auf.

Jede landesherrliche Universitätsgründung verstand sich als funktionale Wissensförderung. Die Privilegien der Universalgewalten, als Formakt nahezu obligatorisch, gewährleisteten eine Legitimation aus alter Tradition. Zugleich handelte es sich um eine »Landesuniversität«, wie sie noch in der frühen Neuzeit typisch war. Ebenso besagte die aufwendig formulierte Programmatik, die für die Anwerbung von Professoren und Studenten wie auch zur Repräsentation fürstlichen Mäzenatentums bemüht wurde, wenig über die tatsächlich beabsichtigten Lehrinhalte. In den Werbeschreiben hieß es stets, man lehre alles Wissen der Welt, in der Realität ging es um die funktional nutzbaren Wissensdisziplinen. Theologen, Mediziner, vor allem Juristen, aber auch Artisten als Schreiber und Notare sollten an der Universität gebildet und ausgebildet werden. Die Absolventen der Studien erwartete eine soziale Anerkennung, die manchem ohne Universitätsbesuch nicht erreichbar gewesen wäre, durch einträgliche, sichere Einkommen ein zumindest mittlerer Wohlstand und die Aussicht, durch Leistung im Dienst der Herrschaft und der Kirche Karrieremöglichkeiten zu erschließen.

Erstmals nach den Erfahrungen der kirchlichen und kommunalen Schulen bot die Universität tatsächlich die Chance zu sozialer Mobilität. Noch immer gab es keinen voraussetzungslosen Aufstieg nur durch Bildung zu höchsten gesellschaftlichen Rängen, denn die Gesellschaft blieb ständisch gegliedert. Universitäre Studien machten aber den Weg frei etwa für Söhne stadtbürgerlicher Familien, durch Studien an den höheren Fakultäten, vor allem der juristischen, eine Karriere zu erreichen. Studien der Artes, auf sehr unterschiedlichem Niveau möglich, erlaubten immerhin, eine hinreichende Versorgung zu finden. So war vielen geholfen, und von allen diesen profitierte die Gesellschaft, indem sie an den unterschiedlichsten Stellen durch ihr erworbenes gelehrtes und nützliches Wissen notwendige Funktionen übernehmen konnten.

Die Hoffnungen waren groß und durchaus berechtigt. Allerdings bot ein Studium, wie in der Moderne auch, zwar Chancen, aber keine Garantien. Vor allem das Studium an der unteren, der Artes-Fakultät fand überaus grossen Zulauf. Es war nur für diejenigen, die bis zum Abschluß mit dem Grad eines Magister artium studieren wollten, der klassische Kanon der Sieben Freien Künste. Für viele andere, insgesamt wohl sogar die Mehrheit, hatte es eine völlig andere Funktion: Es erlaubte, innerhalb der Grammatik des Triviums oder zur Vorbereitung darauf, nicht selten in Unterrichtsformen außerhalb der eigentlichen Vorlesungen, solide Lateinkenntnisse zu erwerben. Als Voraussetzung einer Teilnahme an dem durchweg lateinischen Universitätsunterricht eine unerläßliche Voraussetzung, verfügten doch erschreckend viele Studienanfänger keineswegs über solche

Kenntnisse. Sie jetzt zu erwerben, war für sie der Zweck ihres Universitätsbesuches.

Der Ort der Wissensvermittlung war für diese Studenten nicht eigentlich die Universität, sondern beispielsweise eine Burse, in der die Angehörigen bestimmter Herkunftsregionen zusammenlebten und sich einzelnen Magistern anschlossen, die sie in den Grundkenntnissen unterrichteten. Zunächst als ergänzende Hilfe gedacht, verselbständigte sich der Unterricht an den Bursen allmählich und wurde schließlich mancherorts zu einem Konkurrenzprogramm. Die Professoren der Universität klagten dann, daß etliche Studenten nicht zu ihren Vorlesungen kommen (und deshalb das Hörergeld nicht zahlen) könnten, weil sie zur selben Zeit im Unterricht der Bursen-Magister säßen. Anders als im römisch-deutschen Reich ging die Entwicklung in England und Frankreich noch weiter. Seit dem 13. Jahrhundert entstanden aus Bursenorganisationen die Colleges (Halls)/Collèges, die zu eigenen förmlichen Schulen innerhalb der Universität wurden. In beiden Ländern ist die Organisation der Universität noch heute von der Ordnung dieser Schulen geprägt.

Mehr als ein »Besuch« wurde aber häufig nicht daraus; formale Abschlüsse wie einen Licentiaten-, Bakkalariats- oder gar Magistertitel zu erwerben, war von diesen Studenten auch nicht beabsichtigt. Ihnen genügte es, durch ein sicheres Elementarwissen (die Schreib- und Lesefähigkeit) und durch Grundkenntnisse des Lateinischen ihr Auskommen in der Gesellschaft finden zu können.

Solche Probleme und Überlegungen sind auch in der Moderne nicht unbekannt. Der examinierte Absolvent ist heute zwar der Regelfall, aber nach wie vor nicht der einzige erfolgreiche Typus des Universitätsbesuchers. Daß die Wege zum gesellschaftlichen Nutzen des Wissens vielfältig sein können, wird in der Universitätslandschaft heute wieder stärker bewußt. Auch gegenwärtig gelingt es manchem, nach einiger Zeit eines Universitätsaufenthaltes und durch den Erwerb von übertragbaren methodischen Kenntnissen, sich einen erfolgreichen beruflichen Weg zu erschließen. Damals wie heute sind solche Studenten gerade keine Abbrecher, weil sie ihr Studium genutzt haben, um sich durch Wissen zu qualifizieren. Als Schlüsselqualifikationen oder Problemlösungskompetenz wird derartiges Wissen heute bezeichnet; es entzieht sich einer Zuordnung nach den traditionalen Kanones wissenschaftlicher Disziplinen und formt nach aktuellen Anlässen fallweise neue Wissensbestände aus. Es gibt wohl kaum ein schlüssigeres Zeugnis für die anwendungsbezogene Flexibilität und Dynamik gelehrten Wissens und seiner Grundlagenkenntnisse – und für die Aktualität mittelalterlicher Wissenswelten.

Die große soziale Attraktivität der Universität, die alles bisher Dagewesene übertraf, sicherte ihr deshalb so überwältigenden Zulauf. Nur in Ansätzen entstand allerdings ein Arbeitsmarkt, und bald war ein Nachfrageüberhang zu beklagen: Es gab weit mehr Beschäftigungsbedarf als Arbeitsangebote, und auch deshalb drängte noch immer ein Großteil der Universitätsstudenten in die kirchliche Pfründwirtschaft hinein.

Auch für die gesellschaftliche Wahrnehmung der Universitätsangehörigen in ihrer Umwelt hatte sich damit einiges geändert. Man konnte jetzt nicht mehr nur Gelehrte und Gebildete unterscheiden, sondern auch Absolventen und nicht examinierte Abgänger. Außerdem war jetzt auf die Unterscheidung zwischen Angehörigen und Absolventen der unteren, artistischen, und der höheren Fakultäten zu achten. Die Beschäftigungschancen für sie waren danach bemessen, welchen Nutzen man ihrem Wissen für die Gesellschaft zusprach. Abgänger fanden deshalb grundsätzlich weit weniger, wenn überhaupt, soziale Anerkennung im Vergleich zu Absolventen und die Absolventen der Artes-Fakultät weit weniger als solche der höheren Fakultäten. Die eingangs beschriebene Erzählung des Handwerksmeisters, der einen vorgeblichen Magister artium als Abgänger entlarvt, spiegelt diese Erfahrung wieder.

An den Schulen innerhalb der monastischen Kultur waren grundsätzlich nur künftige Konventsangehörige vorgesehen, mit gewöhnlich höherer sozialer Herkunft und einem klar vorgezeichneten Werdegang, unterschieden lediglich von Armenschülern, bei denen eine künftige Konventszugehörigkeit ebenso fraglich bleiben mußte wie die Unterrichtung von Weltklerikern oder gar Laien. Schüler an den Stifts- oder Kathedralschulen konnten grundsätzlich künftige Kanoniker ebenso sein wie Weltkleriker, in den offeneren Kollegiatstiften auch Laien. Hinsichtlich der sozialen Herkunft der Schüler hatte sich wenig gegenüber den Klosterschulen geändert. Erst an der Universität läßt sich eine soziale Differenzierung finden, die nicht mehr von der Gegenüberstellung von Klerus und Laien bestimmt ist, sondern davon, welche Voraussetzungen und Erwartungen die einzelnen mitbrachten und was sie mit ihren Studien erreichen wollten und konnten.

Fünf Typen von Universitätsbesuchern sind für das späte Mittelalter unterschieden worden (Rainer C. Schwinges). Der Simplex repräsentiert zahlenmäßig die Mehrheit der Studenten, die Abgänger ohne förmliche Examina. Immerhin niedere Grade an der Artistenfakultät hatte der Bakkalar erreicht. Erst der Magisterstudent war zu dem höchsten akademischen Grad an der Artistenfakultät vorgedrungen – und er studierte vielfach zugleich, während er seinerseits die Anfänger in den Artes unterrichtete, selbst an einer der höheren Fakultäten. Standesstudent war derjenige, der bereits durch seine Herkunft einen hohen sozialen Rang besaß und diesen auch an der Universität bewahrte. Ein Fachstudent schließlich war, wer an die Universität gegangen war, um durch Graduierungen an der Artistenfakultät oder an den höheren Fakultäten eine gesellschaftliche Karriere anzustreben.

An den Stifts- und Kathedralschulen hatten sich derartige Differenzierungen zwischen den Schülern nicht vornehmen lassen. Dennoch war auch dort zwischen den bepfründeten späteren Kanonikern und den übrigen zu unterscheiden gewesen, und unter diese fielen nochmals die Armenschüler *(scolares pauperes)*. Bepfründete Kleriker stellten an der mittelalterlichen Universität einen erheblichen Anteil der Studenten. Sie lassen sich gleich mehreren der genannten Gruppen zuweisen, je nach ihrer familiären Herkunft, ihrer Stellung innerhalb der Kirchenhierarchie und den durch beide Umstände bedingten wirtschaftlichen Möglichkeiten.

Armenstudenten *(pauperes)* in größerer Zahl gehörten ebenfalls zur Normalität an den Universitäten. Sie wurden bei der Einschreibung zum Studium (Immatrikulation) von der ansonsten obligatorischen Gebührenzahlung befreit. In den Matrikellisten, die den Namen des Studenten und seinen Herkunftsort angeben, findet sich bei ihnen zusätzlich die Angabe »Armer« *(pauper)*. Nicht jeder, der sich als Armer zu erkennen gab, muß notwendig bedürftig gewesen sein. Hilfen bei der Unterbringung und Versorgung sicherten den Armenstudenten eine annehmliche Existenz, die manchen gereizt haben wird, und Sonderleistungen, wie sie noch von Armenschülern an den Kathedralschulen verlangt wurden, gab es nicht mehr. Im Gegenzug bleibt gewiß mancher Arme in der Überlieferung verborgen, weil er Empfänger von Zuwendungen oder förmlichen Stipendien war, mit denen die Kirche, aber auch kommunale oder private Geldgeber jungen Menschen den Weg an die Universität erst eröffneten, um sich anschließend ihrer Dienste versichern zu können.

An den heutigen Universitäten finden sich diese fünf Typen von Studierenden nicht mehr – aber durchaus noch die Studienabsichten und Persönlichkeitsprofile, die ihrer Unterscheidung zugrunde liegen. Niemand geht heute mehr an die Universität, ohne jemals einen Abschluß anstreben zu wollen, sondern statt dessen eine bessere Allgemeinbildung zu finden, mit der er bereits sein Auskommen finden könnte. Daß Schlüsselqualifikationen vor dem Erreichen förmlicher Abschlüsse bereits einen erfolgreichen Berufsweg ermöglichen, ist aber durchaus Alltäglichkeit. Gewiß unterrichtet heute kein Student mehr gleichzeitig an einer niederen Fakultät, wie es ohnehin die wertende Unterscheidung von oberen und unteren Fakultäten nicht mehr gibt. Daß Studierende jedoch durch diverse, durchaus auch lehrende Tätigkeiten und Beschäftigungen auch innerhalb der Universität ihren Lebensunterhalt und ihr Studium finanzieren, ist selbstverständlich, und schon für die mittelalterlichen Magistri artium hat es eine erhebliche Rolle gespielt.

Standesstudenten, die nicht studieren müssen, weil sie schon »jemand sind«, und die aus persönlichem Interesse, wohl auch aus Prestigegründen dennoch an eine Universität gehen, gibt es ebenfalls nicht mehr. Als im 15. Jahrhundert Adelige ihre Studieninteressen entdeckten, gehörten sie zu dieser Gruppe. Sie übersprangen gewöhnlich die Artes-Fakultät, weil sie das dort vermittelte Bildungswissen bereits durch Privatlehrer erworben hatten und immatrikulierten sich unmittelbar an einer der oberen Fakultäten, vorzugsweise der juristischen und besonders gern in einem Land ihrer Wahl, in Italien oder Südfrankreich beispielsweise. Die nordalpinen Universitäten mieden sie eher; diese waren von den Simplices, Bakkalarii und Magistri dominiert. Die Standesstudenten ließen sich Zeit mit ihren Studien und traten auch an der Universität mit ihrem heimischen Gefolge auf.

Akademische Grade zu erwerben, kam für sie ebenfalls nicht in Frage, allerdings aus völlig anderen Gründen als bei den Simplices. Für einen

Standesstudenten hätte es eine Minderung seiner sozialen Stellung bedeutet, dem ererbten Adelstitel einen akademischen Titel beizufügen. Auch Söhne aus wohlhabenden stadtbürgerlichen Familien gehörten zu diesen sozial exklusiven Studenten. Sie konnten durchaus Graduierungen erwerben, arbeiteten aber gewöhnlich nicht in einem auf den Studien aufbauenden Beruf, sondern gingen in ihre Heimatstadt zurück, um dort so zu leben, wie sie es grundsätzlich auch ohne den Studienaufenthalt vermocht hätten.

Am ehesten den modernen Studenten vergleichbar ist der Typus des Fachstudenten, der die Artes-Fakultät oder auch noch eine der oberen Fakultäten bis zu den erreichbaren Examina durchlief, um auf dieser Wissensgrundlage eine einträgliche Karriere zu erreichen. Er kam zumeist aus einer gesicherten, stadtbürgerlichen Familie und verfügte über genügend Vermögen, um das Studium über etliche Jahre hinweg finanzieren zu können. Als erreichbares Ziel galten ihm angesehene und gut dotierte Tätigkeiten als Rechtsvertreter (Syndicus) oder Mediziner (Physicus) in fürstlichen, kirchlichen oder kommunalen Diensten. Auch eine Tätigkeit als Universitätslehrer und in jedem Fall die Übernahme einer exponierten, einträglichen Pfründe lag für ihn von vornherein im Bereich des Vorstellbaren.

Soziale Mobilität durch universitäre Studien war zwar möglich geworden, setzte aber weiterhin eine vorhergehende Qualifikation durch Herkommen und wirtschaftliche Möglichkeiten voraus. Unter dieser Bedingung hatte sich eine soziale wie funktionale Auffächerung ergeben, die die Universitätsstudenten und -absolventen einen Professionalisierungsprozeß durchlaufen ließ. Wer nachweislich an der Universität erlerntes Wissen besaß, fand Zugang zu den verschiedensten gesellschaftlichen Tätigkeitsfeldern, die mittlerweile und immer mehr ohne solches Wissen nicht mehr auskommen konnten. Studieninteressen des einzelnen verbanden sich notwendig mit derartigen Versorgungs- und Karriereerwartungen. Vor allem Bürgersöhne profitierten davon, als Laien wie auch als Kleriker.

Dem Adel hingegen eröffnete sich kein neues Standesprofil durch gelehrte Studien und manchem Bürgersohn aus wohlhabender Ratsherrenfamilie ebenso wenig. Dennoch gingen auch sie an die Universität, vergleichbar jenen Stiftskanonikern, die ihre Pfründen genutzt hatten, um sich an Kathedralschulen wie auch an den Universitäten weiterzubilden. Als Förderer, Mäzen und Nutznießer gelehrter, auch universitärer Bildung wird der Adel zweifellos anzusprechen sein, als ihr Träger hingegen nicht. Schon die Mäzenatentätigkeit hochmittelalterlicher Fürstenhöfe war davon gekennzeichnet, daß gelehrte Kleriker eine gewichtige Rolle spielten, der Fürst hingegen in aller Regel selbst nicht schriftkundig war. Im Spätmittelalter hatte auch der Fürst hinzugelernt; er war inzwischen durchaus gebildet, aber nicht gelehrt oder studiert.

Ohne Bedeutungsverlust konnte dieser Prozeß für den Adel im Ganzen nicht bleiben, vor allem weil es die fürstliche Herrschaft war, die Universitäten gründete, deren Absolventen und ihr Wissen für sich nutzen wollte. Mehr und mehr mußten hochrangig geborene, aber ungebildete Adelige erleben, daß ihnen bürgerliche Gelehrte den Rang als Ratgeber, Vertraute, Repräsentanten oder Gesandte des Fürsten abliefen. Eine eigene literarische Gattung hat sich, vor allem in den romanischen Literaturen, als Zeugnis der diesbezüglichen Auseinandersetzungen am Hof erhalten. Rhetorisch kunstvoll tragen sie den Rangstreit aus zwischen dem Ritter *(chevalier)* und dem Gelehrten *(clerc)*, der eine aus Tradition Fürstendiener, der andere, angesichts veränderter Bedürfnisse des Hofes, durch Wissen. Dieser ist bürgerlichen Standes, verfügt zumeist über den Grad eines Doktors der Rechte *(doctor legum)* und repräsentiert die Nützlichkeit des universitären Wissens für Herrschaft und Machtpolitik.

Weit über das Mittelalter hinaus, in der Moderne unverändert und nicht nur im alten Europa hat sich die abendländische Universität, zumeist das Pariser Fakultäten-Modell, als der klassische Ort der Wissenschaft und der gelehrten Wissensvermittlung durchgesetzt. Zu allen Zeiten ist, wie in den Anfängen, über den Praxisbezug des gelehrten Wissens gestritten worden, und immer hat der Nutzen für die politische Herrschaft dabei eine entscheidende Rolle gespielt. Auch in der Gegenwart hat sich daran wenig geändert.

Vielfältige Wechselbeziehungen zwischen der Universität und der Gesellschaft ihrer Zeit kennzeichneten die weitere Entwicklung. Schon daß die gelehrte Tradition und der Anwendungsbezug des Wissens jetzt, anders als in der Tradition der Kloster- und Stiftsschulen, von Beginn an gleichzeitig im Mittelpunkt standen, war neu. Auch daß die Rekrutierung der Lernenden unbegrenzt, europaweit vonstatten ging und mit ihr das gelehrte und erlernte Wissen ebenfalls europaweit zurückwirkte, das hatte es in dieser Form vorher nicht gegeben.

Von ständischen Grenzen oder auch dem Unterschied zwischen Klerus und Laienwelt nicht mehr grundsätzlich berührt, breitete sich das Interesse am universitären Wissen und dessen Verwendung aus. Unverändert blieb die enge Bindung der Kirche an die jeweiligen Zentren des Wissens, jetzt auch an die Universitäten. Deutlich verstärkt war nun das Interesse der Vertreter urbaner Kultur, von den neuen Zentren des Wissens selbst zu profitieren. Auch die fürstliche Herrschaft entdeckte schnell das nutzbare Potential, das die Universitäten ihnen boten. Mit einiger Verzögerung registrierte zuletzt der Adel, daß die Entwicklung unumkehrbar geworden war und näherte sich zögernd selbst den Universitäten, um durch eigene Studien der wissensbezogenen Symbiose zwischen den Höfen und den bürgerlichen Gelehrten entgegenzutreten.

Vieles war in Bewegung gekommen: Mehr noch als schon zuvor war das gelehrte und ebenso auf Anwendung ausgerichtete Wissen unentbehrlich für die Herrschaft geworden. Um 1200, zeitgleich mit dem Beginn der Institutionalisierung der Pariser Universität, hatte im Königreich Frankreich der Prozeß einer Zentralisierung der Herrschaft zu einem vorläufigen Abschluß gefunden. Eine wirksame Gerichtsordnung, eine auf Schriftlichkeit von Herrschaftsakten aufbauende Verwaltung und Kanzleiführung, die Registrierung ein- und ausgehender Urkunden, eine effektive Repräsentation königlicher Herrschaft durch geeignete Vertreter in den Regionen drängten lokale Adelsmacht und Rechtstraditionen immer mehr zurück und verschafften der zentralen Königsherrschaft Legitimation und Geltung. Dieser Prozeß war ohne die Tätigkeit einer Vielzahl unterschiedlich qualifizierten Verwaltungspersonals und vor allem ohne Rat und ständige Funktionsausübung durch Rechtsgelehrte, insbesondere der Vertreter des römischen Rechts (Legisten), nicht für die Zukunft zu sichern. Die Macht bedurfte des Wissens.

Grundsätzlich liefen derartige Prozesse auch in den anderen europäischen Reichen ab, und überall stärkten sie die Stellung der Universitäten. Im römisch-deutschen Reich nutzten die Territorialfürsten das Potential des universitären Wissens früher und wirksamer als der Königshof, wodurch die dezentrale, förderale Struktur des Reiches weiter bestätigt wurde und die Stärkung der Territorialfürsten auf Kosten der Zentralität königlicher Herrschaft über das Mittelalter hinaus in die frühe Neuzeit führte.

Wie sich Macht und Wissen zueinander verhielten, hatte stets weitreichende, sogar verfassungsrelevante Folgen. Daß aber herrschaftspolitische Konsolidierung ohne Rückgriff auf universitäres Wissen und seine Vertreter nicht gelingen konnte, dies war bald eine allgemein verbreitete Einsicht.

15. DAS WISSEN DES KÖNIGS UND DIE BILDUNG DES ADELS

Schon die Förderung von Wissenschaft und Kunst durch das Mäzenatentum hochmittelalterlicher Fürstenhöfe hatte mindestens ebensoviel mit praktischen Erfordernissen wie mit einer Repräsentativität des Wissens zu tun, die auch in der Zeit der Universitäten ungebrochen fortbestand. Eine »geistvolle Umgebung« (Peter Classen) zu pflegen, galt als Ausdruck herrscherlicher Großmut, Weisheit und Wohlhabenheit, und wer immer es ermöglichen konnte, wollte sich dieses Ansehen verschaffen.

Auch der Bildungsstand der Herrscher selbst kam auf den Prüfstand. Sollte es noch genügen können, daß der König sich gelehrt beraten ließ, selbst aber unwissend war? Gewiß kam niemand auf den Gedanken, von ihm den Besuch einer Kathedralschule oder Universität zu verlangen, doch sollte er durch Privatunterricht soweit informiert sein, daß er selbst schriftfähig war – nicht gelehrt, aber doch gebildet. »Ein ungebildeter König ist wie ein gekrönter Esel«, so tönte bereits um 1100 ein geflügeltes Wort am englischen Hof. Durch den gelehrten Johannes von Salisbury wurde es wenig später zum Motto einer programmatischen Wissenspolitik erhoben, die auch die Person des Monarchen nicht aussparte.

Nicht durch eigenes Studium der gelehrten Traditionen, sondern durch Handreichungen aus der Feder gelehrter Räte sollte ein Kronprinz lernen, sich auf seine künftigen Aufgaben vorzubereiten. Wissensinhalte waren dabei stets gelehrt und praktisch zugleich, da nicht gewählte Konversation das Ziel der Fürstenbildung sein konnte, sondern ein wohlbegründetes, verantwortetes politisches Handeln. Schriftlichkeit und Grundlagen theologischen wie philosophischen Denkens gehörten hierzu ebenso wie christliche Werte und Tugendlehren. Es ging um die Lehre vom Regieren unter den Bedingungen der eigenen Zeit.

Was man den Königen und ihren Kindern an die Hand gab, nannte sich daher, analog zu Texten religiöser Unterweisung, ein Regiment der Fürsten *(regimen principum)*. Seit dem frühen Mittelalter entstanden unter derartigen Titeln sogenannte Fürstenspiegel. Von gelehrten Verfassern geschrieben, ersparten sie dem fürstlichen Schüler, sich selbst mit der Lektüre der überlieferten Autoritäten zu befassen. Statt dessen boten sie handbuchartige Zusammenfassungen (Florilegien) des Wichtigsten und ergänzten daraus ein Erziehungsprogramm für künftige Herrscher. Wohl am bekanntesten und als viel zitierte Vorbilder von besonderer Wirkungskraft waren die Fürstenspiegel (»De regimine principum«) des Thomas von Aquin und des Aegidius Romanus, beide aus dem 13. Jahrhundert. Aegidius unterrichtete den Kronprinzen am französischen Königshof, den späteren Philipp den Schönen, und schrieb für ihn das Erziehungshandbuch.

Ein Fürstenspiegel enthielt viel Wissenswertes, blieb aber dennoch im Ansatz theoretisch. Was aus der Tradition der Sieben Freien Künste zu wissen sei oder aus den Hauptwerken theologischer Autoren über rechtes und unrechtes Verhalten, war zu erfahren, nicht aber, nach welchen Kriterien die adelige Erziehung zu ritterlichem Verhalten ablaufen oder auf welchen Grundlagen politische Entscheidungen zu treffen waren. Obwohl in praktischer Absicht verfaßt, blieben die Fürstenspiegel weitgehend ein Werk theoretischer, gelehrter Unterweisung.

Aus demselben Umfeld gingen handbuchartige, enzyklopädische Sammlungen des Wissenswerten hervor, wie die Werke des Vinzenz von Beauvais (vor 1200–1264). Als Prinzenerzieher und königlicher Bibliothekar am Hof Ludwigs IX. von Frankreich schrieb er einen Wissensspiegel (»Speculum«) in drei Teilen, die sich auf die Natur (»Speculum naturale«), auf die Wissenschaft (»Speculum doctrinale«) und auf die Allgemeinbildung (»Speculum historiale«) bezogen. Überaus häufig wur-

Die vier Lebensalter (Auszug: Kindheit und Jugend),
aus einem flämischen Manuskript, 15. Jahrhundert,
der Enzyklopädie De proprietatibus rerum von Bartholomaeus Anglicus.

Falkenjagd, aus einem Manuskript der Moralia in Job Gregors des Großen, Cîteaux, 12. Jahrhundert.

den diese Texte aus- und abgeschrieben, später gedruckt. Hatte Vinzenz mit leidenschaftlichem Sammeleifer alles Wissenswerte zusammengetragen und geordnet, so verfuhren seine Leser sehr ähnlich, indem sie aus seinen Werken schöpften, was sie brauchen konnten.

Derartige Florilegien und Kompendien, für den praktischen Bedarf nützliche Sammlungen gelehrten Wissens, gab es seit der Spätantike. Sie behielten ihren Wert gerade wegen der schnellen Zugriffsmöglichkeiten, auch während der Zeit der geschlossenen Lehrgebäude der scholastischen Summen und vermehrt im Spätmittelalter.

Als einer der wenigen Fürsten seiner Zeit breit gebildet, ließ Kaiser Karl IV. unter die mit den Reichsständen ausgehandelten Artikel der Goldenen Bulle von 1356, die die Königswahl und zentrale Anliegen zu Verfassung und Regierung des Reiches regelte, auch einen Hinweis auf die Bildung der Kurfüsten aufnehmen. Wegen der unterschiedlichen Sprachen, die im Reich gesprochen würden, und wegen der dennoch stets notwendigen unmittelbaren politischen Kommunikation zwischen Herrschern und Ständen sollten die künftigen Kurfürsten in ihrer Kindheit Unterricht erhalten in der deutschen Sprache, ab dem siebten Lebensjahr auch in der lateinischen und schließlich sogar, bis zum Erreichen des 14. Lebensjahres, in der italienischen Sprache sowie in slawischen Sprachen. In diesen Sprachen, so hieß es zur Begründung, würden die wichtigsten und amtlichen Reichsgeschäfte abgewickelt, und ihre Kenntnis sei daher für die regierenden Kurfüsten unerläßlich. Man möge daher die Kronprinzen darin unterweisen lassen und sie entweder an die Orte schicken, an denen diese Sprachen geschrieben würden, oder ihnen zumindest kundige Erzieher, Lehrer und Gefährten geben, die sie darin unterrichteten.

Eine treffendere Aussage über die praktische Notwendigkeit des Wissens für Herrschaft und Politik läßt sich kaum finden im Europa der Zeit. Was sie von vielen anderen Stimmen unterscheidet, ist ihre Betonung des Selbst-Wissens der Fürsten; es genügte offenbar nicht, sich auf den gelehrten Rat anderer verlassen zu können. Ähnlich hatten lange zuvor die Stadtbürger ihren Bedarf an eigener Bildung begründet, um sich aus der Abhängigkeit von gelehrten Klerikern zu befreien. War der Kaiser hier, wie in anderen Bereichen auch, bürgerlichen Vorstellungen gefolgt? Ohne daß diese Frage sich tatsächlich beantworten ließe, bleibt festzustellen, daß die ambitionierten Artikel der Goldenen Bulle zur Bildung der Kurfürsten praktisch folgenlos waren. Gern und zunehmend nutzten die Fürsten auch des römisch-deutschen Reiches den Rat ihrer gelehrten Vertrauten und ließen ihre Kinder nach den theoretischen Vorgaben der Fürstenspiegel erziehen, damit sie die »Regierungskunst« erlernten. Mehr und vor allem mehr eigenes, anwendungsbezogenes Wissen war offenbar dennoch nicht gefragt.

In den Häusern des Adels mag grundsätzlich ähnlich wie an den Höfen der Fürsten ein im Ansatz gelehrtes, durchaus auf Handlungsbezug ausgerichtetes Wissen durch Privatlehrer vermittelt worden sein. Nachweise aus der Überlieferung dazu sind aber ebenso selten wie Einsichten in die Vermittlung adelig-höfischen oder ritterlichen Verhaltens. Wissensvermittlung hatte ihren Stellenwert im Rahmen der ständischen Sozialisation, aber über die Einzelheiten ist bislang noch nicht genug bekannt.

Notwendig muß fürstliche wie adelige Erziehung aus Elementen des gelehrten Bildungs- wie des praktischen Handlungswissens gleichermaßen bestanden haben. Das gelehrte Wissen ließ sich anhand von Kompendien aus den im klerikalen Umfeld entstandenen Traditionen und Kanones unterrichten. Elementare Bildung, Schreib- und Lesefähigkeit sind in weiten Teilen des spätmittelalterlichen Adels vorauszusetzen. Die Annahme, der Adel sei schriftunkundig gewesen, ist heute nicht mehr haltbar. Privatbriefe zu schreiben oder schriftliche Verlautbarungen des Fürstenhofes selbst zur Kenntnis nehmen zu können, war vielen Adeligen im späten Mittelalter zweifellos geläufig.

Im Grundsatz nicht anders als bei Angehörigen geistlicher Gemeinschaften oder bei Stadtbürgern setzte sich die Adelsbildung aus den zwei Blöcken einer litteralen Bildung einerseits und einer Sozialisation in die standesspezifischen und zeitgebundenen Verhaltensformen andererseits zusammen. Während für Ordensangehörige das Notwendige aus ihren Regeln zu erschließen ist, bleibt die urbane wie die adelige Kultur hinsichtlich ihrer Verhaltensnormen fast ausschließlich oral. Man wußte von alters her, was zu tun war, und schrieb es nicht auf: weil es bekannt war und zwischen den Generationen weitergegeben wurde und weil es so den Charakter des Geheimen bewahrte; wer nicht dazugehörte, sollte und konnte nicht erfahren, was die Zugehörigen verband.

Bekannt ist dieses Verfahren insbesondere bei den städtischen Handwerkern. Zumindest für die Handwerksmeister, die Produktion und Verkauf ihrer Waren selbständig verantworten mußten und in der Zunft organisiert waren, können Schreib- und Lesefähigkeit ebenso vorausgesetzt werden wie sichere mathematische Grundkenntnisse. In der Zunftorganisation waren Satzungen und Ordnungen jeder Art schriftlich festgehalten. Über die soziale Organisation der Zünfte und des Handwerks ist daher eine Fülle an Überlieferungen erhalten, jedoch praktisch nichts über die Technik des Handwerks. Sie wurde mündlich gelehrt, vom Meister an den Lehrling weitergegeben. Manche Zünfte, etwa die mit der Herstellung von Waffen und Rüstungen beschäftigten, untersagten ihren ausgelernten Angehörigen, die eigene Stadt zu verlassen. In jedem Fall herrschte ein striktes Geheimhaltungsgebot, niemand sollte erfahren, wie handwerkliche Kunst erlernt und ausgeführt wurde.

Mit den Regeln adeligen und höfischen Verhaltens ist man offenbar ganz ähnlich verfahren. Sie wurden mündlich gelehrt und durch Übung erlernt; hierzu gehörten das Reiten, Bogenschießen und Fechten ebenso wie andere sportliche Fähigkeiten, Schwimmen beispielsweise. Körperliche Leistungsfähigkeit und militärische Einsatzbereitschaft wurden darin ebenso repräsentiert wie ständische Exklusivität, weil derartige Fähigkeiten vom Adel erwartet, den übrigen Sozialgruppen hingegen untersagt waren.

Exemplarisch für solche Exklusivität von handlungsbezogenen Wissensbeständen galt stets die Balzjagd mit Greifvögeln, seit jeher und nicht nur in der christlichen Kultur Ausdruck sozialer Höherrangigkeit und ein Sport der Höfe. Der gezähmte Greifvogel auf dem Arm des Herrn wurde zum Symbol höfischer Kultur, derjenige auf dem Arm eines Jünglings zum symbolischen Ausdruck adeliger Erziehung. Mündlich vermittelt, praktisch eingeübt und angewandt, war gerade die Balzjagd auch in Schriftzeugnissen beschrieben worden. Adelige Erziehung und die Regeln des adelig-höfischen Verhaltens schlossen Elemente gelehrter Tradition und schriftlich tradierten Wissens keinesfalls aus. Maßgeblich war für sie aber die repräsentative Anwendung im Handlungsvollzug. Diejenigen, die über dasselbe Regelwissen verfügten, konnten ohne Schwierigkeiten miteinander umgehen und erkannten sich gegenseitig daran. Anderen blieb ihre Welt hingegen verschlossen.

Auch wenn es schwerfällt, Näheres über den Ort von Kloster- und Stiftsschulen innerhalb ihrer Trägereinrichtungen auszusagen, so steht doch zweifellos fest, daß nur dort die Vermittlung des gelehrten Wissens stattfand. Schon innerhalb der urbanen Kultur ist dagegen außerhalb der kirchlichen wie städtischen Schulen mit einem größeren Anteil an Privatunterricht zu rechnen, im Haus der Lehrer oder durch Privatlehrer im Haus der Eltern. Für den Adel hingegen war nicht der Besuch öffentlich zugänglicher Schulen der Regelfall, sondern der Privatunterricht im eigenen Haus, der allerdings in der Überlieferung noch schwerer nachzuweisen ist.

Über welches Handlungswissen mußte ein Adeliger verfügen, um sich standesgemäß und innerhalb der Erwartungen der ständisch-höfischen Gesellschaft zu verhalten? Wie für die Fürsten, so galten auch für den Adel allgemein Idealvorstellungen: der Typus des christlichen Ritters *(miles christianus)*, der höfischen *(curialitas/courtoisie)* wie der adeligen Kultur *(nobilitas)*. Auch diese Vorstellungen sind im Grundsatz nicht anders als die Ordnungen geistlichen Lebens oder städtisch-urbane Umgangsformen als Wissensbestände und Handlungswissen zu verstehen, das erlernt wurde. »Zur Vorstellung von einem Ritter gehört auch der Besitz einer höfischen Bildung, die über das Kriegshandwerk hinausgeht« (Werner Paravicini). Nicht anders als im Klerus und im Bürgertum führte die Erziehung des einzelnen ihn hinein in die Teilhabe an einem ständespezifischen kollektiven Wissen.

In familiär-ständischer Sozialisation lief dieser Lernprozeß ab. Er umfaßte die Selbstdisziplinierung *(disciplina)*, sittliche Normen *(elegantia morum)*, das Maßhalten *(temperantia)*, Milde und Freigebigkeit *(generositas, largitas)*. Ursprünglich kirchlich tradierte Werte sind damit angesprochen, wie die vier Kardinaltugenden der Klugheit *(prudentia)* und Gerechtigkeit *(iustitia)*, der Stärke und Beständigkeit *(fortitudo)* oder der Mäßigung *(temperantia)*. Sie galten stets als Richtlinien des gottgefälligen Lebens geistlicher wie weltlicher Personen.

Innerhalb der Adelserziehung wurden diese Wissensbestände nicht mehr statisch, sondern eher dynamisch und situativ verstanden. Nicht um das Wissen der Regeln als gelehrte Norm ging es, sondern um deren angemessene Anwendung im alltäglichen Lebensvollzug. In sublimierter Form tauchten diese Vorstellungen auch in Ordnungen von Tischsitten, Grußformen, Begrüßungs- und Abschiedsritualen und vielem anderen mehr auf.

Hinzu zählte schließlich noch ein Formenrepertoire angemessener, gehobener Sprache, unter Einschluß von Fremdwörtern vor allem des höfischen Französisch, weniger des gelehrten Latein, und mit einem situativ gefälligen »Witz«, aus der sich eine identitätsstiftende Gruppensprache sozial exklusiven Anspruchs entwickelte. Die höfische Literatur, in Lyrik, Epik und Prosa, gab dieser Sprache bleibenden Ausdruck. Idealtypen des christlichen Ritters, wie König Artus, bildeten eine literarische Verdichtung der erlernten Normen aus. Durch gemeinschaftliches Vorlesen in der höfischen Gesellschaft wurde die kollektive Erinnerung dieser Normen bestätigt und wachgehalten. Einerseits Wissen der Zugehörigen und insofern »geheim«, war die Adelskultur andererseits auf repräsentativen Selbstausdruck und insofern auf öffentliche Wirkung angelegt.

Spielte für die urbane Kultur die Schriftlichkeit eine große und zunehmende Rolle, ergänzt um Ausdrucksformen symbolischer Repräsentation, so verhielt es sich in der adelig-höfischen Kultur gerade umgekehrt: bildlich-gestische und symbolische Ausdrucksformen standen im Mittelpunkt und wurden ergänzt um Elemente von Schriftlichkeit und Literalität.

Bei allen Unterschieden zwischen den Ländern und Reichen war diese Entwicklung der Adelskultur in Europa allgemein zu beobachten. Selbst und gerade die Gegner des Hundertjährigen Krieges, Frankreich und England, waren durch ihre Gemeinsamkeit der Hof- und Adelskultur, durch die Teilhabe an denselben Wissensbeständen, über alle aktuellen politischen Konflikte hinweg miteinander verbunden. Sie bildeten eine »wirkliche internationale Gemeinschaft« (Philippe Contamine). Gerade im grenzenüberschreitenden, internationalen Kontakt, in Krieg und Frieden gleichermaßen, entwickelten sich die Formen der Kommunikation des Adels und damit auch des Umgangs mit dem tradierten Standeswissen weiter. Hoffeste, Turniere, Festlichkeiten jeder Art und sogar die Kriegshandlungen selbst boten vielfache Gelegenheit zur Inszenierung. Politische Kommunikation war ein Ausdruck gemeinsamen Wissensrepertoires.

Immer mehr fielen im Spätmittelalter die für die bürgerlich-städtische und die adelig-höfische Kultur maßgeblichen Wissensbestände auseinander. Das gelehrte, gerade auch universitäre Wissen, das die Bürger zunehmend mit den Klerikern teilten und das am Fürstenhof nachgefragt war, gab die Richtung der Zukunft an. Hingegen fiel das oral begründete, auf soziale Exklusivität angelegte Wissen des Adels zurück. Früher selbstverständlich vorausgesetzt und erfolgreich eingefordert, schwand die allseitige Akzeptanz sozialen Vorranges, die man in einer zunehmend ausdifferenzierten Gesellschaft dem Adel zugestand.

Einem Verlust funktionaler Bedeutung, durch veränderte Militärtechnik oder die Dominanz einer gelehrten Verwaltungspraxis etwa, stand weiterhin die vom Adel beanspruchte Stellung als Geburtselite gegenüber. Durchaus im Bewußtsein, als Träger des gelehrten Wissens, vor allem der Rechtswissenschaft, überlegen zu sein, versuchten die wohlhabenden Bürger, Lebensformen des Adels zu imitieren. Mitunter reagierte die Adelskultur hierauf, indem sie um so mehr auf der sozialen Exklusivität ihrer überkommenen Formen beharrte. Eine ritualisierte Erstarrung konnte die Folge sein, wie etwa bei den Turnierfesten, die bald nur mehr Ausdruck alter adeliger Lebensformen waren, ohne noch von militärstrategischer Bedeutung zu sein; deren Verlust aber zeigte den Geltungsschwund des Adels insgesamt an. Im Gegenzug griffen manche Adelige die Chance auf, ihre gesellschaftliche Stellung gerade dadurch zu erhalten, daß sie ihre sozialständische Qualifikation durch eine leistungsbezogene ergänzten, indem sie selbst gelehrtes Wissen erwarben und im Hofdienst dem gebildeten Bürgertum als Konkurrenten entgegentraten.

Unter dem Eindruck dieser Spannungen entwickelte sich der Wissensbestand der adelig-höfischen Welt weiter, und manche Umstände in der konfliktreichen Zeit des 14. und 15. Jahrhunderts begünstigten dessen praktische Bedeutung. So hatte sich seit dem 12. Jahrhundert der Herold als Fachmann für die Ikonographie der adeligen Welt etabliert. Seine Kunst, die Heraldik, war gerade in den Phasen internationaler dynastischer Verflechtungen und politisch-militärischer Konflikte während des Spätmittelalters gefragt. Das verläßliche Wissen um den angemessenen repräsentativen Selbstausdruck einer adelig-fürstlichen Familie oder auch um die Zugehörigkeit Gefallener war wertvoll. Man fragte die Herolde, wenn es um diplomatische Aufträge ging oder um den korrekten Vollzug höfischer Verfahrensformen. Eine eigenständige literarische Form entwickelte sich, die Heroldsliteratur.

Die Traditionen eines ursprünglich oral und bildkünstlerisch getragenen adeligen Wissens wurden in der Heraldik verschriftlicht und erfuhren in der Funktion des Herolds eine Professionalisierung, wie sie ansonsten eher für die Kenntnisse bürgerlicher Gelehrsamkeit bezeichnend war. Zugleich zählte das heraldische Wissen zur Allgemeinbildung der Adeligen. Gern zierten sie Gebäude damit und hinterließen heraldische Graffitti auf ihren Reisewegen. Sie konnten mit Selbstverständlichkeit davon ausgehen, daß ihre Standesgenossen diese Zeichen zu lesen verstanden.

Der gemeinsame Vollzug adeliger Lebensformen führte ihre Träger immer wieder zusammen, bei zufälligen Begegnungen allerorten, an den Höfen der Fürsten oder in besonderen Ritter- und Adelsgesellschaften, von denen es in den Regionen des deutschen Reiches fast 100 verschiedene gab. Ähnlich wie sich in der Entwicklung der gelehrten, klerikalen Kultur Zentren und Orte der Vermittlung ausformten, so kam es auch zu Schwerpunktbildungen solcher Adelsorganisationen. Vor allem im deutschen Südwesten, im Rheinland, in Franken und Schwaben, also den alten Kernlanden des Reiches und in Regionen mit starker territorialherrschaftlicher Zersplitterung, entstanden Zentren dieser Adelskultur.

Im gemeinsamen Einüben und Praktizieren derselben Regeln stärkten die Angehörigen der Orden und Gesellschaften ihre kollektive Identität nach innen und die soziale Abgrenzung nach außen. Weitere Zeichen, die man auf Kleidung und Rüstung trug, kamen hinzu, deren Symbolik nicht selbsterklärend war und die man zu verstehen gelernt haben mußte. Auch an ihnen erkannten sich diejenigen, die zueinander gehörten, weil sie denselben Wissensbestand adeliger Kultur miteinander teilten. Wie bürgerliche Genossenschaften und auch wie die Universität bildeten die Adelsorganisationen korporative Formen aus. Sie bezeichneten sich deshalb als Gesellschaften oder Bruderschaften *(societas, fraternitas)*, kannten Aufnahmeeide, eine selbständige Statutengebung und Ämterverwaltung, Formen einer inneren Konfliktregelung und Schiedsverfahren wie das Selbstverständnis als Gemeinschaft zu gegenseitigem Beistand. Auch die adelige Genossenschaft blieb vor allem anderen eine personelle Gemeinschaft, die sich auf freiwilliger Basis und innerhalb eines regionalen Einzugsbereichs zusammenfand. Durch ihre Formalisierung erfuhr auch sie Ansätze einer Institutionalisierung, die der traditionellen Adelskultur weniger nahestanden als den »modernen« bürgerlichen und auch den neuen universitären Formen der Selbstorganisation.

Als Repräsentant einer eigenen Wissenskultur war der Adel also nicht nur zu starrer Bewahrung, sondern auch zu flexibler Reaktion auf neue Herausforderungen in der Lage. Dennoch setzte sich ein anderer Weg durch. Die Territorialfürsten, als die maßgeblichen Kräfte der Reichsgeschichte im Übergang zur frühen Neuzeit, vermochten die Sensibilität des Adels gegenüber seinen kulturellen Traditionen für eigene Interessen zu nutzen. Den genossenschaftlichen Adelsgesellschaften stellten die Fürsten Hoforden entgegen, ebenfalls als Bruderschaften oder Gemeinschaften bezeichnet, aber obrigkeitlich eingerichtet, organisisiert und legitimiert. Nach der bewährten Tradition herrscherlicher Familiarität war der Fürst das Haupt des Ordens. Bis in die Organisationsformen hinein den Adelsgesellschaften durchaus ähnlich, dominierte in den Hoforden doch die Gefolgschaft gegenüber dem Fürsten und dessen Wille als Zielpunkt allen Handelns. Folgerichtig waren die Hoforden gerade nicht regional organisiert, sondern fanden ihr Zentrum im jeweiligen fürstlichen Hof.

Hierin lag nicht weniger als eine Frühform der Mediatisierung des landsässigen Adels durch die Territorialfürsten, denen es gerade nicht um eine Stärkung regionaler und kultureller Identitäten des Adels gehen konnte, sondern im Gegenteil lediglich um dessen Instrumentalisierung zugunsten eigener Absichten. Begünstigt wurde dieser Prozeß von einer häufigen Bereitwilligkeit des Adels, sich seinerseits auf die Höfe zu orientieren und sich den dort geltenden Ordnungen zu fügen. Adelige und höfische Kultur und ihre Wissensbestände differenzierten sich damit aus, unter dem Druck der gegebenen Verhältnisse und der machtpolitischen Dominanz der Territorialfürsten.

Das Wissen der Adelstradition hatte sich der Macht beugen müssen und wurde von ihr weiterhin ungebrochen in Dienst genommen. Anders gewendet: Die Macht hatte sich entschieden, dem neuen Wissensbestand der universitären, aber zumeist bürgerlichen Gelehrsamkeit und ihrer vielen Funktionsfelder den Vorzug zu geben. Selbst verstanden sich die Territorialfürsten auch weiterhin als Teil der höfisch-adeligen Tradition, der sie ihren Exklusivitätsanspruch verdankten. Die dominanten Wissensbestände faktischer Macht und sozialer Geltung von Herrschaft traten stärker als zuvor auseinander.

Diejenigen Adeligen, die Anschluß an die neue Entwicklung behalten wollten, konnten dies nur mit Hilfe eines gelehrten, aber strikt auf Anwendung ausgerichteten Wissens tun, das als Rechts- und Verwaltungswissen Teil des »modernen« Herrschaftswissens wurde. Es führte das gelehrte Bildungswissen der geistlichen Tradition mit dem funktionalen, praktischen Wissen der urbanen Kultur zusammen.

Die Stufen der Menschenbildung in der Ordnung der Natur.
Am höchsten steht, wer Sein, Leben, Empfinden und Verstehen verbindet,
dem Verstand (ratio) und der Tugend (virtus) folgt.
Holzschnitt aus Carolus Bovillus, Liber de Sapiente, 1509, Ausgabe Paris 1510/1511.

NACHREDE: BILDUNG, WISSEN UND MACHT IN DER WISSENSGESELLSCHAFT

Zukunftsfähiges Wissen war für die Welt der Höfe ein anwendungsbezogenes, auf ständische Repräsentation, grenzübergreifende Kommunikation und die Legitimität des Herrschaftshandelns gleichermaßen bezogenes Repertoire erlernter Kenntnisse. Bildung war das Verfügen über derartige Wissensinhalte und verband insofern praktische Kunst einerseits und theoretische Gelehrsamkeit andererseits.

Bildung ist bis heute Gelehrsamkeit und Praxisbezug gleichermaßen. Das eine ohne das andere greift zu kurz und wird den begründeten Nutzererwartungen der Gesellschaft nicht gerecht. Bildung ist zugleich mehr als die Summe der Teile. In der Idealvorstellung läßt Bildung den Menschen ethisch, verantwortlich, zweckmäßig und nützlich handeln. Der gebildete Mensch steht dann für die Humanität, in der die gebildeten Repräsentanten aller Stände sich wiederfinden und die Grenzen der Ständeordnung zugunsten einer Gemeinsamkeit der Träger des Wissens ihrer Zeit überwinden. Am Ende des Mittelalters ist der Umgang mit den zeitgenössischen Wissensbeständen offenbar bereits so gesehen worden, und er kann rückblickend als Erbe des mittelalterlichen Wissens an die Moderne so verstanden werden.

Ein Wiegendruck um 1500 zeigt, dem Schema der auf- und absteigenden Lebensstufen folgend, eine Wissenshierarchie. An der Spitze der humanen Entwicklung findet sich der Mensch als Standesperson, der Adelige, der den Verstand *(ratio)* repräsentiert – und auf gleicher Höhe der bürgerliche oder auch geistliche Gelehrte, der Student *(studiosus)*, der die Tugend *(virtus)* vertritt.

Gebildete, Gelehrte und Praktiker stehen als »Wissende« für eine Gesellschaft, die ihre Zukunftsfähigkeit durch Wissen bewahrt hat: im differenzierten Umgang mit den eigenen Wissenshaushalten zwischen bewahrter, fortgeschriebener Tradition und aktueller Herausforderung und im Festhalten daran, daß Wissensgenerierung und -vermittlung immer nur in der personellen Gemeinschaft eines Lehrers mit seinen Schülern gelingen kann. Eine Gesellschaft, die durch die Wissensleistung von »Zwergen auf den Schultern von Riesen« zukunftsfähig bleibt, darf wohl beanspruchen, als Wissensgesellschaft zu gelten.

Die Geschichte der Bildung im Mittelalter ist die Geschichte einer Wissensgesellschaft vor der Moderne. Sie ist die Geschichte eines gesellschaftlichen Wissens, das kritische Annäherung an die Macht nicht scheut, um zu einem Faktor der Macht und selbst zu einer Macht zu werden. Immer schon ist der Machtbegriff dabei doppeldeutig gewesen. Er meint zunächst die faktische Durchsetzungsgewalt der Herrschaft und der gesellschaftlichen Kräfteverhältnisse. Sie können Wissen erfordern, benötigen, fördern und unterstützen oder auch abweisen, hindern und beschneiden. Der König und Fürst des Mittelalters unterscheidet sich hierin kaum von dem Regierungschef oder Ressortminister der Gegenwart. Doch meint der Machtbegriff auch die Definitionsgewalt des Wissens selbst, die es erlaubt, die Kräfte der Natur und die Ordnungen der Menschen zu verstehen und sie durch solches Verstehen zu deuten, zu erklären oder sogar zu beeinflussen, zu ändern und zu lenken.

Zu allen Zeiten wollte die Macht der Herrschaft die Macht des Wissens für sich nutzen. Immer war kritische Offenheit diesem Anspruch gegenüber für beide Seiten weiterführend. Verweigerung wie unkritische Dienstfertigkeit gleichermaßen müßten zur Bedeutungs- und Wirkungslosigkeit führen und die Macht der Unwissenden stärken.

LITERATUR UND QUELLENWERKE ZUR WEITEREN LEKTÜRE

799. Karl der Große und Papst Leo III. in Paderborn. Kunst und Kultur der Karolingerzeit, 1.–3., Paderborn 1999.

Abaelard, Die Leidensgeschichte und der Briefwechsel mit Heloisa, hrsg. v. Eberhard Brost, Heidelberg [4]1979.

Angenendt, Arnold, Das Frühmittelalter. Die abendländische Christenheit von 400 bis 900, Stuttgart/Berlin/Köln 1990.

Arlinghaus, Franz Josef, Zwischen Notiz und Bilanz. Zur Eigendynamik des Schriftgebrauchs in der kaufmännischen Buchführung am Beispiel der Datini/di Berto-Handelsgesellschaft in Avignon (1367–1373) (Gesellschaft, Kultur und Schrift. Mediävistische Beiträge, 8), Frankfurt/M. 2000.

Arnold, Klaus, Familie – Kindheit – Jugend, in: Handbuch der deutschen Bildungsgeschichte, 1. 15. bis 17. Jahrhundert. Von der Renaissance und der Reformation bis zum Ende der Glaubenskämpfe, hrsg. v. Notker Hammerstein, August Buck, München 1996, S. 135–152.

Ars und scientia im Mittelalter und in der Frühen Neuzeit. Ergebnisse interdisziplinärer Forschung, Festschrift Georg Wieland, Tübingen 2002.

Artes im Mittelalter, hrsg. v. Ursula Schaefer, Berlin 1999.

Artisten und Philosophen. Wissenschafts- und Wirkungsgeschichte einer Fakultät vom 13. bis zum 19. Jahrhundert, hrsg. v. Rainer C. Schwinges (Veröffentlichungen der Gesellschaft für Universitäts- und Wissenschaftsgeschichte, 1), Basel 1999.

Assmann, Aleida, Arbeit am nationalen Gedächtnis. Eine kurze Geschichte der deutschen Bildungsidee, Frankfurt/M. 1993.

Attempto – oder wie stiftet man eine Universität? Die Universitätsgründungen der sogenannten zweiten Gründungswelle im Vergleich, hrsg. v. Sönke Lorenz (Contubernium, 50), Stuttgart 1999.

Aufklärung im Mittelalter? Die Verurteilung von 1277. Das Dokument des Bischofs von Paris, hrsg. v. Kurt Flasch (excerpta classica, 6), Mainz 1989.

Becher, Matthias, Karl der Große, München ²2000.

Beiträge zu Problemen deutscher Universitätsgründungen des 15. Jahrhunderts, hrsg. v. Peter Baumgart, Notker Hammerstein (Wolfenbütteler Forschungen, 4), Nendeln 1978.

Bernhard, Michael, Boethius im mittelalterlichen Schulunterricht, in: Schule und Schüler, S. 11–27.

Bernward von Hildesheim und das Zeitalter der Ottonen, Katalog der Ausstellung, 1.2., Hildesheim 1993.

Black, Robert, Humanism and education in Medieval and Renaissance Italy. Tradition and innovation in latin schools from the twelfth to the fifteenth century, Cambridge 2001.

Bodemann, Ulrike, Dabrowski, Christoph, Handschriften der Ulmer Lateinschule. Überlieferungsbefund und Interpretationsansätze, in: Schulliteratur im späten Mittelalter, S. 11–47.

Bollenbeck, Georg, Bildung und Kultur. Glanz und Elend eines deutschen Deutungsmusters, Frankfurt/M./Leipzig 1994.

Boockmann, Hartmut, Wissen und Widerstand. Geschichte der deutschen Universität, Berlin 1999.

Borgolte, Michael, Europa entdeckt seine Vielfalt. 1050–1250 (Handbuch der Geschichte Europas, 3), Stuttgart 2002.

Bourdieu, Pierre, Praktische Vernunft. Zur Theorie des Handelns, Paris 1994, Frankfurt/M. 1998.

Bourdieu, Pierre, Sozialer Sinn. Kritik der theoretischen Vernunft, Paris 1980, Frankfurt/M. 1987, 1993, S. 241–243.

Brennig, Heribert R., Der Kaufmann im Mittelalter. Literatur – Wirtschaft – Gesellschaft (Bibliothek der Historischen Forschung, 5), Pfaffenweiler 1993.

Brunner, Otto, Land und Herrschaft. Grundfragen der territorialen Verfassungsgeschichte Österreichs im Mittelalter, Wien ⁵1965, ND Darmstadt 1984.

Bumke, Joachim, Mäzene im Mittelalter. Die Gönner und Auftraggeber der höfischen Literatur im Deutschland. 1150–1300, München 1979.

Butzbach, Johannes, Odeporicon. Eine Autobiographie aus dem Jahre 1506, Weinheim 1991.

Cardini, Franco, Fumagalli Beonio-Brocchieri, M. T., Universitäten im Mittelalter. Die europäischen Stätten des Wissens, Mailand 1991.

Cassirer, Ernst, Individuum und Kosmos in der Philosophie der Renaissance, 1927, ND Darmstadt 1987.

Contamine, Philippe, La guerre de Cent Ans. France et Angleterre, Paris ²1994.

Dacre, Boulton, D'Arcy Jonathan, The knights of the crown. The monarchial orders of knighthood in later medieval Europe. 1325–1520, Woodbridge 1987.

Daniel, Ute, Kompendium Kulturgeschichte. Theorie, Praxis, Schlüsselwörter, Frankfurt/M. 2001, S. 361–379.

Davies, Jonathan, Florence and its university during the early Renaissance (Education and society in the Middle Ages and Renaissance, 8), Leiden/Boston/Köln 1998.

Dekker, Elly, Lippincott, Kristen, The scientific instruments in Holbein's Ambassadors. A re-examination, in: Journal of the Warburg and Courtauld Institutes 62 (1999), S. 93–125.

Desportes, Pierre, Les Chanoines de la Cathédrale de Reims (1200–1500), in: Revue d'histoire de l'église de France 215 (1999), S. 247–274.

Dronke, Peter, William of Conches and the »New Aristotle«, in: Studi medievali 43 (2002), S. 157–163.

Ehlers, Joachim, Das Augustinerchorherrenstift St. Viktor in der Pariser Schul- und Studienlandschaft des 12. Jahrhunderts, in: Aufbruch – Wandel – Erneuerung. Beiträge zur »Renaissance« des 12. Jahrhunderts, hrsg. v. Georg J. Wieland, Stuttgart 1995, S. 100–122.

Ehlers, Joachim, Deutsche Scholaren in Frankreich während des 12. Jahrhunderts, in: Schulen und Studium im sozialen Wandel des hohen und späten Mittelalters, hrsg. v. Johannes Fried (Vorträge und Forschungen, 30), Sigmaringen 1986, S. 97–120.

Ehlers, Joachim, Dom- und Klosterschulen in Deutschland und Frankreich im 10. und 11. Jahrhundert, in: Schule und Schüler, S. 29–52.

Ehlers, Joachim, Die hohen Schulen, in: Die Renaissance der Wissenschaften, S. 57–85.

Ehlers, Joachim, Philipp II. (1180–1223), in: Die französischen Könige des Mittelalters. Von Odo bis Karl VIII. 888–1498, hrsg. v. Joachim Ehlers, Heribert Müller, Bernd Schneidmüller, München 1996, S. 155–167.

Ekkehard IV., St. Galler Klostergeschichte, bearb. v. Hans F. Haefele (Ausgewählte Quellen zur deutschen Geschichte des Mittelalters, 10), Darmstadt 1980.

Endres, Rudolf, Handwerk – Berufsbildung, in: Handbuch der deutschen Bildungsgeschichte, 1. 15. bis 17. Jahrhundert. Von der Renaissance und der Reformation bis zum Ende der Glaubenskämpfe, hrsg. v. Notker Hammerstein, August Buck, München 1996, S. 375–424.

Ennen, Edith, Die europäische Stadt des Mittelalters, Göttingen ⁴1987.

Erziehung und Bildung bei Hofe. 7. Symposium der Residenzen-Kommission der Akademie der Wissenschaften in Göttingen, hrsg. v. Werner Paravicini, Jörg Wettlaufer (Residenzenforschung, 13), Stuttgart 2002.

Erziehung und Unterricht im Mittelalter. Ausgewählte pädagogische Quellentexte, hrsg. v. Eugen Schoeler, Paderborn ²1965

Favier, Jean, Frankreich im Zeitalter der Lehnsherrschaft. 1000–1515 (Geschichte Frankreichs, 2), Stuttgart 1989.

Fees, Irmgard, Eine Stadt lernt schreiben. Venedig vom 10. bis zum 12. Jahrhundert (Bibliothek des Deutschen Historischen Instituts in Rom, 103), Tübingen 2002.

Ferrari, Monica, »Per non manchare in tuto del debito mio«. L'educazione dei bambini Sforza nel Quattrocento, Mailand 2000.

Fleckenstein, Josef, Die Hofkapelle der deutschen Könige (Schriften der MGH, 16/1.2.), 1.2., Stuttgart 1959, 1966.

Fögen, Marie Theres, Die Enteignung der Wahrsager. Studien zum kaiserlichen Wissensmonopol in der Spätantike, Frankfurt/M. 1993/1997.

Foucault, Michel, Archäologie des Wissens, Paris 1973, 1981, S. 258–262.

Fried, Johannes, Die Aktualität des Mittelalters. Gegen die Überheblichkeit unserer Wissensgesellschaft, Stuttgart ²2002.

Fried, Johannes, Aufstieg aus dem Untergang. Apokalyptisches Denken und die Entstehung der modernen Naturwissenschaft im Mittelalter, München 2001.

Fried, Johannes, Die Entstehung des Juristenstandes im 12. Jahrhundert. Zur sozialen Stellung und politischen Bedeutung gelehrter Juristen in Bologna und Modena (Forschungen zur neueren Privatrechtsgeschichte, 21), Köln/Wien 1974.

Fuhrmann, Manfred, Bildung. Europas kulturelle Identität, Stuttgart 2002.

Gelehrte im Reich. Zur Sozial- und Wirkungsgeschichte akademischer Eliten des 14. bis 16. Jahrhunderts, hrsg. v. Rainer C. Schwinges (Zeitschrift für Historische Forschung, Beiheft 18), Berlin 1996.

Genet, Jean-Philippe, La mutation de l'éducation et la culture médiévales. Occident chrétien (XIIe siècle-milieu du XVe siècle), 1.2., Paris 1999.

Geschichte der Universität in Europa, hrsg. v. Walter Rüegg, 1. Mittelalter, München 1993.

Gilli, Patrik, Former, enseigner, éduquer dans l'Occident médiéval 1100–1450, 1.2., Paris 1999.

Goetz, Hans-Werner, Geschichtsschreibung und Geschichtsbewußtsein im hohen Mittelalter (Orbis mediaevalis, 1), Berlin 1999.

Hammerstein, Notker, Bildung und Wissenschaft vom 15. bis zum 17. Jahrhundert (Enzyklopädie deutscher Geschichte, 64), München 2003.

Hecht, Konrad, Der St. Galler Klosterplan, Wiesbaden 1997.

Hergemöller, Bernd-Ulrich, Pfaffenkriege im spätmittelaltlichen Hanseraum. Quellen und Studien zu Braunschweig, Osnabrück, Lüneburg und Rostock (Städteforschung, C, 1.2.), Köln/Wien 1988.

Holtz, Sabine, Schule und Reichsstadt. Bildungsangebote in der Freien Reichsstadt Esslingen am Ende des späten Mittelalters, in: Schule und Schüler, S. 441–468.

Irrgang, Stephanie, Peregrinatio academica. Wanderungen und Karrieren von Gelehrten der Universitäten Rostock, Greifswald, Trier und Mainz im 15. Jahrhundert (Beiträge zur Geschichte der Universität Greifswald, 4), Stuttgart 2002.

Isenmann, Eberhard, Die deutsche Stadt im Spätmittelalter. 1250–1500. Stadtgestalt, Recht, Stadtregiment, Kirche, Gesellschaft, Wirtschaft, Stuttgart 1988.

Kintzinger, Martin, Die Artisten im Streit der Fakultäten. Vom Nutzen der Wissenschaft zwischen Mittelalter und Moderne, in: Jahrbuch für Universitätsgeschichte 4 (2001), S. 177–194.

Kintzinger, Martin, Bildungsgeschichte in der Wissensgesellschaft? Historische Forschung zur Geschichte der Bildung und des Wissens im Mittelalter, in: Jahrbuch für Historische Bildungsforschung 6 (2000), S. 299–316.

Kintzinger, Martin, Das Bildungswesen in der Stadt Braunschweig im hohen und späten Mittelalter (Beihefte zum Archiv für Kulturgeschichte, 32), Köln/Wien 1990.

Kintzinger, Martin, Communicatio personarum in domo. Begriff und Verständnis einer Mitteilung von Wissen, Rat und Handlungsabsichten, in: Kommunikationspraxis und Korrespondenzwesen im Mittelalter und in der Renaissance, hrsg. v. Heinz-Dieter Heimann, Ivan Hlavácek, Paderborn usw. 1997, S. 13–164.

Kintzinger, Martin, Eruditus in Arte. Handwerk und Bildung im Mittelalter, in: Handwerk in Europa. Vom Spätmittelalter bis zur Frühen Neuzeit, hrsg. v. Knut Schulz (Schriften des Historischen Kollegs. Kolloquien, 41), München 1999, S. 155–187.

Kintzinger, Martin, Ratio fidei. Wege zum Wissen in den kirchlichen Institutionen des Mittelalters und ihre Rezeption in der Neuzeit, in: Kirche und Bildung vom Mittelalter bis zur Gegenwart, hrsg. v. Rudolf Schieffer (Generalversammlung der Görres-Gesellschaft in Eichstätt, 23. bis 27. September 2000, Beiträge der Sektion für Geschichte), München 2001, S. 9–23.

Kintzinger, Martin, Studens artium, Rector parochiae und Magister scolarum im Reich des 15. Jahrhunderts. Studium und Versorgungschancen der Artisten zwischen Kirche und Gesellschaft, in: Zeitschrift für Historische Forschung 26 (1999), S. 1–41

Klaniczay, Gábor, Everyday life and elites in the later-middle ages: the civilised and the barbarian, in: The medieval world, hrsg. v. Peter Linehan, Janet L. Nelson, London/New York 2001, S. 671–690.

Das Kloster St. Gallen im Mittelalter. Die kulturelle Blüte vom 8. bis 12. Jahrhundert, hrsg. v. Peter Ochsenbein, Darmstadt 1999.

Kraack, Detlev, Monumentale Zeugnisse der spätmittelalterlichen Adelsreise. Inschriften und Graffiti des 14.–16. Jahrhunderts (Abhandlungen der Akademie der Wissenschaften in Göttingen, phil.-hist. Kl., dritte Folge, 224), Göttingen 1997.

Kreiker, Sebastian, Armut, Schule, Obrigkeit. Armenversorgung und Schulwesen in den evangelischen Kirchenordnungen des 16. Jahrhunderts (Religion in der Geschichte, 5), Bielefeld 1997.

Die Kunst der Disputation. Probleme der Rechtsauslegung und Rechtsanwendung im 13. und 14. Jahrhundert, hrsg. v. Manlio Bellomo (Schriften des Historischen Kollegs. Kolloquien, 38), München 1997.

Laienlektüre und Buchmarkt im späten Mittelalter, hrsg. v. Thomas Kock, Rita Schlusemann (Gesellschaft, Kultur und Schrift. Mediävistische Beiträge, 5), Frankfurt/M. 1997.

Laurioux, Bruno, Laurence Moulinier, Education et cultures dans l'Occident chrétien. De début du douzième au milieu du quinzième siècle, Paris 1998.

Lazzari, Loredana, Elementi di un »curriculum« composito in uso ad Abingdon nella prima metà dell'XI secolo, in: Studi medievali 41 (2000), S. 85–116.

LeGoff, Jacques, Die Intellektuellen im Mittelalter, Paris 1985.

Libera, Alain de, Foi et raison. Philosophie et religion selon Averroès et Thomas d'Aquin, in: Studi medievali 43 (2002), S. 833–856.

Libera, Alain de, Penser au Moyen Age, Paris 1991.

Link, Achim, Auf dem Weg zur Landesuniversität. Studien zur Herkunft spätmittelalterlicher Studenten am Beispiel Greifswald (1456–1524) (Beiträge zur Geschichte der Universität Greifswald, 1), Stuttgart 2000.

Lorenz, Sönke, Studium generale Erfordense. Zum Erfurter Schulleben im 13. und 14. Jahrhundert (Monographien zur Geschichte des Mittelalters, 34), Stuttgart 1989.

Luhmann, Niklas, Die Wissenschaft der Gesellschaft, Frankfurt/M. 1990, 1992.

Marchal, Guy P., Was war das weltliche Kanonikerinstitut im Mittelalter? Dom- und Kollegiatstifte: Eine Einführung und eine neue Perspektive, in: Revue d'histoire ecclésiastique 94 (1999), S. 761–807, 95 (2000), S. 7–53.

McKitterick, Rosamond, Die karolingische Renovatio. Eine Einführung, in: 799. Karl der Große und Papst Leo III., S. 668–685.

Medieval conduct, hrsg. v. Kathleen Ashley, Robert L. A. Clark (Medieval cultures, 29), Minneapolis 2001.

Mensching, Günther, Das Allgemeine und das Besondere. Der Ursprung des modernen Denkens im Mittelalter, Stuttgart 1992.

Metzger, Wolfgang, Handel und Handwerk, in: Lebensbilder des Mittelalters, Graz 2003.

Moraw, Peter, Stiftspfründen als Elemente des Bildungswesens im spätmittelalterlichen Reich, in: Studien zum weltlichen Kollegiatstift in Deutschland, hrsg. v. Irene Crusius (Veröffentlichungen des Max-Planck-Instituts für Geschichte, 114. Studien zur Germania Sacra, 18), Göttingen 1995, S. 270–297.

Mowbray, Malcolm de, 1277 and all that – students and disputations, in: Traditio 57 (2002), S. 217–238.

Neddermeyer, Uwe, Von der Handschrift zum gedruckten Buch. Schriftlichkeit und Leseinteresse im Mittelalter und in der frühen Neuzeit. Quantitative und qualitative Aspekte, 1.2. (Buchwissenschaftliche Beiträge aus dem Deutschen Bucharchiv München, 61), Wiesbaden 1998.

Nobilitas. Funktion und Repräsentation des Adels in Alteuropa, hrsg. v. Otto Gerhard Oexle, Werner Paravicini (Veröffentlichungen des Max-Planck-Instituts für Geschichte, 133), Göttingen 1997.

Opll, Ferdinand, Stadt und Reich im 12. Jahrhundert (1125–1190), Wien/Köln/Graz 1986.

Ortalli, Gherardo, L'insegnamento di base e l'invenzione della scuola laica, in: Chiesa et scola. Percorsi di storia dell'educazione tra XII et XX secolo, Siena 2000, S. 13–28.

Paravicini, Werner, Die ritterlich-höfische Kultur des Mittelalters (Enzyklopädie deutscher Geschichte, 32), München 1994.

Paul, Jacques, Culture et vie intellectuelle dans l'Occident médiéval. Textes et documents, Paris 1999.

Paul, Jacques, Histoire intellectuelle de l'Occident médiéval, Paris 1998.

Pedersen, Olaf, The first universities. Studium generale and the origins of university education in Europe, Oxford 1997.

Prinz, Friedrich, Askese und Kultur. Vor- und frühbenediktinisches Mönchtum an der Wiege Europas, München 1980.

Ranft, Andreas, Adelsgesellschaften. Gruppenbildung und Genossenschaft im spätmittelalterlichen Reich (Kieler Historische Studien, 38), Sigmaringen 1994.

Ranft, Andreas, Einer von Adel. Zu adligem Selbstverständnis und Krisenbewußtsein im 15. Jahrhundert, in: Historische Zeitschrift 263 (1996), S. 317–343.

Regionale Aspekte des frühen Schulwesens, hrsg. v. Ulrich Andermann, Kurt Andermann (Kraichtaler Kolloquien, 2), Tübingen 2000.

Reinle, Christine, Ulrich Riederer (ca. 1406–1462). Gelehrter Rat im Dienste Kaiser Friedrichs III. (Mannheimer Historische Forschungen, 2), Mannheim 1993.

Reitemeier, Arnd, Adels- und Prinzenerziehung im England des 14. und 15. Jahrhunderts, in: Erziehung und Bildung bei Hofe, S. 55–69.

Die Renaissance der Wissenschaften im 12. Jahrhundert, hrsg. v. Peter Weimar (Zürcher Hochschulforum, 2), München 1981.

Rexroth, Frank, Deutsche Universitätsstiftungen von Prag bis Köln. Die Intentionen des Stifters und die Wege und Chancen ihrer Verwirklichung im spätmittelalterlichen deutschen Territorialstaat (Beihefte zum Archiv für Kulturgeschichte, 34), Köln/Weimar/Wien 1992.

Rexroth, Frank, Städtisches Bürgertum und landesherrliche Universitätsstiftung in Wien und Freiburg, in: Stadt und Universität, S. 13–31.

Riché, Pierre, Ecoles et enseignements dans le Haut Moyen Age, Paris 1989.

Riché, Pierre, Les écoles et l'enseignement dans l'Occident chrétien de la
fin du Ve siècle au milieu du XIe, Paris
1979.

Rippe, Klaus Peter, Darf die Ethik dem
Wissenserwerb Grenzen setzen?, in:
Die Zukunft des Wissens. 18. Deut-
scher Kongreß für Philosophie, hrsg.
v. Jürgen Mittelstraß, Berlin 2000,
S. 146–157.

Ritterorden und Adelsgesellschaften im
spätmittelalterlichen Deutschland.
Ein systematisches Verzeichnis, hrsg.
v. Holger Kruse, Werner Paravicini,
Andreas Ranft (Kieler Werkstücke, D,
1), Frankfurt/M. usw. 1991.

Röd, Wolfgang, Der Gott der reinen Vernunft. Die Auseinandersetzung um
den ontologischen Gottesbeweis von
Anselm bis Hegel, München 1992.

Rogalla von Bieberstein, Johannes,
Adelsherrschaft und Adelskultur in
Deutschland, Frankfurt/M. 1989.

Rohr, Christian, Festkultur, in: Lebensbilder des Mittelalters, Graz 2003.

Schaefer, Ursula, Zum Problem der
Mündlichkeit, in: Modernes Mittel-
alter. Neue Bilder einer populären
Epoche, hrsg. v. Joachim Heinzle,
Frankfurt/M./Leipzig 1994, 1999,
S. 357–375.

Schmutz, Jürg, Juristen für das Reich. Die
deutschen Rechtsstudenten an der
Universität Bologna 1265–1425
(Veröffentlichungen der Gesellschaft
für Universitäts- und Wissenschaftsgeschichte, 2), Basel 2000.

Schubert, Ernst, Der Reichsepiskopat, in:
Bernward von Hildesheim und das
Zeitalter der Ottonen, Katalog. 1.2.,
Hildesheim/Mainz 1993, 1, S.
93–102

Schule und Schüler im Mittelalter. Beiträge zur europäischen Bildungsgeschichte des 9. bis 15. Jahrhunderts,
hrsg. v. Martin Kintzinger, Sönke Lorenz, Michael Walter (Beihefte zum
Archiv für Kulturgeschichte, 42),
Köln/Weimar/Wien 1996.

Schulliteratur im späten Mittelalter, hrsg.
v. Klaus Grubmüller (Münstersche
Mittelalter-Schriften, 69), München
2000.

Schulz, Knut, »Denn sie lieben die Freiheit so sehr . . .«. Kommunale Aufstände und Entstehung des europäischen Bürgertums im
Hochmittelalter, Darmstadt 1992.

Schwemmer, Oswald, Wissenschaft zwischen Ratio, Ethik und Emotion, in:
Die Wissenschaft und ihre Lehre,
hrsg. v. Gottfried Magerl, Meinrad
Peterlik, Helmut Rumpler (Wissenschaft, Bildung, Politik, 3),
Wien/Köln/Weimar 1999, S. 3–23.

Schwinges, Rainer C., Deutsche Univer-
sitätsbesucher im 14. und 15. Jahrhundert. Studien zur Sozialgeschichte des Alten Reiches
(Veröffentlichungen des Instituts für
europäische Geschichte Mainz, 123),
Stuttgart 1986, S. 197–374.

Schwinges, Rainer C., Pauperes an deutschen Universitäten des 15. Jahrhunderts, in: Zeitschrift für Historische
Forschung 8 (1981), S. 285–309.

Schwinges, Rainer C., Sozialgeschicht-
liche Aspekte spätmittelalterlicher
Studentenbursen, in: Schulen und
Studium im sozialen Wandel des
hohen und späten Mittelalters, hrsg.
v. Johannes Fried (Vorträge und Forschungen, 30), Sigmaringen 1986,
S. 527–564.

Seifert, Arno, Das höhere Schulwesen.
Universitäten und Gymnasien, in:
Handbuch der deutschen Bildungsgeschichte, 1. 15. bis 17. Jahrhundert.
Von der Renaissance und der Reformation bis zum Ende der Glaubenskämpfe, hrsg. v. Notker Hammerstein, August Buck, München 1996,
S. 197–344.

Southern, Richard William, Geistes- und
Sozialgeschichte des Mittelalters. Das
Abendland im 11. und 12. Jahrhundert, Stuttgart/Berlin/Köln/Mainz
²1980.

Stadt und Universität, hrsg. v. Heinz
Duchhardt (Städteforschung, A, 33),
Köln/Weimar/Wien 1993.

Stammberger, Ralf M. W., Scriptor und
Scriptorium, in: Lebensbilder des
Mittelalters, Graz 2003.

Stand und Perspektiven der Mittelalter-
forschung am Ende des 20. Jahrhunderts, hrsg. v. Otto Gerhard Oexle
(Göttinger Gespräche zur Geschichtswissenschaft, 2), Göttingen
1996.

Ständische Gesellschaft und soziale
Mobilität, hrsg. v. Winfried Schulze
(Schriften des Historischen Kollegs,
Kolloquien, 12), München 1988.

Stätten des Geistes. Große Universitäten
Europas von der Antike bis zur
Gegenwart, hrsg. v. Alexander
Demandt, Köln 1999.

Stehr, Nico, Wissenspolitik. Die Über-
wachung des Wissens, Frankfurt/M.
2003.

Stichweh, Rudolf, Der frühmoderne
Staat und die europäische Univer-
sität. Zur Interaktion von Politik und
Erziehungssystem im Prozeß ihrer
Ausdifferenzierung (16.–18. Jahr-
hundert), Frankfurt/M. 1991.

Stichweh, Rudolf, Wissenschaft, Universität, Professionen. Soziologische
Analysen, Frankfurt/M. 1994.

Tewes, Götz-Rüdiger, Die Bursen der
Kölner Artisten-Fakultät bis zur Mitte
des 16. Jahrhunderts (Studien zur Geschichte der Universität zu Köln, 13),
Köln/Weimar/Wien 1993.

Trost, Vera, Skriptorium. Die Buchher-
stellung im Mittelalter, Stuttgart
1991.

Die Universität in Alteuropa, hrsg. v.
Alexander Patschovsky, Horst Rabe
(Konstanzer Bibliothek, 22), Kon-
stanz 1994.

Vale, Malcolm, The princely court. Medieval courts and culture in North-
West Europe. 1270–1380, Oxford
2001.

Vanderputten, Steven, Pourquoi les
moines du moyen âge écrivaient-ils
de l'histoire?, in: Studi medievali 42
(2001), S. 705–723.

Verger, Jacques, L'essor des universités au
XIIIe siècle (Initiations au Moyen
Age), Paris 1998.

Verger, Jacques, Les gens de savoir dans l'Europe de la fin du Moyen Age, Paris 1997.

Verger, Jacques, Grundlagen, in: Geschichte der Universität in Europa, 1. Mittelalter, hrsg. v. Walter Rüegg, München 1993, S. 49–80.

Vocabulaire des écoles et des méthodes d'enseignement au moyen âge, hrsg. v. Olga Weijers (Civicima, études sur le vocabulaire intellectuel du Moyen Age, 5), Turnhout 1992.

Vocabulary of teaching and research between Middle Ages and Renaissance, hrsg. v. Olga Weijers, Turnhout 1995.

Vulgariser la science: les encyclopédies médiévales, hrsg. v. Bernard Ribémont (Cahiers de recherches médiévales, XIIIe–XVe s., 6), Orléans 1999.

Walther, Helmut G., St. Victor und die Schulen in Paris vor der Entstehung der Universität, in: Schule und Schüler, S. 53–74.

Weber, Wolfgang E., Geschichte der europäischen Universität, Stuttgart 2002.

Die Welt des Lesens. Von der Schriftrolle zum Bildschirm, hrsg. v. Roger Chartier, Guglielmo Cavallo, Frankfurt/M./New York 1999.

Wenzel, Horst, Hören und Sehen, Schrift und Bild. Kultur und Gedächtnis im Mittelalter, München 1995.

Werner, Karl Ferdinand, Naissance de la noblesse. L'essor des élites politiques en Europe, Paris [2]1998.

Zahnd, Urs Martin, Die Bildungsverhältnisse in den bernischen Ratsgeschlechtern im ausgehenden Mittelalter. Verbreitung, Charakter und Funktion der Bildung in der politischen Führungsschicht einer spätmittelalterlichen Stadt, Bern 1979.

Zilsel, Edgar, Die sozialen Ursprünge der neuzeitlichen Wissenschaft, hrsg. v. Wolfgang Krohn, Frankfurt/M. 1976.

Zwischen »Haus« und »Staat«. Antike Höfe im Vergleich, hrsg. v. Aloys Winterling (Historische Zeitschrift. Beiheft N. F., 23), München 1997.

BILDNACHWEIS

Archivio Marco Ravenna, Bologna: S. 159.

Aristotelis De anima cum commentario secundum doctrinam venerabilis domini Alberti Magni, Köln 1491: S. 41.

Bibliothèque municipale de Dijon/ © Perrodin: S. 57 (ms. 180, fol. 1), 179 (ms. 173, fol. 174).

Bibliothèque nationale de France, Paris: S. 9 (ms. franç. 12575, fol. 8), 28 (ms. franç. 9219), 178 (ms. franç. 134, fol. 92v).

© Bibliothèque royale de Belgique, Brüssel, ms. 9242, fol. 1r: S. 48.

Carolus Bovillus, Liber de Sapiente, Paris/Amiens 1510/11: S. 189.

Sebastian Brant, Narrenschiff, Basel 1494: S. 43.

Geschichte der Universität in Europa, hrsg. v. Walter Rüegg, Bd. 1., Mittelalter, Verlag C. H. Beck, München 1993, ISBN 3-406-36952-9: S. 165.

Großer Historischer Weltatlas. Zweiter Teil: Mittelalter. Bayerischer Schulbuch Verlag, München, 2. überarb. Auflage 1979: S. 96/97 (S. 80), 100/101 (S. 25).

Konrad Hecht, Der St. Galler Klosterplan, Sigmaringen: Jan Thorbecke Verlag, 1983: S. 64/65.

John Rylands University Library of Manchester, ms. lat 9, fol. 85v: S. 91.

Museum für Kunst und Kulturgeschichte, Lübeck: S. 31, 137.

Öffentliche Kunstsammlung Basel, Kunstmuseum/Museum für Gegenwartskunst. S. 46 (Inv. Nr. 311), 47 (Inv. Nr. 312)

© Dr. Ludwig Reichert Verlag Wiesbaden: S. 68 (Staats- und Universitätsbibliothek Bremen, ms. b. 21, fol. 124v).

Gregor Reisch, Margarita philosophica, Straßburg 1504: S. 10.

Rijksarchief te Leuven: S. 158 (H. de Vocht, Inv. des archives de l'Université de Louvain 1426–1797, Nr. 3).

Staatsbibliothek zu Berlin – Preußischer Kulturbesitz, ms. lat. fol. 252, fol. 1v: S. 80.

Stiftsbibliothek St. Gallen: S. 56 (Cod. Sang. 433, fol. 44), 99 (Cod. Sang. 50, fol. 401).

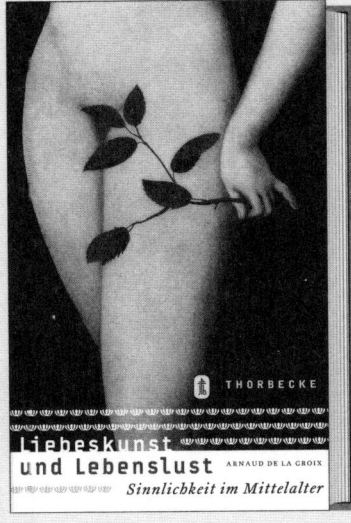

Arnaud de la Croix
Liebeskunst und Lebenslust
Sinnlichkeit im Mittelalter

176 Seiten
34 meist farbige Abbildungen
Gebunden mit Schutzumschlag
13 x 21 cm
ISBN 3-7995-0112-6

Erotik und Sinnlichkeit im Mittelalter – das reichte vom derben Sex- und Liebesleben der einfachen Stände bis zur hochstehenden höfischen Lyrik, etwa dem Gesang der provenzalischen Troubadoure.

Weniger bekannt ist, wie sich die Vorstellungen von Lust und Liebe seit dem frühesten Mittelalter entwickelten. So verbreitete sich die höfische Minne im 11. und 12. Jahrhundert über ganz Europa und stellte sich in der Verherrlichung des Ehebruchs gegen Glaube und Moral der Kirche. Aufgegriffen wurden die Vorstellungen dieser Lyrik in den Artus-Romanen über die Ritter der Tafelrunde. Sie zeichneten sich durch eine leidenschaftliche Sexualität aus, bei der die Initiative zunehmend auch von der Frau ausging.
Die Volkskultur dieser Zeit wird schließlich durch einen Blick auf die sinnlichen Vagantenlieder im 13. Jahrhundert deutlich, in denen der Sex unverblümt zur Schau gestellt wird. Die Lieder und Erzählungen der »Carmina Burana« oder Boccaccios »Decamerone« sind Beispiele hierfür.

JAN THORBECKE VERLAG

Johannes Fried
Die Aktualität des Mittelalters
Gegen die Überheblichkeit
unserer Wissensgesellschaft

96 Seiten
13 x 21 cm, gebunden
ISBN 3-7995-8301-7

Woher kommt die Vorstellung, Geisteswissenschaften seien unproduktiv und abzuwickeln? Wieso, fragt der bekannte Frankfurter Historiker Johannes Fried, soll das Internet eine qualitativ andere Form des Wissens vermitteln als die mittelalterliche Lateinschule. Beruht doch unser gesamtes Wissen auf Vergangenem – Erfahrenem wie Gedachtem –, was die Beschäftigung mit Geschichte zur beispielhaften »Erfahrungswissenschaft« macht, wie Fried in spitzer Wendung formuliert, denn dieses Etikett tragen sonst die Naturwissenschaften. Ist nicht vielmehr, so fragt Fried in einem zweiten Schritt, die Analyse der Vergangenheit als eigentliche »life science« anzusehen? Fried stellt die These von der Geschichtswissenschaft als Kognitions- und Lebenswissenschaft auf.

»Mit seinem zornigen und nachdenklichen Votum gegen die Überheblichkeit unserer Wissensgesellschaft hat sich Johannes Fried nicht zum ersten Mal als einer der kreativsten Köpfe der internationalen Geschichtswissenschaft erwiesen.«
FRANKFURTER ALLGEMEINE ZEITUNG

JAN THORBECKE VERLAG